GOLDMANN
ESOTERIK

D1722739

Buch

Wird das innere Drängen nach Bewußtseinserweiterung aufgrund von Trägheit oder Angst vor dem Unbekannten unterdrückt, so äußert sich dies im Leben eines Menschen bald in Form von Rastlosigkeit, Unzufriedenheit, Depression oder Krankheit. Tatsächlich beziehen die meisten Menschen noch immer ihre Wachstumsimpulse überwiegend aus den negativen, leidvollen Aspekten des Lebens.

Dieses Buch lehrt, die Freude am Lebendigsein als »Motor« des inneren Wachstums zu erkennen und sinnvoll einzusetzen. Die Hinführung zu den Grundprinzipien ganzheitlicher Transformation ermöglicht ein tiefes Verständnis für die eigene Entwicklung und stellt die gängigen problemorientierten Therapieformen nachhaltig in Frage. Konkrete Anleitungen machen es möglich, die alltäglichen Lebensaspekte mit Freude, Bewußtheit und Kreativität zu füllen.

Autor

Gerd B. Ziegler gehört im deutschsprachigen Raum zu den Pionieren im Bereich spiritueller Therapie und Transformationsarbeit. 1982 gründete er das Selbsterfahrungs- und Trainingsprojekt »Innerlich und äußerlich reich« und führte es sieben Jahre erfolgreich. In dieser Zeit entstanden auch seine beiden überaus erfolgreichen Tarotbegleitbücher »Tarot – Spiegel der Seele« und »Tarot – Spiegel deiner Beziehungen«. 1989 rief er sein neues Transformationstraining »Vision der Freude« ins Leben, das sich anhaltender Nachfrage erfreut. Sein letztes Tarotbuch im Zeichen von *Vision der Freude* lautet »Tarot – Spiegel deiner Bestimmung«.

Gerd B. Ziegler

VISION DER FREUDE

Die transformative
Kraft der Liebe

GOLDMANN VERLAG

Originalausgabe

Umwelthinweis:
Alle bedruckten Materialien dieses Taschenbuches
sind chlorfrei und umweltfreundlich.
Das Papier enthält bereits Recycling-Anteile.

Der Goldmann Verlag
ist ein Unternehmen der Verlagsgruppe Bertelsmann

© 1992 by Wilhelm Goldmann Verlag, München
Umschlaggestaltung: Design Team München
Umschlagmotiv: Gerd B. Ziegler
Satz: Uhl + Massopust, Aalen
Druck: Elsnerdruck, Berlin
Verlagsnummer: 12155
Redaktion: Wulfing v. Rohr
Ba · Herstellung: Ludwig Weidenbeck
Made in Germany
ISBN 3-442-12155-8

10 9 8 7 6 5 4 3 2

Dieses Buch ist in Dankbarkeit allen Menschen
gewidmet, die sich den Kräften der Freude öffnen,
die den Mut haben, sich von ihnen leiten zu lassen,
und durch ihre eigene Bereitschaft zur Freude
die Schwingung der Freude in dieser Welt erhöhen.

Inhalt

Dank

Dieses Buch ist durch die Erfahrungen einer langjährigen persönlichen Arbeit und Seminartätigkeit entstanden. So richte ich meinen tiefempfundenen Dank an alle Menschen, die sich mit unserer Arbeit in Liebe verbunden fühlen. Dieser Dank gilt vor allem auch den vielen Gruppen- und Trainingsteilnehmern, die uns durch ihre Offenheit und Bereitschaft, sich selber kennenzulernen, bei der Erforschung, Entwicklung und Verwirklichung begleitet und unterstützt haben.

Von Herzen danke ich Wulfing von Rohr, der mich immer wieder dazu ermutigte, meine innere Wahrheit freimütig auszudrücken. Seine praktische Unterstützung sowie seine ungebrochene Begeisterungsfähigkeit vervielfältigten die Freude am Schreiben an so manchen Tagen.

Ich danke Alesca und Samarpan, die tatkräftig meine handgeschriebenen Texte in den Computer übertrugen, sowie allen Menschen, die mir beratend oder durch liebevolle Gedanken zur Seite standen. Ganz besonders möchte ich in diesem Zusammenhang nochmals alle Teilnehmer und Assistenten der »Pioniergruppen« 1990 sowie des ersten Jahrestrainings 1991 erwähnen. Sie gaben der *Vision der Freude* ihr begeistertes Ja und wurden somit zu ihren Geburtshelfern. Dank auch dem Wassermann-Zentrum, das für uns zur zweiten Heimat wurde.

Dank – nicht zuletzt – an alle Meister und Lehrer, die unsere Arbeit in unendlicher Geduld und Liebe begleiten und uns immer wieder neue innere Räume und Sichtweisen eröffnen. Ohne ihre ständige Unterstützung wäre die *Vision der Freude* nicht denkbar.

VISIONEN

sind stets der Ausdruck einer Kraft,
die größer ist als wir.
Pläne werden geschmiedet,
doch Visionen werden empfangen.
Pläne entspringen dem menschlichen Wollen –
Visionen erwachsen
dem Willen des Ganzen.
Pläne sind konkret, festgelegt und starr –
Visionen sind weit,
unbegrenzt und offen.
Wir empfangen Visionen in den Momenten,
wenn unsere innere Intensität
die Grenzen zum Göttlichen öffnet.
Dieser Zustand
kommt immer aus dem Sehnen
des liebenden Herzens nach Vereinigung.
Echte Visionen werden niemals
aus einem Mangel heraus,
sondern stets aus einer Haltung
der Dankbarkeit
wie ein Geschenk empfangen.
Visionen
können nicht erobert werden,
da sie niemals getrennt von uns sind.
Jede Vision
war schon immer Teil von uns,
latent, unentdeckt, unberührt.
Die Erfahrung einer Vision
ist die Realisation
unserer verborgenen Göttlichkeit.
Sie ist immer eine ekstatische Erfahrung
des tiefen Erkennens,
der Öffnung,
der Vereinigung,
der Befreiung,
der unbegrenzten Freude.

YAAHOOO!

Freude ist ein Tor zum Licht, ein Zugang zu unserer göttlichen Essenz. Sie ist eine grundlegende Kraft für Transformation im neuen Zeitalter.

Freude ist der zündende Funke, der Situationen verwandeln und Herzen entflammen kann. Sie ist die Schwingung, die unserer Kreativität Flügel verleiht und den Zugang zu unseren Talenten und Begabungen eröffnet.

Freude ist das Lachen des Herzens, das sich über den berechnenden Verstand erhebt.

Freude ist der Jubelschrei der Befreiung, deren Flügel uns über alle Begrenzungen hinaustragen.

Freude ist ein Kind der Liebe, ein Ausdruck der Einen Kraft, die alles durchdringt.

Freude ist unsere Natur, unser Geburtsrecht. Wir brauchen nicht um sie zu kämpfen, sondern können einfach aufhören, sie zu verhindern!

Freude ist ein Ausdruck tiefen Vertrauens in das Leben. Sie ist offen für das Größte und glücklich mit dem Kleinsten – denn sie ist grenzenlos.

Freude verwandelt unser Leben in eine strahlende Manifestation der Liebe und Freiheit. Wir sind am Ziel, wenn Freude unser Leben regiert!

Ich freue mich! Über mein Leben, über dieses Buch, darüber, daß ich mit Ihnen kommunizieren darf. Diese Freude möchte ich mit Ihnen teilen. Nur aus dieser Freude heraus kann ich für mich und für Sie schreiben. Lassen Sie sich einladen, Ihre eigene

Quelle von Freude zu suchen und zu finden! Einige der Gedanken und Vorschläge mögen Impulse und Hilfen für Sie darstellen, damit Sie die schöpferische Freude, die sich durch das Leben jedes Menschen entfalten möchte, entdecken und entwickeln können.

Wer sein Selbst erkennt, wird sich selbst gegenüber tiefe Achtung und Liebe empfinden. Wer seinem Selbst Liebe entgegenbringt, wird auch seine Umgebung mit Liebe betrachten. Ein Mensch, der die Erfüllung seiner wesentlichen Wünsche in den Dienst der Selbsterkenntnis und Transformation stellt, macht sein Leben zur Vision der Freude.

Jeder Mensch trägt ein Urbedürfnis nach Glück, Entwicklung und persönlichem Wachstum in sich. *Vision der Freude* spricht dieses grundlegende Sehnen nach Selbstentfaltung an und lädt Menschen ein, sich freiwillig – ohne Zwang und Druck – in einen Prozeß der Transformation zu begeben. Wird das innere Drängen nach Bewußtseinserweiterung aufgrund von Trägheit oder Angst vor dem Unbekannten unterdrückt, so äußert sich dies im Leben eines Menschen oftmals in Form von Rastlosigkeit, Unzufriedenheit, Depression oder Krankheit.

Tatsächlich beziehen bis heute die meisten Menschen ihre Wachstums- und Entwicklungsimpulse überwiegend aus den negativen, leidvollen Aspekten des Lebens. Das braucht jedoch nicht länger so zu sein. Die Zeit ist reif für einen grundlegenden Wandel. Immer mehr Menschen werden sensibler und nehmen den Prozeß ihrer Bewußtwerdung in die eigenen Hände. Sie machen sich bereit, den Anstoß für ihr persönliches Wachstum nicht länger nur aus Existenzangst, Leiden und Schicksalsschlägen zu beziehen, sondern aus ihrer stetig wachsenden Freude am Lebendigsein.

Die alten Wege des Leidens können nur dann überwunden werden, wenn wir eine Lebensweise entwickeln, durch die kontinuierlich mehr Energie freigesetzt wird, als dies durch Leiden geschehen könnte. Die meisten Menschen behaupten zwar, daß sie Freude, Zufriedenheit und Glück wollen. Doch wenn man sie im alltäglichen Leben beobachtet, sieht es so aus, als ob sie im Leiden, unter Schmerz und Druck lebendiger, kreativer und dem Gipfel ihrer Fähigkeiten näher sind. Solange dies bei einem

Menschen der Fall ist, wird er trotz anderslautender Absichtserklärungen den Weg der Freude nicht gehen. Etwas Grundlegendes muß geschehen, etwas muß radikal umgepolt werden! Das zu verdeutlichen ist das Hauptanliegen dieses Buches.

Es ist vor allem für Menschen geschrieben, die sich nicht länger mit Halbherzigkeiten begnügen wollen und bereit sind, sich kompromißlos auf das auszurichten, was ihrer eigenen inneren Wahrheit entspricht. Es ermutigt sie, den Weg der Freude zu gehen, und es gibt konkrete Anleitungen, ihre alltäglichen Lebensaspekte mit Freude, Bewußtheit und Kreativität zu füllen. Der Leser wird in die Grundprinzipien ganzheitlicher Transformation eingeführt, die ihm ein tieferes Verständnis seiner eigenen inneren Entwicklung vermitteln.

Indem wir unser Bewußtsein für die Gesetzmäßigkeiten von Freude und Glück öffnen, gelangen wir zu unserer eigenen Lebensvision und zur Gewißheit, diese auch in unseren Alltag tragen zu können. Und wenn wir spüren und innerlich nachvollziehen, daß dieser Weg begehbar, das heißt, tatsächlich lebbar ist, wächst in uns das Vertrauen, daß wir – jeder einzelne von uns – eingeladen sind, ihn auch wirklich zu beschreiten.

Vision der Freude stellt eingefahrene Vorstellungen der problemorientierten Psychotherapie in Frage und zeigt wirkungsvolle potentialorientierte Alternativen auf. Sie ist somit auch wegweisend für Menschen, die in heilenden, lehrenden und therapeutischen Berufen tätig sind. Die transformatorische, bewußtseinserweiternde Öffnung für Licht und Freude ist eine Therapieform des neuen Zeitalters.

Vision der Freude wird hoffentlich auch für Sie zu einem inspirierenden Anstoß, zu einem verheißungsvollen Neubeginn oder zu einer wunderbaren Vertiefung von Erfahrungen, die Ihrem Leben und dem Ihrer Partner und Mitmenschen Sinn und Liebe geben. So helfen wir gemeinsam der von allen Menschen so innig ersehnten Freude, auf unserem Planeten die Grundschwingung einer neuen Lebenswirklichkeit zu werden.

Die Ekstase des Loslassens – persönliche Erfahrungen

»Du wirst alles verlieren und daraus mit einem neuen Strahlen hervorgehen«, sagte mir im Januar 1988 eine bekannte Handleserin, als ich sie auf einen Sprung in der Lebenslinie meiner rechten Hand hinwies. Zu diesem Zeitpunkt erschien mir dies unvorstellbar. Ich lebte damals bei München und widmete mich fast ausschließlich meinem Langzeitprojekt *Innerlich und äußerlich reich*. Alles in meinem Leben war doch so perfekt strukturiert und durchorganisiert. Alles schien seinen festen, unverrückbaren Platz einzunehmen.

Anderthalb Jahre später, im September 1989, wachte ich nachts in panischer Angst auf. Ich brauchte einige Momente, um mich zu orientieren. Ja, ich lag immer noch im Bett meiner Wohnung. Doch in Sekundenschnelle wurde mir bewußt, daß das in Kürze nicht mehr der Fall sein würde. Meine gesamte Welt war im Begriff, sich aufzulösen.

Bereits einige Monate vorher hatte ich mich aus meinem damaligen Arbeitsfeld zurückgezogen. Der äußere Rahmen war zu eng geworden und stimmte nicht mehr. Und ich empfing eine ganz neue, vielversprechende Vision, die mir deutlich und unverkennbar ungeahnte Dimensionen und Entwicklungsmöglichkeiten meines Lebens und meiner Arbeit zeigte. Seit langem ahnte ich, daß in ihr eine Kraft lag, die mein ganzes Leben transformieren würde. Jetzt aber, als der eigentliche Geburtsvorgang tatsächlich einsetzte mit dem totalen Verlust der alten, vertrauten Welt, schlug mein Emotionalkörper nochmals Alarm. Eins nach dem anderen löste sich auf und verschwand aus meinem Leben. Nichts, aber auch gar nichts konnte und wollte ich festhalten.

Wehrlos wie ein Fötus, dessen Geburt eingeleitet wird, erlebte ich, wie die mächtigen Wogen der einsetzenden Wehen mich dem engen Kanal, dem schier endlosen Durchgang entgegentrieben. Das Leben forderte mich auf, sämtliche äußere Strukturen meiner damaligen Welt Stück für Stück loszulassen: meine gewohnten Arbeitsinhalte, meinen vertrauten Arbeitsplatz, meine unterstützenden Mitarbeiter, meine Partnerin, meine Wohnung, meine Ersparnisse sowie den größten Teil meiner damaligen Bekannten und Trainingsteilnehmer. Mir schien, als ob sich die Erde unter mir auflösen und ich ins Bodenlose stürzen würde.

Ich tauchte wohl in jener Nacht aus den mit heller Panik reagierenden Tiefenbereichen meines Unbewußten auf. Dieser Zustand war mir glücklicherweise aus früheren Zeiten umwälzender Veränderungen meines Lebens durchaus vertraut. Der Teil in mir, den ich als »Beobachter« oder »Zeuge« in all den vergangenen Jahren geschult hatte, erkannte sofort, was ich in diesem Augenblick existentiell durchlebte. Er, dieser »Zeuge«, erinnerte mich daran, weich und tief zu atmen, mich ins Hier und Jetzt, in die Angst hinein zu entspannen und innerlich ganz loszulassen.

In diesem Moment erschien – ganz plötzlich und unvermittelt – in meiner Erinnerung das Echo des eingangs erwähnten Wortes der Handleserin: »Du wirst alles verlieren...« Schlagartig wußte ich, daß dieser Zeitpunkt jetzt gekommen war. Der Zeiger meiner Lebensuhr war soeben zur kritischen Phase vorgerückt. Diese plötzliche Einsicht half mir, meinen Fall ins Bodenlose zu akzeptieren. Ich fiel, wie es mir schien, endlos und endgültig ins Ungewisse. Ich stürzte in die Tiefe und mußte dabei alles Äußerliche loslassen. Ich konnte und wollte nichts mitnehmen, nichts gehörte mir wirklich. Das Fallen schien ohne Ende zu sein.

Nach und nach verwandelte sich der bedrohliche Absturz in einen Schwebezustand in einem neuen, unbegrenzten Raum. Plötzlich vermißte ich den festen Halt nicht mehr, denn ich war von unermeßlicher Weite, von strahlendem Licht und von unendlicher Liebe umgeben. Ich fühlte mich aufgehoben und getragen. Mir war, als sei ich buchstäblich in Gottes Hände gefallen. Die Starrheit der Angst war vollkommen aus meinem Körper gewichen, der jetzt in helles Licht eingehüllt zu sein schien. Ich atmete Licht und Weite. Mit jedem Atemzug schien ich mich ins Unendliche auszudehnen. Ich wußte mit jeder Faser meines Seins, daß alles in Vergangenheit, Gegenwart und Zukunft gut war, ist und sein wird. Ich hatte meinen Tod akzeptiert und wurde neu geboren. Ich konnte sehen, daß aus den Trümmern meines alten Lebens etwas Neues, Größeres und Schöneres entstehen würde.

Ich weiß nicht, wie lange ich in diesem zeit- und raumlosen Zustand verweilte. Als ich das Licht anschaltete, war es vier Uhr. Ich nahm mein Tagebuch zur Hand und schrieb folgende Sätze, die ich damals fast ausnahmslos mit einem oder mehreren Ausrufezeichen und mit Hervorhebungen versah:

»Die Ekstase des Loslassens ist mitunter größer als die Freude des Beschenktwerdens. Ich lasse *alles* los! Das Loslassen macht so frei, so leicht, so unbeschwert. Wenn ich nur noch ich selbst bin, offenbart sich meine Wahrheit. Mein Vertrauen wächst! Es gibt *nichts* mehr in meinem Leben, an dem ich festhalten müßte.

Ich höre auf zu kämpfen! Kein Ereignis, keine Person, kein Geld, keine Stellung, keine Tätigkeit ist wichtiger als – *ich selbst*. Das, was ich *bin*, ist mehr als genug, um zu *sein*. Was ich von jetzt an beginne, kommt aus der Freude am Leben, am Sein, am Teilen. Ich bin da, um Freude in Freude weiterzugeben. Indem ich meinen inneren Reichtum teile, bekomme ich immer alles, was ich brauche, um weiter teilen zu können. Dazu brauche ich nichts, was mich unnötig einengt und belastet. Ich gebe mich ganz dem Leben, der Liebe, dem Licht, der Freude hin.

Was in Leichtigkeit und Freude geschieht, ist für mich das Richtige! Alles andere gehört nicht zu mir, und ich brauche und sollte mich nicht darum bemühen. Mein Sein, meine Natürlichkeit sind mühelos! Liebe und Freude geben mir die Kraft, auch das zu überschreiten, was ich als unbezwingbar betrachtete. Die Kraft, die aus meiner Mühelosigkeit erwächst, ist beflügelt von Liebe und Freude.«

Und zu einem etwas späteren Zeitpunkt fügte ich noch hinzu:

»Wo ›*Angst*‹ auftaucht, zeigt sie das Nichterkennen von Wahrheit. Angst ist der Gegenpol von Liebe, hat als Schatten keine echte Eigenexistenz, weil ihr die Wahrheit fehlt. Wenn sie da ist, so besteht die ›Arbeit am Verdorbenen‹ darin, die Wurzeln dieser Unbewußtheiten zu erforschen, ans Licht der Bewußtheit zu bringen – immer wieder –, bis wir uns nicht mehr täuschen können.«

Wenn Sie diese Tagebuchaufzeichnungen mit dem Herzen nachvollziehen können, wenn etwas in Ihnen in Resonanz gerät, dann wissen Sie bereits jetzt auf den ersten Seiten, worum es mir in diesem Buch geht. Alles Weitere ist auf dem Boden dieser oder ähnlicher Erfahrungen gewachsen. Ein großer Teil des Buches wurde in Zuständen ähnlich erweiterter Wahrnehmung geschrieben. Wenn Sie das beim Lesen in Erinnerung behalten, wird es Ihnen leichtfallen, auch hin und wieder zwischen den Zeilen zu lesen, um die Botschaft, die sich in ihrer ganzen Fülle manchmal dort zu verstecken scheint, vollständig empfangen zu können.

Ich schreibe dieses Buch mit der inneren Gewißheit, daß es für viele Menschen ein Anstoß sein kann, ihre eigene essentielle Wahrheit zu erkennen. In vielen Momenten echter Freude wurde es mir möglich, einen Blick auf meine eigene innere Wahrheit zu werfen. Dabei erkannte ich, daß alles um mich herum in unterschiedlichen Formen dieselbe Wirklichkeit ausdrückt, daß meine innerste Wahrheit dem Wesen nach identisch ist mit der innersten Wahrheit jedes Menschen. Was ein Mensch als eine überpersönliche gültige Wahrheit erfaßt hat, vermag er mit anderen, die bereit sind, dieselben Räume zu betreten, zu teilen. Ich sah, fühlte und erlebte, daß das ganze Universum diese eine Qualität in unterschiedlichen Ausdrucksformen widerspiegelt. Wenn wir das begreifen, sind wir unserer Lebensvision, unserer eigenen ganz persönlichen *Vision der Freude* nahe! Wir erkennen die unbegrenzte Freiheit hinter der Angst, mit der wir uns neu auf das Leben einlassen können, um es kreativ zu gestalten, besser noch: um es zu er-leben. Die Vision der Freude steht immer auch für ein Leben ohne Angst!

Stellen Sie sich vor, Sie seien frei von Ängsten! Sie atmen die klare Luft, sind innerlich vollkommen entspannt und ruhig. Sie sind voller Gewißheit, daß alles in Ihrem Leben gut ist, wie es gerade ist. Der Augenblick dehnt sich aus und wird zu einem Moment des inneren Friedens. Und in Ihnen steigt Dankbarkeit auf für alles, was Sie umgibt. Ihre Wahrnehmung klärt und weitet sich. Sie atmen tiefer, und Ihr Herz wird mit jedem Atemzug leichter. Gab es jemals Angst in Ihrem Leben? Können Sie sich jetzt einen Augenblick lang absolute Angst vorstellen? Ja. Aber es ist nur möglich, wenn Sie diesen Moment im Hier und Jetzt verlassen und in die Vergangenheit oder in die Zukunft eilen. Dort können Sie sich in Ihren Gedanken an eine Situation erinnern oder diese neu erschaffen, in welcher Sie sich hilflos und verlassen fühlten.

Kehren Sie bitte nun wieder in Ihre Gegenwart zurück: Atmen Sie tief durch, und fühlen Sie Ihr Jetzt. Wie gut, daß diese angstbesetzte Situation nur eine Idee, ein Traum, eine konstruierte Fiktion war. Finden Sie zurück in die Wirklichkeit der Gegenwart. Hier sind Sie nun, mit diesem schönen Buch in der Hand, und haben Zeit für sich.

Können Sie fühlen, wie gut es mir geht, während ich diese Zeilen schreibe? Ich habe mir und den Lesern versprochen, keine Zeile dieses Buches ohne Freude, ohne Liebe, ohne Genuß zu schreiben. Mit jedem Wort, das Sie hier lesen, möchte ich Sie berühren mit diesem Licht, das mich hier und jetzt beim Schreiben umgibt. Es kommt mir also gar nicht in erster Linie darauf an, viel theoretisches Wissen zu vermitteln, sondern es geht mir um die unmittelbare Beziehung, die ich über mein Schreiben zu Ihnen aufnehme, da ich Sie als lieben Freund und liebe Freundin betrachte. Ich möchte etwas über meine Erfahrung des Seins mit-teilen. Und da ich dazu selbst tief in die unendliche Freude eintauche, nehme ich das Schreiben zum Gegenstand meiner Meditation. Auf diese Weise wird das Buch zu einer Quelle von Freude, die ich mit Ihnen teile.

Kann das, was für mich ein so unermeßliches Geschenk ist, auch für andere Menschen zum Geschenk werden? Ich gehe davon aus! In unseren Workshops und Trainings erlebe ich immer wieder, wie früher oder später der Funke überspringt. Und meine Freude wird um ein Vielfaches erhöht, wenn ich sie gleichzeitig in echter Verbundenheit mit anderen teilen kann.

Für solche Momente lebe ich! Für solche Augenblicke lohnt sich jede vorangegangene Mühe und Arbeit. Solche Momente sind Augenblicke einer Wahrheit, die nicht nur subjektiv und individuell ist, sondern die als Essenz in jedem Menschen schlummert. In diesen Situationen sind alle Trennungen und Grenzen aufgehoben, und jeder weiß, daß Angst und Getrenntheit auf Illusionen beruhen.

Die Kapitel dieses Buches wurden in solchen Momenten meines bewegten Lebens in den vergangenen zwei bis drei Jahren geschrieben, in denen ich die Essenz meines Seins in besonderer Weise berührte. Sehr früh kündigte ich denjenigen, die an meinen Gruppen und Trainings interessiert waren, die Veröffentlichung meiner Aufzeichnungen an. Dies wurde zu einer Art Selbstverpflichtung. Das Bewußtsein, daß viele das Erscheinen meines Buches erwarteten, half mir, mein gegebenes Versprechen auch einzulösen.

Worauf kommt es an? Was ist das Wesentliche, das mitzuteilen sich wirklich lohnt? Nach meinem Erleben geschieht Wesentliches in den Momenten, in denen die Schleier der Illusion von Trennung und Dualität zerreißen und wir unmittelbar in der Einheit mit allem stehen, was wir wahrnehmen. Im Licht dieser Einheit sind wir befreit von Ängsten, Anspannungen und Sorgen. Begrenzungen lösen sich auf, und mit ihnen verschwinden alle für unüberwindbar gehaltenen Probleme.

Gelingt es uns, gemeinsam in die von mir aufgesuchten und staunend erforschten Räume einzutreten, sind es nicht nur meine, sondern vor allem Ihre eigenen inneren Räume. In der Essenz sind wir eins, wenngleich Ihre Erfahrungen und Ausdrucksweisen von den meinen abweichen mögen. Es geht also in erster Linie darum, die gemeinsame Unterströmung des Einen Seins, durch das wir uns kennen und berühren, zu erleben.

Achten Sie in den Tagen, in denen Sie dieses Buch begleitet, auf besondere Erfahrungen mit Freude. Begegnen sie dem Gott oder der Göttin der Freude in Ihnen und in den verschiedenen Situationen Ihres Lebens. Lassen Sie sich von den Wundern der Freude überraschen. Öffnen Sie Ihr Leben für Licht und Freude. Ich freue mich, Sie für eine gewisse Zeit dabei begleiten zu dürfen.

I.
Wo suche ich mein Glück?

Die sieben Ebenen von Glück und Lebendigkeit

Alles Wesentliche in unserem Leben steht in einem direkten Zusammenhang mit der Erfahrung von Glück und Freude. Vielleicht haben auch Sie sich schon irgendwann einmal gefragt: »Das, was ich bisher kennengelernt, gelebt und verwirklicht habe, kann doch nicht alles sein! Das Leben muß doch noch mehr mit mir vorhaben! Es muß doch etwas geben, wofür sich jeder Einsatz lohnt! Ich will und kann mich nicht einfach zufriedengeben mit meiner derzeitigen Lebenssituation. Ich will mehr, ich will weiter, ich will etwas entdecken und erreichen, das weit über die Welt meines jetzigen Lebens hinausführt.«

Obwohl wir nicht sicher sein können, daß es dieses ganz andere tatsächlich gibt, sehnt sich doch ein essentieller Teil in uns unaufhörlich danach. Wir haben es bereits in seltenen außergewöhnlichen Augenblicken erfahren und kennen Momente der Erfüllung und vollkommener Freude. Trotz der vielen Zweifel, die sich immer wieder aufs neue melden mögen, weiß etwas in uns, daß es unser Geburtsrecht ist, immer öfter und länger an diesem freudevollen Sein teilzuhaben und in Zuständen von Glück und Erfüllung zu verweilen.

Immer mehr Menschen können in ihrem Inneren diese Gefühle und Gedanken wahrnehmen, als eine innere Stimme, die unüberhörbar lauter und deutlicher wird. Wir sind nicht immer begeistert, sie zu hören, denn sie strebt nach neuen, unbekannten Welten. Sie entspringt stets einer inneren Unruhe, einer gewissen Unzufriedenheit mit dem, was ist. Sie stellt in unbequemer Weise Althergebrachtes in Frage und nimmt unseren Gewohnheiten ihre Selbstverständlichkeit.

Wenn wir unser Leben daraufhin prüfen, welche Momente, welche Erfahrungen von Bedeutung waren, so werden wir bei genauer Betrachtung feststellen, daß sie alle etwas mit Erfüllung, Dankbarkeit, Hingabe und Freude zu tun hatten. Das schließt auch schmerzhafte oder mühevolle Erlebnisse und Lernprozesse mit ein. Denn Mühe, Kampf und Schmerz lohnen sich nur in einem weiteren Kontext von etwas, das uns Freude macht, von etwas, wofür es sich lohnt zu arbeiten, sich hinzugeben.

Freude kann somit als Tor zur Transzendenz, zu unserer tieferen Wirklichkeit genutzt werden. Sie beginnt auf einer dualen Ebene und entwickelt sich schließlich Stufe für Stufe zur transzendenten Seinsqualität. Wenn der Weg der Freude ans Ziel führen soll, muß Freude als Energieform und Erfahrungsqualität in der Lage sein, jeden Menschen gerade dort zu treffen, wo er gegenwärtig in seiner persönlichen Entwicklung steht. Um auf diesem Weg ans Ziel zu gelangen, das wir mit Erleuchtung, mit dem All-Einssein umschreiben wollen, müssen die Grundprinzipien des Voranschreitens sowohl für die ersten Schritte als auch für die letzte Hürde anwendbar sein.

Solange wir nach Wegen suchen, sollten wir uns bewußt machen, wohin wir letztendlich gelangen wollen. Es geht also nicht nur um kurzfristige Erfolgserlebnisse, die vergänglich sind und uns damit unfrei machen, sondern um ein Glück, das nicht mehr ausschließlich von äußeren Bedingungen abhängt.

Der Weg eines jeden Menschen zu Glück und Erfüllung ist absolut einzigartig und kann mit keinem anderen verglichen werden. Dennoch gibt es so etwas wie grundlegende Ausrichtungen, die jeweils einer bestimmten Gruppe von Menschen, die in ihrer Individualstruktur Gemeinsamkeiten aufweisen, von Nutzen sein können. Deshalb ist es gut, daß unterschiedliche Wege angeboten werden und den Suchern zur Verfügung stehen. Je offener ein Weg ist für die Erfordernisse des Lernens, je flexibler er auf die persönlichen Bedürfnisse der Menschen eingeht, je weiter das Spektrum der Erfahrungsmöglichkeiten gespannt ist, desto zahlreicher werden Menschen ihn für bestimmte Entwicklungsschritte in Anspruch nehmen.

Der Weg der Freude knüpft an angenehme, beglückende Erfahrungen an, die jeder Mensch in der einen oder anderen Weise aus seinem Leben kennt. Solche Momente sind unverzichtbare Nahrung für die Seele. Ohne solche Erlebnisse könnte kein Mensch existieren. Durch sie erst spüren wir, daß es sich lohnt zu leben. Sie sind ein unersetzliches Lebenselixier. Mangelt es an Augenblicken des Glücks, der Zufriedenheit, wird ein Mensch krank, depressiv und beginnt zu sterben. Unglückliche Menschen altern nachweislich wesentlich schneller als solche, die häufig Gefühle des Glücks empfinden. Warum? Weil jeder Augenblick von Lebendigkeit untrennbar mit Freude verknüpft ist. Je größer, kraftvoller und umfassender unsere Lebendigkeit, desto unmittelbarer unsere Bereitschaft zur Freude. Freude ist ein Ausdruck überschäumender Lebendigkeit.

Ist es nicht bemerkenswert, daß es so etwas wie eine Steigerung von Lebendigsein gibt? Nach unserem üblichen Sprachgebrauch ist jemand entweder lebendig oder tot. Doch wenn wir genauer hinsehen, erkennen wir, daß unser Menschsein eben nicht darauf beschränkt ist, lediglich in einem Körper zu existieren. Dies wäre nur eine sehr rudimentäre Form des Lebendigseins. Bloß zu überleben, zu vegetieren bedeutet noch nicht, wirklich zu *leben*. Daher sagen die Mystiker aller Zeiten, daß es für den Menschen – will er zu seinem vollen Potential erblühen – nicht ausreiche, nur einmal aus dem Mutterschoß geboren worden zu sein. Erst wenn wir viele Male emotional und mental sterben und geistig-spirituell wiedergeboren werden, leben wir wirklich und vollständig.

Leben ist als Freude gedacht! Lebendigkeit und Freude gehen Hand in Hand. Wer dieses Urgesetz des Lebens nicht versteht und anerkennt, hat keine Chance, das Mysterium seines Selbst je zu ergründen. Das ist wohl eine der Hauptursachen, warum so viele Versuche der Vergangenheit, auf lebens- und freudeverneinenden Wegen Transzendenz zu erreichen, gescheitert sind. Sie waren bestenfalls notwendige Erfahrungen, um Sackgassen kennenzulernen. Wer mit Hilfe von Askese, Angst und Gier das Himmelreich erzwingen will, muß schließlich einsehen, wie sich trotz aller Bemühungen Leid, Unglück und Unterdrückung immer wieder durchsetzen. Keine noch so einleuchtende Ideologie kann je befreien, wenn sie sich gegen universelle Gesetzmäßigkeiten stellt. Diese allgegenwärtigen Gesetze können nicht von uns intellektuell konstruiert werden. Der einzige Weg, sie kennenzulernen, besteht im fortgesetzten Erforschen der Räume und Dimensionen, die wir nur in jenen Momenten in uns vorfinden, in denen das andauernde Geplapper unseres Verstandes zur Ruhe kommt. Nicht alles, was wir dabei erfahren, kann auch in Worte gefaßt werden, denn Sprache eignet sich vorwiegend dazu, lediglich die Oberfläche des Seins, die äußere Welt zu beschreiben. Doch was immer aus einer meditativen Innenschau in Begriffe unseres Tagesbewußtseins übertragen werden kann, trägt in sich die Autorität einer übergeordneten Wahrheit.

Doch wenden wir uns wieder unseren ganz konkreten Lebenserfahrungen zu. Ist uns eigentlich bewußt, wo und auf welche Weise wir überwiegend Glück anstreben und wie wir dabei entweder Erfüllung oder Enttäuschung erfahren? Die folgenden Ausführungen sind dazu da, die Selbstbeobachtung zu schärfen. Die grundlegenden Fragen, die wir uns dabei selbst beantworten sollten, lauten:

- Wobei und auf welche Weise habe ich in meinem bisherigen Leben Glück erfahren?
- In welchen Lebensbereichen strebe ich gegenwärtig nach Glück und Erfüllung?
- Auf welcher Ebene möchte ich von jetzt an mehr als bisher suchen?

1. Materie, Besitz

Wer könnte sich nicht an jene Momente des Glücks erinnern, wenn wir als Kinder zum Geburtstag oder zu Weihnachten ein Geschenk erhielten, das uns in besonderer Weise entzückte und uns mit Besitzerstolz erfüllte. Oder wir besaßen Schätze in Form von Geldbeträgen, aus heutiger Sicht unbedeutende Summen, die uns damals jedoch heiß ersehnten Wünschen näherbrachten. Farbige Muscheln, die wir am Strand sammelten oder besonders schön geformte Steine, die wir nach Hause trugen, Spielsachen und andere »Wertgegenstände«, die wir geschenkt bekamen oder uns aneigneten: Alles wurde zu unserem persönlichen Besitz, zu Teilen von uns, denen wir selbst eine ganz persönliche Hierarchie auf unserer Werteskala gaben. Später kamen dann größere Anschaffungen hinzu wie besondere Kleidung und Schmuck, Autos, Wohnungseinrichtungen, Häuser oder Einkommen aus erfolgreichen Geschäften. Ganz gleich, in welchem Rahmen wir uns dabei bewegten: Wir kennen jenes Gefühl der Befriedigung und Genugtuung, das Menschen mitunter süchtig werden läßt, wenn sie ihre Wünsche auf materieller Ebene erfüllen.

Doch bei aller Freude über die kleinen und größeren Spielsachen der materiellen Ebene wird uns hier sehr deutlich die Kehrseite bewußt: die Tränen und Enttäuschungen der Kindheit, wenn wir nicht das bekamen, was wir uns eigentlich wünschten. Und später als Erwachsene jenes schale Gefühl, wenn wir uns alles leisten können und uns dennoch leer und unzufrieden fühlen, die vielen Erfahrungen, bei denen uns Materie nicht befreit, sondern belastet und einengt.

Es lohnt sich, einmal zu prüfen, in welchem Umfang und mit welchem Erfolg wir auf der materiellen Ebene nach Glück gesucht haben oder immer noch suchen. Haben diese Bereiche einen angemessenen Raum in unserem Leben? Weichen wir den materiellen Aspekten unseres Lebens aus, oder lassen wir uns von ihnen gefangennehmen? Wieviel Zeit und Energie nehmen sie im alltäglichen Leben in Anspruch?

Die Materie konfrontiert uns in hohem Maße mit der Lernerfahrung der Dualität – wir erleben Materie deutlich als etwas von uns Getrenntes. Ob sie unsere Freude am Leben erhöht oder uns eher herunterzieht und unfrei macht, hängt von der Entwicklung und Pflege anderer Ebenen ab, auf die wir noch im folgenden näher eingehen werden.

2. Sexualität, Erotik und Leidenschaft

Die zweite Ebene, auf der ein Mensch nach Glück und Erfüllung suchen kann, ist die Ebene von Eros, Sexualität und Leidenschaft. Die körperliche Nähe eines anderen Menschen, die Berührung, das Begehren, die zärtliche oder leidenschaftlich-stürmische Umarmung des Partners entflammen die Welt unserer Sinne. Wir sind verliebt, träumen, schwärmen nur noch für den einen Menschen und sehen die Erfüllung aller unserer Sehnsüchte und Wünsche in der Vereinigung mit dem begehrten Geliebten.

Solche Romanzen können zu den lebendigsten und intensivsten Erfahrungen unseres Lebens gehören. Die ganze Welt erscheint als Ozean von Glück und Ekstase, wir vibrieren voller Vitalität und überschwenglicher Freude. Immer wieder aufs neue vermag der heißgeliebte Partner das Feuer der Sinnlichkeit in uns zu entfachen und explosionsartig zu entladen. Wir sind »ein Leib und ein Fleisch«.

Solche Erfahrungen können Tore werden zu einer erweiterten Wahrnehmung und zu Gefühlen eines ekstatischen, allumfassenden Verbundenseins, zu Empfindungen, die den Ebenen 4 bis 7 zugeordnet sind, die wir später noch besprechen werden. Bleiben wir jedoch auf die Bereiche körperlicher Anziehung fixiert, so erleben wir früher oder später die bekannte Ernüchterung oder gar Frustration nach den sogenannten Flitterwochen. Nachdem das Feuer wieder erloschen ist, bleibt häufig das schale Gefühl von Leere und Sinnlosigkeit zurück. Der noch vor kurzer Zeit umschwärmte und umworbene Partner entpuppt sich als ganz gewöhnlicher Mensch, als langweilig und ohne besonderen Reiz.

Nach meiner Erfahrung scheint die Beziehungsproblematik häufig an vorderster Stelle zu stehen. Sehr viele Menschen sehnen sich nach dem »richtigen Partner«, jeder will geliebt und umsorgt werden, und doch berichten vergleichsweise wenige von einem glücklichen und erfüllten Liebesleben. Viele verdrängen und vermeiden diesen Bereich lieber, als das Risiko einzugehen, erneut enttäuscht und verletzt zu werden. Es scheint den idealen Partner nicht zu geben, oder man ist unfähig, ihn zu finden, zu halten, zu binden, zu »besitzen«. Und um wenigstens nicht ganz allein zu bleiben, heiratet man schließlich und arrangiert sich recht und schlecht in einer Art Zusammenleben, die sich vorrangig auf Existenzsicherung reduziert. Ein gemeinsamer Haushalt, die Kinder und der Besitz, also die vorher beschriebene materielle Ebene ist das, worauf man sich bestenfalls einigt. Glück und Lebendigkeit werden zu illusorischen Träumen, die in weite Ferne rücken. Wir sind ja schließlich Realisten!

3. Erfolg, Macht, Ansehen

Auf der dritten Ebene konzentriert sich die Suche nach Glück und Erfüllung auf das Streben nach persönlichem Erfolg. Man versucht, sich durch besondere Leistungen oder hervorragende Eigenschaften und Fähigkeiten von der breiten Masse abzuheben. Für einen Menschen auf der dritten Ebene liegt die größte Freude im Siegen, im Überflügeln anderer, im Erreichen hochgesteckter Ziele. Einfluß, Macht und Ansehen erheben ihn über die kleinen, gewöhnlichen Sorgen und Nöte des Alltags. Für Anerkennung und Bewunderung ist er bereit, alles zu opfern.

Persönlicher Besitz (Ebene 1) ist nicht mehr nur dazu da, die eigene Existenz zu sichern, sondern wird aus Prestigegründen angeschafft und vorgezeigt. Sexualität und Erotik (Ebene 2) dienen nicht in erster Linie dem Lustgewinn, sondern das Spiel von Verführung und Eroberung hat den größten Reiz, solange der Partner erobert wird. Partner werden nach ihrem Vorzeigewert beurteilt und je nach »Marktlage« ausgetauscht.

Doch was geschieht, wenn wir an der Spitze der Leiter angekommen sind, wenn alle Erfolge und persönlichen Ziele im Außen erreicht sind? Sind wir wirklich glücklich und rundum zufrieden? Zahlreiche Beispiele von überdurchschnittlich erfolgreichen Menschen zeigen uns, daß sie am scheinbaren Ziel ihrer Wünsche ihr Leben in Verzweiflung, Hoffnungslosigkeit und innerer Leere beendeten. Warum? Was fehlte? Wir werden es besser verstehen, wenn wir Ebene 4 kennengelernt haben.

4. Liebe, Meditation, innerer Frieden

Auf der vierten Ebene verändert sich die Qualität unseres Strebens nach Glück und Freude. Wir werden uns bewußt, daß alles, was wir im Außen angestrebt haben, um glücklich zu sein, uns letztendlich nur auf Seinsqualitäten hinweisen wollte, die in uns, nicht außerhalb von uns existieren. Auf den ersten drei Ebenen ist die Suche nach Freude ausschließlich auf die Außenwelt gerichtet; auf der vierten Ebene beginnt die Reise nach innen. Je sensibler und intelligenter ein Mensch ist, desto früher entdeckt er, daß es besondere Zustände des Seins sind, die das Ausmaß von Glück in unserem Leben bestimmen. Der Grundfokus unserer Wahrnehmung, unseres Erlebens, wendet sich um 180 Grad. Wir erkennen das Äußere als den Spiegel, der unser Inneres reflektiert.

Auf der vierten Ebene entfaltet sich jene Herzensschwingung, die wir zu Recht als Liebe bezeichnen. Hier wird nicht mehr um Sicherheit, Zuwendung oder Anerkennung gekämpft. Ein innerer Frieden kehrt ein und mit ihm das tiefe Gefühl der Verbundenheit mit allem, was uns umgibt. In Dankbarkeit empfangen und feiern wir die Geschenke des Lebens. Das Streben nach Sicherheit weicht einer Geborgenheit. Wir fühlen uns eingebunden in eine wunderbare göttliche Ordnung.

In Beziehungen erwarten wir nicht, daß unser Partner uns glücklich macht. Wir lieben und verströmen unsere Wärme von ganzem Herzen, ohne Forderungen und Bedingungen. Wir sind mit unserem Partner zusammen, nicht weil wir die Einsamkeit fürchten und den Partner für unsere Defizite brauchen, sondern weil der Ausdruck von Freundschaft, Intimität und Nähe unsere Daseinsfreude erhöht. Wir machen nicht mehr den anderen für unser Wohlergehen verantwortlich, sondern teilen, was immer wir haben, in Freiheit und Selbstverantwortung. Wir erleben Freude beim Anblick von Schönheit, im Empfinden von Harmonie, in der Natur, in freundlichen Gesten der Wärme und Unterstützung.

Leiden auf dieser Ebene ist eher ein Mitleiden, ist Traurigkeit und Schmerz beim Anblick von Umweltzerstörung, Haß und Lieblosigkeit. Weil man die innere Heimat kennt, ist der Umgang mit Menschen, die ausschließlich auf die Ebenen 1 bis 3 fixiert sind, befremdend und unbefriedigend. Das Herz sehnt sich nach einer Gemeinschaft, in der diese zarten inneren Räume gelebt und ausgedrückt werden können.

5. Kreativität

Nachdem wir auf der vierten Ebene die inneren Räume von Geborgenheit und Liebe kennengelernt und aufgesucht haben, drängt es uns auf der fünften Ebene danach, diese Erfahrungen zu kommunizieren, ihnen kreativen Ausdruck zu verleihen. Die Kreativität hat auf dieser Ebene den Charakter von Einzigartigkeit und Authentizität. Während ein Mensch auf der dritten Ebene in Aktion tritt, um bewundert zu werden, also in erster Linie etwas leistet, um Erfolg und Anerkennung zu bekommen, ist er auf der fünften Ebene aktiv, weil das Schöpferische ihm einfach Freude macht und ihn beflügelt.

Der Mensch der fünften Ebene erkennt seine ganz persönliche Lebensaufgabe und gibt sich ihr entschlossen und bedingungslos hin. Er geht vollständig in seiner schöpferischen Tätigkeit auf und ist immer weniger imstande, faule Kompromisse einzugehen. Sein höchstes Glück besteht darin, Kanal sein zu können für die universellen Energien, die durch ihn zum Ausdruck kommen wollen. Ja, sein Bewußtsein öffnet sich mehr und mehr für die Tatsachen, daß die Quellen seines inneren Reichtums nicht auf das Ego begrenzt sind. Ihm wird zunehmend deutlich, daß in den ekstatischen Momenten des Einsseins mit der schöpferischen Tätigkeit sich die »Schleusen des Himmels« öffnen und eine ganz andere Dimension durch ihn tätig wird.

Wenn dies geschieht, ist der Tänzer eins mit dem Tanz, der Sänger eins mit dem Gesang, der Redner eins mit dem Gesagten. Jeder, der dies bewußt erfahren hat, weiß in seinem Innersten, daß die Anerkennung, die andere Menschen seinem Werk zollen, nicht seiner beschränkten Persönlichkeit gelten kann. Er wird den Applaus innerlich weiterleiten, hin zu den göttlichen Instanzen, ohne deren Mitwirkung er nichts hätte tun können. So ist es zu erklären, daß die wirklich großen und weisen schöpferischen Menschen weder Eigendünkel noch »Starallüren« entwickeln. Sie bleiben trotz größten Erfolgs in der Welt bescheiden, einfach und natürlich.

Der Mensch der fünften Ebene betrachtet sich als Werkzeug und stellt sich bewußt der Einen Kraft zur Verfügung, damit sie sich durch ihn ausdrücken kann. In seiner ganz individuellen Art teilt er sie mit der Welt und bringt so seine Liebe als die Liebe des Ganzen zum Ausdruck. Dies kann – je nach seinem Naturell – großartig und spektakulär oder auch ganz still und unscheinbar geschehen. Der Mensch auf der fünften Ebene ist nicht ehrgeizig, sondern gibt sich dienend den Impulsen hin, die seiner Liebe zum Leben und seiner Freude am Sein entspringen.

Die schmerzlichsten Erfahrungen machen wir auf dieser Ebene dann, wenn wir phasenweise oder vorübergehend aus dem Bewußtsein der Verbundenheit herausfallen, wenn der Fluß der Kreativität unterbrochen ist und wir uns wieder in alten Ängsten und Sorgen (der Ebene 1 bis 3) verlieren. Da wir jetzt die Ekstase des schöpferischen Verbundenseins kennen, erscheint uns eine solche Einengung unseres Bewußtseins geradezu unerträglich. Aber durch solche Erfahrungen wird uns erst richtig bewußt, daß wir auf die Quellen außerhalb unseres Egos angewiesen sind. Unser ganzes Streben ist jetzt darauf ausgerichtet, die Verbindung wiederherzustellen. Wir lernen ganz bewußt, uns für Zustände größter Transparenz, Hingabe und tiefsten Vertrauens zu öffnen. Damit vereinen wir unseren Willen mit dem Willen des Ganzen und sind bereit, uns mehr und mehr als Werkzeug der universellen Schöpferkraft zur Verfügung zu stellen.

6. Die Ekstase der Freiheit

Auf der sechsten Ebene ist das, wofür sich ein Mensch auf der fünften Ebene bewußt geöffnet hat, konstante Wirklichkeit geworden. Wir sind uns unserer Göttlichkeit in jedem Moment unseres Lebens bewußt. Unser Leben entspricht dem Willen des Ganzen, und damit sind wir im Einklang mit den Gesetzmäßigkeiten des Universums. Auf der sechsten Ebene erwachen wir zu höheren Erkenntnissen. Wir entwickeln einen inneren Blick, der das göttliche Wirken in unserem Leben und in unserer Welt erkennt, versteht und auslöst. Jeder Gedanke, den wir denken, jedes Wort, das wir sprechen, jede Handlung, die wir ausführen, ist Träger von tiefer Bedeutung und Kraft.

Auf dieser Ebene gibt es keine Zweifel und keine Reue, weil jeder Aspekt unseres Seins als in den großen kosmischen Zusammenhang eingebunden erkannt wird. Mit unbestechlicher Klarheit unterscheiden wir zwischen Schein und Wirklichkeit. Unsere Sinne können uns nicht mehr täuschen, denn wir identifizieren uns nicht mehr mit ihnen. Wir brauchen uns gar nicht mehr ausdrücklich als Kanal für unsere innere Führung oder unser hohes Selbst zur Verfügung stellen, denn wir erkennen auf einmal unwiderruflich: Meine innere Führung, mein hohes Selbst und ich sind eins. Wir sind zu Meistern unseres Lebens geworden!

Auf dieser Ebene werden wir uns unserer unbegrenzten Freiheit bewußt. Wir *wissen*, daß die Möglichkeiten unserer individuellen Entfaltung unbegrenzt sind. In Freiheit entscheiden wir, welche Aufgaben wir zur Entwicklung dieses Planeten übernehmen wollen, aus Mitgefühl jenen Wesen gegenüber, die noch in Unwissenheit und Gefangenschaft ihres engen Bewußtseins existieren. Dies ist die Ebene des *Bodhisattvas*, der aus Freude am Dasein und aus Liebe zu seinen Mitmenschen in Freiheit entscheidet, noch nicht den letzten unwiderruflichen Schritt in die All-Einheit zu tun. Freiwillig hält er sich noch eine Zeitlang auf der Ebene der Dualität, um weiterhin für andere Menschen zu wirken. Dies sind der letzte Wunsch und die letzte irdische Freude: andere zu unterstützen, sofern sie für Hilfe offen sind.

Auf der sechsten Ebene angekommen ist ein Mensch frei, den letzten Schritt zu vollziehen und die Erde als Lern- und Entwicklungspfad endgültig zu verlassen oder zu bleiben, um seine irdischen »Mitschüler« noch eine Weile zu begleiten.

7. Kosmische Einheit

Die siebente Ebene ist die höchste und letzte, die ein Mensch auf der Erde erreichen kann. Da ich sie selbst nicht aus eigener Erfahrung kenne, möchte ich hier nur weitergeben, was ich von Menschen, die diesen Gipfel erreicht haben, gehört habe oder was in den Schriften vieler Mysterienpfade über sie angedeutet wird. Die »große Erleuchtung« ist ein Quantensprung des Bewußtseins, der kein Zurückfallen in niedrigere Zustände mehr zuläßt. Das letztendliche Ziel ist erreicht: die Rückkehr zum Ursprung der kosmischen Einheit. Der Tropfen verschwindet im Ozean, und dieser ergießt sich in den Tropfen.

Dieser Zustand wird je nach religiösem Hintergrund als Nirvana, Samadhi, Tao, mystische Hochzeit, Einheit von Atman und Brahman oder als Tat Vam Asi (Du bist das) umschrieben. Alle Erleuchteten stimmen darin überein, daß der Grad der Glückseligkeit nicht mehr mit Worten ausgedrückt werden kann.

Nach meinem Verständnis ist die Erfahrung von Glück und Freude auf allen vorangegangenen Ebenen ein mehr oder weniger genaues Echo dieser alles umfassenden Ekstase. Je bewußter wir zulassen, daß Freude in unserem Leben so etwas wie eine Richtschnur wird, je weniger wir auf bestimmte Ebenen fixiert bleiben, desto klarer wird unser Verständnis für die Möglichkeiten, die jeder Moment von Glück und Freude in sich birgt. Er gewährt uns Einblick in etwas, das uns unserer Essenz immer näherbringt.

Dann lernen wir, daß alle irdischen Erscheinungen auf etwas Größeres und Schöneres hinweisen, welches in ihnen verborgen liegt. Oder um es in den Worten *Hermann Hesses* zu sagen: »Jede Erscheinung auf Erden ist ein Gleichnis, und jedes Gleichnis ist ein offenes Tor, durch welches die Seele, wenn sie bereit ist, in das Innere der Welt zu gehen vermag, wo du und ich und Tag und Nacht, alle eines sind. Jedem Menschen tritt hier und dort in seinem Leben das geöffnete Tor in den Weg... Wenige freilich gehen durch das Tor und geben den schönen Schein dahin für die geahnte Wirklichkeit des Innern.«

Die sieben Ebenen im Überblick

Einige wichtige Stichworte zu den Ebenen des Glücks:

1. Materieller Besitz, Nahrung, Geld, Existenzsicherung, Überleben.
2. Sexualität, Erotik, Verliebtsein, besitzergreifende Liebe, Ei-

fersucht, Leidenschaft. Man erwartet von anderen die Befriedigung der Bedürfnisse und die Erfüllung der Sehnsüchte.

3. Erfolg, Macht, Ansehen, Karriere, Prestige, Ich-Kristallisation, Selbstbehauptung.

Die ersten drei Ebenen sind die Ebenen des Habens. Ihr Maßstab ist die äußere Welt.

4. Liebe, Meditation, Verbundenheit, Hingabe, innerer Frieden, Geborgenheit, Harmonie, Sein, Geben, Schenken, Zufriedenheit, Erfüllung, Dankbarkeit, mit sich selbst im Einklang leben.

5. Kreativität, Verbindung zur inneren Quelle, innere Führung. Klarheit über die eigene Lebensaufgabe und Bestimmung. Freude am Ausdruck und am Teilen des Seins, Kommunikation.

6. Gebrauch von Intuition und geistigen Kräften im Einklang mit dem Ganzen. Einheit von Denken und Handeln. Manifestation des Seins, Ekstase höherer Erkenntnisse, höheres Wissen, Visionen, tiefes Verstehen.

7. Vollkommene Einheit, Erleuchtung, All-Einssein, absolute Freiheit.

Die Ebenen 4 bis 7 können als Ebenen des Seins bezeichnet werden. Der Mensch sucht sein Glück nicht mehr ausschließlich im Außen, sondern läßt sich von seiner inneren Weisheit führen.

Am richtigen Ort nach dem Glück suchen

Die Sufi-Meisterin *Rabia*, die im indischen Mittelalter lebte, erregte immer wieder Aufsehen durch ihr scheinbar eigenartiges Gebaren. Eines Abends sahen die Menschen Rabia vor ihrer Hütte wie verzweifelt nach etwas suchen. Erst wenige, dann immer mehr kamen herbei und erkundigten sich, was sie wohl suchte. Rabia sagte, daß sie ihre Nähnadel verloren habe. Die Suche zog sich immer länger hin, bis die einsetzende Abenddämmerung ihr bald ein Ende setzte. So fragten einige Dörfler Rabia: »Wo genau hast du denn deine Nadel verloren?« Sie antwortete: »In meiner Hütte.« Worauf manche wie entgeistert, andere recht entrüstet Rabia zur Rede stellten: »Wie kannst du denn deine Nadel hier draußen suchen, wenn du sie drinnen verloren hast?« Rabia entgegnete: »Nun, weil hier draußen doch mehr Licht ist und ich in meiner Hütte gar kein Licht habe.«

Die Menschen tuschelten untereinander, daß Rabia jetzt offensichtlich völlig übergeschnappt sein müsse. Rabia unterbrach sie schließlich und sagte: »Liebe Freunde, es mutet euch seltsam an, daß ich meine Nadel draußen suche, wo ich sie nicht verloren habe, weil ich hier draußen Licht habe. Was meint ihr, wie seltsam es mich anmutet, euch zuzusehen, wie ihr tagein, tagaus euer Lebensglück draußen sucht, weil ihr dort vermeintlich Licht habt, und nicht dort, wo es wirklich zu finden ist, weil es in eurem Inneren noch völlig dunkel ist? Was glaubt ihr, wird euch euer Streben nach mehr Reichtum, mehr Ansehen, mehr Besitz in eurem Leben geben können? Und was wißt ihr über die Schätze, die im Verborgenen der Seele in euch ruhen?«

Dem Streben nach Glück und Freude liegt immer das Streben nach Vollkommenheit zugrunde. Jedes Wesen will sich entfalten. Je differenzierter ein Mensch, desto stärker und umfassender ist sein Drang, sich in allen Aspekten seines Seins zu verwirklichen. Die oben aufgeführten sieben Ebenen, in denen ein Mensch nach Erfüllung, das heißt auch nach höchster Freude suchen kann, sollen unser Bewußtsein dafür öffnen, wie vieldimensional der Weg der Freude ist. Gleichzeitig können wir sehen, daß jede Ebene ohne den Bezug zu den anderen unvollkommen bleibt und zur Sackgasse werden kann. Erst in dem Maße, in dem wir uns dem ganzen Spektrum des Glücks öffnen, werden alle Ebenen wie die verschiedenen Instrumente eines Orchesters harmonisch zusammenspielen. Erst dann erblüht unser Leben zu der Vision der Freude, die zu verwirklichen wir auf diesen Planeten gekommen sind.

Der mit den sieben Hauptenergiezentren des Körpers, den Chakras, vertraute Leser wird feststellen, daß die sieben Ebenen des Glücks sich auf die Funktion und Verwirklichung der Chakras als Bewußtseinsebenen beziehen. Wir können dadurch erkennen, auf welcher Ebene wir vorrangig suchen und lernen.

Wir werden einerseits sehen, daß jede Ebene als Sprungbrett genutzt werden kann zu Räumen erweiterter Wahrnehmung und damit zu umfassendem Glück. Andererseits werden wir auch immer wieder mit der Versuchung konfrontiert, uns aufgrund unserer Prägungen und Vorstellungen ausschließlich auf eine einzige Ebene zu beschränken und uns damit von ihr einengen zu lassen. Dadurch kann das Streben nach Befriedigung zu Unfreiheit und Versklavung führen. Wir bleiben in einer Begrenztheit stecken, obwohl wir doch eigentlich die Vollkommenheit suchen.

Jeder Mensch möchte glücklich sein. Das Streben nach immer höheren Formen von Glück ist einer der gemeinsamen Nenner, der die Menschheit in ihrer Evolution vorangetrieben hat. Ohne dieses Vorwärtsdrängen wären Wachstum und Fortschritt nicht denkbar.

Auf den ersten Ebenen des Suchens und Strebens ist ein Mensch immer nach außen orientiert. Eine Fülle von Urbedürfnissen, Instinkten, Trieben drängt nach Befriedigung. Das Baby macht die Urerfahrung, daß alles, was es zum Leben braucht, entweder ausreichend oder mangelhaft von außen durch die Mutter, die Bezugspersonen und die Umwelt bereitgestellt wird. Bekommt ein Kleinkind die Nahrung, die es auf körperlicher, emotionaler und seelischer Ebene braucht, so wird es in der Lage sein, so etwas wie ein Urvertrauen und eine positive Erwartungshaltung dem Leben gegenüber zu entwickeln. Fehlt jedoch in den frühen Stadien des Lebens diese umfassende, nährende Zuwendung, so wird in der Regel diese ursprüngliche Erfahrung von Mangel Spuren von Mißtrauen, Urangst und Zweifel an der liebevollen, unterstützenden Grundqualität des Lebens hinterlassen.

Diese ursprünglichen Prägungen wirken sich immer auf die Persönlichkeit eines Menschen aus, und sie bestimmen auch im späteren Leben seine Haltung und Strategien gegenüber der Umwelt. Solange unsere Wahrnehmung des Lebens überwiegend außenorientiert ist (Ebene 1 bis 3), hat die erste Schicht unseres Menschseins, die wir Charakter oder Persönlichkeit nennen, vorrangige Bedeutung. Sie ist gewissermaßen die äußere Form, die aufgrund ihrer Erfahrungen Eigenschaften entwickelt hat, die man je nach persönlichem Standpunkt als gut oder schlecht, liebenswürdig oder häßlich, vorteilhaft oder nachteilig bewerten kann.

Das Streben nach Glück wird eine ausschließlich außenorientierte Dimension haben, solange ein Mensch nicht zu der Erkenntnis gelangt, daß Freude zwar durchaus durch äußere Ereignisse ausgelöst werden kann, jedoch in Wirklichkeit eine innere Seinsqualität darstellt. Dies erkennen wir zum Beispiel deutlich, wenn wir die Erfahrung machen, daß manche Geschenke des Lebens, die uns noch vor einigen Jahren in helles Entzücken versetzten, uns auf einmal völlig belanglos erscheinen. Wir können überall auf Menschen treffen, die im Außen alles im Überfluß besitzen, alles *haben*, aber unglücklich und seelisch krank sind, weil sie ihr *Sein* noch nicht berühren.

Trotz dieser allgegenwärtigen Beispiele im eigenen Leben sowie im Leben unserer Mitmenschen, kommen nur sehr wenige zu der grundlegenden und lebensverwandelnden Erkenntnis, daß Glück und Freude unabhängig von äußeren Gegebenheiten als innere Seinsqualität entwickelt werden müssen, wenn wir nicht ein Spielball äußerer Bedingungen und Geschehnisse bleiben wollen. Wir sollten, um zur Ruhe zu kommen, das Glück dort suchen, wo es tatsächlich zu finden ist.

Mit dieser Erkenntnis betreten wir den Weg einer spirituellen Suche. Spiritualität ist Bewußtsein unserer selbst in Harmonie mit dem Universum. Eine spirituelle Ausrichtung bedeutet keinesfalls, sich vom äußeren Leben zurückzuziehen. Ganz im Gegenteil! Indem wir die Erscheinungen der äußeren Welt als Auswirkungen unseres Bewußtseins, unseres Denkens und Handelns, als Reflexion unseres Inneren erkennen, erhält unsere Beziehung zu allem, was uns umgibt, eine neue Qualität. Anstatt weiter zu manipulieren, werden wir anfangen zu lieben, anstelle von Anklage und Kampf treten Selbstverantwortung und Kreativität.

Die Darstellung der sieben Ebenen des Glücks hat gezeigt, daß Glücklichsein mit Bewußtseinserweiterung einhergeht. Unglücklichsein verursacht hingegen eine Bewußtseinsverengung.

Im Zustand des Glücks und der Freude erweitert sich unser Energiefeld auf natürliche Weise. Wir sind offen und entspannt; wir feiern unser Dasein. Damit treten wir in immer höhere, erweiterte Bewußtseinszustände ein. Die Erfahrung, über unsere Probleme hinauszuwachsen und eins zu werden mit unserem Inneren, kann als ekstatisch bezeichnet werden. Ekstase ist nicht nur einigen Mystikern vorbehalten. Sie ist ein Potential, das in uns allen schlummert. Wir können Ekstase leicht selbst erfahren, wenn wir bereit sind, für eine kurze Zeitspanne die festgefügten Bewertungen unseres rationalen Verstandes beiseite zu lassen. Dies eröffnet einen neuartigen Weg des Lernens und Wahrnehmens.

Der Grund, warum Menschen diese neuen Möglichkeiten des Lernens vermeiden, liegt gewöhnlich in dem Bedürfnis, das Ego in seinen gewohnten Strukturen zu schützen. Manchmal ist dieser Schutz rational begründet, häufiger jedoch ist dieses Bedürfnis sehr unbestimmt. Mit einem eingeschränkten Bewußtsein sind wir viel zugänglicher für Unglück. Unser Energiefeld schrumpft; wir sind von unserer Wahrheit abgeschnitten. Wir kämpfen um unsere Existenz. Wir sind im Zwiespalt, im Konflikt mit uns selbst.

Bewußtseinserweiterung hingegen bedeutet Gewinn an Weite und Freiheit und damit wachsendes Glück.

In dem folgenden Kapitel »Die Freiheit hinter der Angst« gehe ich auf das Thema Angst sowie deren Überwindung durch einen Wechsel von Wahrnehmung und Bewußtseinserweiterung ein. Dem angeschlossen habe ich einige grundsätzliche Ausführungen über ein neues Verständnis von Therapie und Transformation. Der Leser, für den das Thema »Angst« nicht im Vordergrund steht, und der ebensowenig an einer »Theorie der Wandlung« interessiert ist, kann dieses Kapitel überspringen, ohne den Anschluß zu verlieren.

II.
Die Freiheit hinter der Angst

Angst – die Geißel der Menschheit
Furcht – ein Lebensschutz

Angst gehört in die Kategorie jener Bewußtseinsschwingungen, die das Leben auf diesem Planeten maßgeblich prägen, sowohl individuell als auch global. Auf der Ebene der Dualität ist Angst der Gegenpol zu Liebe und Freude, die ihrem Wesen nach verbindend, umfassend, entgrenzend, expansiv und schöpferisch sind. Angst hingegen zieht zusammen, macht eng, unbeweglich und starr; sie vernichtet Lebendigkeit und Intelligenz in jeder Form.

Auf der physischen Ebene des Überlebens hat eine ihrer Formen, die Furcht beispielsweise vor dem Ertrinken, Verbrennen oder Abstürzen eine klare Berechtigung. Furcht ist dazu da, uns vor reellen Gefahren, die im Umgang mit der materiellen Welt für unseren Körper entstehen könnten, zu schützen. Furcht als Erziehungsmethode veranlaßt beispielsweise ein Kind, die Herdplatte nicht anzufassen, solange sie heiß ist, oder nicht auf die Straße zu laufen, solange darauf Autos fahren.

Aber auch diese verständliche Variante von Angst muß nach einigen Erfahrungen nicht mehr unser Leben bestimmen. Diese Phase kann schon im Kleinkindalter abgeschlossen sein. Dann ist aus der Furcht vor Autos oder heißen Herdplatten eine natürliche Vorsicht geworden, die aber nun nichts mehr von einer psychischen Schwingung der Angst in sich trägt. Wir haben ja gelernt, nicht ins kalte Wasser, ins brennende Feuer zu springen oder unachtsam eine Straße zu überqueren.

Anstelle der ursprünglichen Furcht können also Erfahrung, Bewußtsein, Wachheit und Achtsamkeit treten. Dies betrifft in gleicher Weise alle anderen Ebenen, Ausprägungen und möglichen Ursachen von Angst. Letztlich entstammen alle Ängste einem Bewußtsein, das einem Säugling oder Kleinkind entspricht. Je weiter und umfassender sich unser Bewußtsein entwickelt, desto überflüssiger werden unsere Ängste.

Tatsächlich deutet jede Variante, jeder Anflug von Angst auf ein mehr oder weniger enges Bewußtsein hin. Das Ausmaß an Angst, das unser Leben und Verhalten bestimmt und beherrscht, ist der Gradmesser unserer Unbewußtheit. Die Aspekte unseres Lebens, die am meisten von Angst bestimmt sind, bedürfen der größten Bewußtseinserweiterung, der intensivsten Entwicklungsarbeit. Ebenso liegt jedem Leiden unseres Lebens eine Angst zugrunde! Wenn wir uns auf dem Weg unserer Entfaltung blockiert fühlen, sind wir ausnahmslos an eine neue, tiefere Schicht von Angst gestoßen. Nur wenn wir gelernt haben, Angst anzunehmen und zu transformieren, können wir solche Blockaden aus eigener Kraft auflösen.

Angst und Liebe schließen sich ihrem Wesen nach aus! Wo Angst regiert, kann keine Liebe fließen. Und umgekehrt: Wo Liebe und Freude vorhanden sind, kann sich Angst nicht mehr zeigen. Genauso wie Licht und Dunkelheit einander ausschließen, so ist es unmöglich, daß Angst und Kraft, Angst und Liebe, Angst und Freude, Angst und Bewußtsein gleichzeitig existieren.

Wir stehen also vor der Entscheidung, unser Leben überwiegend von Angst oder von Liebe beeinflussen zu lassen. Der weitaus größte Teil der Menschen, die uns heute umgeben, lebt in Angst. Ihr Verhalten im Umgang miteinander, in der Politik, Medizin, Wirtschaft und Gesellschaft ist überwiegend durch Angst bestimmt. Angst und ihre Varianten wie Mißtrauen, Vorsicht, Spekulation, Gier, Sicherheitsdenken, List, Opportunismus, Unehrlichkeit, Konkurrenz oder Machtstreben sind so verbreitet, daß wir uns geradezu daran gewöhnt haben, mit ihnen zu leben. Ja, es scheint schwerzufallen, sich ein Leben ohne diese vermeintlichen »Notwendigkeiten« überhaupt vorzustellen.

Doch genau dies gilt es zu wagen! Versuchen wir doch einmal – vielleicht nur für einen kurzen Moment – uns vorzustellen, wie eine Welt frei von Angst aussehen könnte. Frei von Angst – das bedeutet, erfüllt von Liebe und Freude! Stellen Sie sich vor, Sie seien ein geübter Maler und hätten den Auftrag, das Bild einer angstfreien Welt, also ein Gemälde der Liebe und Freude zu malen. Sie lassen vor Ihrem inneren Auge das Bild einer Landschaft entstehen, die in allen ihren Aspekten Freude ausdrückt. Schmücken Sie sie mit Ihren Lieblingsfarben, mit Sonnenlicht und Wärme, mit Lebendigkeit und Harmonie, Natürlichkeit und Klarheit. Machen Sie sich bewußt, mit welchen Attributen Sie dieses Bild Ihrer inneren Landschaft beschreiben würden: Schönheit, Harmonie, Farbenfreude, Licht und Wärme, Kraft, Ausstrahlung, Natürlichkeit, Gesundheit, Lebendigkeit...

Wenn wir uns bewußt machen, daß dieses innere Landschaftsbild eine Entsprechung unserer eigenen Vision der Freude darstellt, erahnen wir die Qualität eines Lebens frei von Angst. Wir können nun innerlich in diese Landschaft eintreten, uns einleben, uns vielleicht sogar niederlassen. Wir vollziehen damit einen wichtigen Schritt zu einem angstfreien und an Liebe orientierten Leben. Die Motivation für unser Verhalten und Handeln entspringt dann nicht mehr nur den Notwendigkeiten und Zwängen des physischen Überlebens. Wir entfalten unser Potential und manifestieren durch die Kraft unseres Geistes alles Wünschenswerte, alles, was den Ausdruck von Liebe vermehrt, alles, was das Leben zum Fest der Dankbarkeit, Freude und Kreativität emporhebt.

Mir ist bewußt, daß mich ein solches Denken in den Augen mancher Mitmenschen in die Ecke eines naiven, idealistischen Träumers stellen könnte, dem man helfen sollte, nicht ganz den Bezug zur »Realität« zu verlieren. Doch wären solche »Realisten« bereit, in tiefer Meditation ihr Bewußtsein zu erweitern, könnten sie zumindest in diesen Momenten der Unbegrenztheit, des inneren Friedens, der Freiheit erkennen oder doch erahnen, wer wir Menschen in Wirklichkeit sind. In solchen Zuständen erweiterten Bewußtseins haben wir Zugang zu unserer Essenz, zu unserem göttlichen Potential. Wenn allgemein bekannt und akzeptiert wird, daß wir nur einen winzigen Ausschnitt der Realität wahrnehmen, daß wir nur einen kleinen Bruchteil unserer Gehirnkapazität nutzen, dann sollten doch die Folgerungen naheliegen, daß wir mit einem sich erweiternden Bewußtsein eine innere und äußere Realität wahrzunehmen in der Lage sind, die unsere jetzigen Horizonte bei weitem übersteigt. Wenn wir in meditativen Momenten etwas von diesen wunderbaren Räumen erspüren, dann *wissen* wir einfach, daß all unser evolutionäres Streben, all unser Sehnen dem einen Ziel gilt: das in uns angelegte Potential zu entwickeln und somit Schritte zu tun auf dem Wege zu unserer *Vollständigkeit*.

Diese Entfaltung, dieses Wachsen und Erblühen ist auf jedem kleinsten Schritt eine Emanation der Liebe, die von göttlichkreativer Freude begleitet wird. Wie wir bereits gesehen haben, verändert die Frequenz der Freude ihre Qualität auf jeder neuen Bewußtseinsebene. Da wir uns jedoch auf dem Schulungsplaneten Erde inkarniert haben, der bis zu einem bestimmten Entwicklungsgrad die Dualität als Grundlage des Lernens braucht, müssen wir uns vorläufig auch der Angst stellen. Solange sie vorhanden ist, brauchen wir sie zur Bewußtwerdung! Erst wenn wir die in ihr vorhandenen Lektionen verstanden und die mit ihr einhergehenden Erfahrungen integriert haben, wird Angst als Lehrmeister überflüssig.

Zur Befreiung von Ängsten

Es sollte bei der Bearbeitung von Ängsten also niemals darum gehen, diese möglichst schnell loszuwerden oder gar zu ignorieren. Die Befreiung von Ängsten kann nur durch einen Prozeß von Bewußtseinserweiterung geschehen. Dies macht schon deutlich, welch wertvolles Geschenk doch in der geduldigen Transformation von Ängsten liegt. Ohne sie könnten wir bestimmte Schritte zur Bewußtwerdung gar nicht vollziehen!

Wenn uns Ängste und Zweifel heimsuchen, sollten wir uns ihnen voll und ganz zuwenden. Sie haben eine wichtige Aufgabe im Transformationsprozeß übernommen, denn sie zeigen uns, in welchen Bereichen unser Bewußtsein noch eng und unvollkommen ist. Wenn wir sie als echte Geschenke betrachten, verlieren wir unsere Angst vor der Angst, die Bewußtwerdung und Wandlung unmöglich macht. Gewöhnen wir uns also daran, gerade unseren Ängsten liebevoll gegenüberzutreten, uns ihnen sorgfältig und achtsam zuzuwenden. Wir werden dann bald erkennen, daß diese Energien Teile von uns selbst sind, die sich gerade in Not und Verwirrung befinden und die die Verbindung zur wärmenden Lichtquelle der Liebe verloren haben.

Wir allein können diese Bewußtseinsaspekte suchen, finden und erlösen, das heißt, heimführen ins Licht. Wenn wir erkennen, daß Ängste und Zweifel aus den Teilen unseres Bewußtseins geboren werden, die sich aus der Einheit abgetrennt haben, können wir sie geduldig aufsuchen und zurück nach Hause holen. Sie sind tatsächlich vergleichbar mit Schafen, die den Anschluß an die Herde verloren und sich verirrt haben. Sie können den Weg zurück in die Ruhe und Geborgenheit nicht mehr allein finden. Wir selbst müssen sie voller Liebe und Mitgefühl aufsuchen und auf unseren Armen zurücktragen.

Da Ängste dem Emotionalbereich angehören, bedürfen sie nicht nur unserer Erkenntnis, sondern auch unserer Liebe. Es reicht nicht aus, ihre Ursachen zu analysieren. Erst wenn sich unsere Einsichten mit unserer Liebe verbinden, können wir auf tiefer Ebene wirklich befreit werden.

Klarheit und Liebe dürfen nicht voneinander getrennt werden. Beide Aspekte sind für die ganzheitliche Transformation unerläßlich. Liebe ohne Klarheit ist Sentimentalität, die einnebelt und zudeckt. Klarheit ohne Liebe ist wie ein Schwert, das mit kaltem Stahl schneidet und verletzt. Klarheit muß letztendlich zu echtem Verständnis führen und damit zu Akzeptanz und Mitgefühl. Ebenso führt Liebe durch bedingungsloses Annehmen zu wahrem Verständnis und damit zu Einsicht und Bewußtsein.

Es gibt zwei Haupttendenzen, mit Angst unbewußt umzugehen. Die erste besteht darin, so zu tun, als sei sie nicht vorhanden. Das Verleugnen von Angst führt notwendigerweise zu kompensatorischem, unechtem Verhalten. Wir sind dann gezwungen, unsere Angst zu überspielen, entweder durch aggressives oder überfreundliches, manipulatives Verhalten. Angst muß von uns mit aller Raffinesse maskiert und verschleiert werden. Wir wirken dann aber nicht echt, nicht authentisch und können somit auch nicht ruhig, gelöst, friedvoll und heiter sein. Eine Angst zu verdrängen oder zu unterdrücken bedeutet, einen eigenen starken Energieanteil zu bekämpfen oder ganz und gar zu ignorieren. Beides ist gefährlich und führt früher oder später zur Niederlage.

Der Kampf mit der Angst entspricht dem Kampf gegen einen Schatten. Wir können einen Schatten nicht besiegen, weil er keine eigene Substanz besitzt, also niemals faßbar wird. Im Kampf gegen einen Schatten verlieren wir viel Energie und werden immer mehr von unseren ursprünglichen Zielen abgedrängt. Ebenso sollten wir den Schatten nicht ignorieren, solange wir ihn nicht durchschaut und erlöst haben. Energie, die in das Unterbewußtsein verdrängt wird, arbeitet dort weiter und trachtet nach Entladung. Befreiung ist jedoch nur durch Bewußtwerdung möglich. Weigern wir uns hinzusehen und zu erkennen, können solche Anteile unsere Aufmerksamkeit erzwingen, indem sie schließlich als Krankheit oder Unglück in Erscheinung treten.

Die zweite Variante, mit Angst unbewußt umzugehen, besteht darin, sich mit ihr zu identifizieren. Dann beherrscht und tyrannisiert sie uns, bestimmt unablässig unser Verhalten. Sie läßt uns nie zur Ruhe kommen, nie entspannen. Paranoid vermeiden wir Situationen und Begegnungen und vermuten überall lauernde Gefahren, unverhoffte Schwierigkeiten und feindselige Angriffe. Mißtrauen in jeder Form ist ein Hinweis auf Identifikation mit unbewußten Ängsten. Sich mit einer Angst zu identifizieren bedeutet, sie anzuerkennen und ihr Macht einzuräumen. Identifikation ist ein Akt der geistigen Unterwerfung. Wir machen uns zum Opfer und liefern uns aus. Wir gestatten einer Unbewußtheit, einer Lebenslüge, über uns zu herrschen.

Beide Varianten des Umgangs mit persönlichen Ängsten beschreiben einen Konflikt, einen Kriegszustand. Im ersten Fall versucht sich unser Ego, dominant über die Ängste zu erheben; im zweiten gestatten wir den Ängsten, unser Denken, Fühlen und Verhalten zu bestimmen. Beides macht unfrei, erschwert Bewußtwerdung und verhindert Harmonie und Liebe.

Wenn wir uns auf den Weg der Selbsterkenntnis begeben, müssen wir bereit sein, uns vollständig zu öffnen. Wir können nicht zur Vollkommenheit gelangen, solange wir nicht gelernt haben, uns bedingungslos so wahrzunehmen und zu akzeptieren, wie wir uns gerade fühlen. Alle unsere Anteile, die noch nicht den Weg ins Licht und der Liebe gefunden haben, warten darauf, entdeckt und erlöst zu werden. Erst wenn wir die Bereitschaft entwickeln, alles, was gegenwärtig unser Menschsein ausmacht, anzunehmen, haben wir die Möglichkeit unserer Befreiung geschaffen.

Sofern Ängste im Prozeß unserer Selbsterfahrung auftauchen, ist es wichtig, ihnen unsere liebevolle Aufmerksamkeit zu schenken. Wir sollten uns weder mit ihnen identifizieren noch sie zu verdrängen suchen. Beides würde bedeuten, sie unnötig mit Energie aufzuladen. Ganz gleich ob wir einer Sache dienen oder sie bekämpfen, wir übergeben ihr unsere Lebenskraft.

Die im folgenden aufgeführten Möglichkeiten, Ängste zu betrachten, sind somit für den Leser als Anleitung gedacht, sich eigene Ängste bewußt zu machen und sie besser zu verstehen.

Das Wort »Angst« kommt aus dem lateinischen Wortstamm *angustus* = eng. Jede Angst zeigt uns also, wo unser Bewußtsein noch eng ist. Daher lohnt es sich, sie freiwillig anzuschauen, auch wenn sie in diesem Moment gar nicht aktuell vorhanden ist, sondern vielleicht nur eine Erinnerung an andere Zeiten und Begebenheiten unseres Lebens darstellt.

Untersuchen wir zunächst, wie wir Ängste erkennen und beim Namen nennen können. Oftmals sind es ja nur vage Gefühle, die schwer in den Griff zu bekommen sind. Befassen wir uns also mit den vier grundlegenden Erscheinungsformen der Angst.

Vier Erscheinungsformen der Angst

1. Das Körpergefühl

Jede Angst kann unmittelbar wahrgenommen werden, denn wir spüren ihre unangenehme Wirkung im eigenen Körper. Häufige Formen sind die Spannung im Solarplexus, der Stein im Bauch, die zitternden Knie, der schwankende Boden unter den Füßen, die Beklemmung in der Brust, der Kloß im Hals, die Last auf den hochgezogenen Schultern, der Druck im Kopf, das Stechen in der Leistengegend, der stockende oder zurückgehaltene Atem oder die Verkrampfungen im Becken und Gesäß.

Tatsächlich zeigt unser Körper in Gestalt, Haltung und Bewegung sehr deutlich sowohl chronische wie auch akute Angstmuster sowie die Art und Weise, wie wir versuchen, Angst zu kompensieren und abzuwehren. Lernen wir also, unseren Körper in Angst- und Streßsituationen zu beobachten! Dann wird es uns sehr bald möglich sein, unbewußte, eingefleischte Angstmuster zu erkennen und bewußt aufzulösen.

Eine einfache Übung, die wir in der Einführungsgruppe zum Jahrestraining *Vision der Freude* durchführen, besteht darin, daß jeder Teilnehmer sich eine ihm wohlbekannte und typische angstbesetzte Situation vorstellt und dann genau beobachtet, in welcher Körperzone die Hauptreaktionen auftreten. Nachdem diese so genau wie möglich bestimmt und die Wirkungen der Angst beschrieben wurden, werden die Teilnehmer aufgefordert, nichts weiter zu tun, als ganz bewußt mitten in diese lokalisierte Angstladung hineinzuatmen.

In dem unterstützenden Energiefeld der Gruppe ist es etwa 95 Prozent der Teilnehmer möglich, die Angstenergie innerhalb von fünf bis zwanzig Minuten aufzulösen. Die meisten sind in der Lage, sehr präzise zu beschreiben, welche Bahnen die in Bewegung gesetzte Energie im Körper benutzte und welche veränderten emotionalen Qualitäten schließlich zurückbleiben. So verwandelt sich beispielsweise die Angst zu versagen, die sich als Druck im Solarplexus bemerkbar macht, in Ruhe, Gelassenheit und Tatkraft, die als Erleichterung sowohl im Unterbauch als auch in der Herzgegend spürbar werden.

Ich lade Sie an dieser Stelle ein, sich einige Minuten Zeit zu nehmen, um dieses kleine Experiment am eigenen Leibe zu erleben.

2. Das Energiebild

Jede Angst ist eine Energieform von typischer Farbe und Gestalt. Wir können uns dies sehr direkt bewußtmachen, wenn wir ein Blatt Papier und Malstifte zur Hand nehmen und eine bestimmte Angst zeichnen. Dabei ist es wichtig, nicht auf ein Ergebnis fixiert zu sein, sondern die Wahl der Farben intuitiv und unzensiert geschehen zu lassen.

Es fasziniert mich immer wieder zu beobachten, wie eindrucksvoll und charakteristisch solche Energiebilder spezifische Ängste sichtbar werden lassen. Durch das Malen wird eine konkrete oder unbestimmte Angst gleichsam gebannt. Die Arbeit mit Energietransformation hat ja auch einen durchaus magischen Aspekt. Wenn wir nicht länger Opfer einer selbstgeschaffenen Energieform sein wollen, müssen wir sie »beherrschen«, das heißt sie beim Namen nennen, sie dingfest machen und ihr den Platz zuweisen, den sie in unserem Leben einnehmen soll. Es ist nicht nur unser Recht, sondern auch unsere Verpflichtung, Meisterschaft über unser Leben zu entwickeln.

Haben wir die Angst auf dem Papier sichtbar gemacht, so können wir in weiteren Schritten mit ihr arbeiten, um sie genauer und tiefer verstehen zu lernen. In unseren Seminaren geschieht dies in der Regel in Kleingruppen. Jeder einzelne Teilnehmer hat Gelegenheit, sein Energiebild zu beschreiben und eventuell körperlich darzustellen sowie die Auswirkungen und Bedeutungen für sein Leben in Vergangenheit und Gegenwart zu verdeutlichen. In diesem Prozeß entwickelt sich – ohne daß ein Gruppenleiter sich interpretierend einmischt – ein tieferes und umfassenderes Verständnis für die Entstehung dieser Angsterfahrung.

In der Regel verliert jede Angst ihre bedrohliche Dimension, sobald wir sie verstehen. Im nächsten Schritt ist es dann möglich, die Augen zu schließen und nochmals mit der inneren

Wahrnehmung das Energiebild der Angst zu sehen. Jetzt, nachdem sie tiefer verstanden wurde, können wir beobachten, wie sich vor unserem inneren Auge das Energiebild verwandelt. Formen und Farben verändern sich, und es gestaltet sich eine völlig neue Situation. Schließlich kann das neuentstandene innere Bild wiederum gemalt oder aufgezeichnet werden. Es lohnt sich, die Veränderung genau zu betrachten und zu verstehen.

3. Das Mentalprogramm

Wenn wir Angst auf körperlicher und energetischer Ebene erfahren, verstanden und verwandelt haben, ist es nicht schwer, die Klärung auf Mentalebene fortzusetzen.

Jede Angst hat eine gedankliche Entsprechung in Form von lebenseinschränkenden und lebensverneinenden Überzeugungen. Diese führen in der Regel weit zurück in primäre Erfahrungen und Prägungen. War zum Beispiel ein Kind nicht uneingeschränkt willkommen oder waren die äußeren Lebensumstände nicht ideal, so können als Reaktion auf die Signale, die es von Mutter und Umwelt bekam, Glaubenssätze entstanden sein wie: »Ich gehöre nicht hierher«, »Mit mir stimmt etwas nicht«, »Ich habe keine Existenzberechtigung«, »Ich bin unerwünscht und überflüssig«, »Ich bin es nicht wert, geliebt zu werden« und so weiter.

Es läßt sich leicht nachvollziehen, wie solche Mentalprogramme das Leben eines Menschen negativ prägen können, solange sie unerkannt bleiben. In jeder Angst ist also ein ganzer Komplex von unbewußten, destruktiven Mentalprogrammen wirksam. Diese zu erkunden und zu verabschieden, ist ein weiterer, unbedingt notwendiger Schritt, um Ängste zu transformieren.

Angst bestimmt unser Verhalten. Es lohnt sich, einmal ganz genau die eigenen Verhaltensmuster in typischen Angstsituationen zu untersuchen.

In einer Selbsterfahrungsgruppe könnte eine solche Situation psychodramatisch nachgestellt und gespielt werden. Die anderen Teilnehmer werden dazu eingesetzt, die Rollen der wichtigsten an einer solchen Situation beteiligten Menschen zu spielen. Aus ihrem Erleben und dem Feedback der Beobachter erhalten alle Beteiligten wertvolle Hinweise über ihre Angstreaktionen.

Eine weitere Möglichkeit, Angst körperlich zu erfahren, ist das Finden eines Körperausdrucks, der, gleich einer Statue, die wesentlichen körperlichen Erscheinungsformen der Angst überdeutlich zeigt. Dasselbe kann durch expressiven Tanz geschehen.

Unser Körper spricht eine beredte Sprache. Machen wir den Schritt, unsere oftmals unbewußten Verhaltensweisen genau zu untersuchen und mit Bewußtsein zu füllen, so gewinnen wir wertvolle Erinnerungsanker, die uns im alltäglichen Leben helfen, selbst-bewußter zu handeln. Sind die eingefleischten Verhaltensmuster erst einmal in das Zentrum unserer Wahrnehmung gerückt, werden wir frei, nach und nach neue Alternativen zu erproben. Indem wir den Schritt wagen, ganz konkret unser Verhaltensrepertoire zu erweitern, wird die transformatorische Arbeit mit unseren Ängsten zur echten Grenzüberschreitung, die gleichzeitig auf mehreren Ebenen unseres Seins wirksam wird.

Angst ist dann nicht mehr etwas, wovor wir unsere Wahrnehmung abwehrend verschließen müssen, ist nicht mehr ein Aspekt unseres Selbst, dem wir um jeden Preis ausweichen wollen. Bedrohliche Lebenskrisen oder angsteinflößende Situationen werden gleichsam zu Tests, die uns zeigen, ob wir bereits in der Lage sind, das Gelernte auch im Ernstfall anzuwenden. Wir lernen, immer häufiger innezuhalten, nach innen zu sehen und zu beobachten, ohne uns gleich mit den äußeren Vorgängen zu identifizieren. Damit eröffnen wir uns die Möglichkeit, ein tiefes Verständnis für uns selbst und die Reaktionen unseres

Emotionalkörpers zu entwickeln. Wir erklären Ängste nicht länger zu Feinden, die wir möglichst rasch »überwinden« wollen, sondern betrachten sie mehr und mehr als Teile unseres Selbst, die in ganz besonderer Weise unserer liebevollen Zuwendung bedürfen. Und indem wir beginnen, ihnen unsere Liebe zu schenken, werden wir sehen, daß jede Angst, jedes sogenannte Lebensproblem ein Geschenk in sich trägt, das wir durch Erkenntnis »auspacken« und in Empfang nehmen können.

Mit der Liebe wachsen auch unser Mut, unsere Gelassenheit, unser Vertrauen und unsere Geduld. Mutige Menschen haben nicht etwa weniger Ängste als andere! Ganz im Gegenteil – vielleicht sind sie sich der Vielzahl ihrer Ängste noch bewußter. Das, was einen mutigen Menschen von einem »Angsthasen« unterscheidet, ist die unerschütterliche Bereitschaft zu lieben. Wenn ein Mensch fähig wird, sogar seiner Angst, sogar seinen dunkelsten, unbewußtesten Teilen Liebe entgegenzubringen, wird sehr bald sein ganzes Leben ein Ausdruck wachsender Liebesfähigkeit sein.

Durch Liebe erhöhen wir unser Sein. Sie drückt sich weniger in sentimentalen Gefühlen aus, sondern erstrahlt aus unserem sich stetig erweiternden Bewußtsein. Wo Liebe, Verständnis, Kraft und Klarheit zusammenwachsen, entstehen Freude und Dankbarkeit.

Der Todeswunsch

Neben meiner Bereitschaft, das Leben als Freude zu betrachten, kenne ich nur allzugut einen Teil von mir, den ich gewöhnlich gar nicht so begeistert willkommen heiße. Ich nenne ihn meinen Todeswunsch-Aspekt. Er erwacht morgens aus tiefem Schlaf – und möchte einfach nicht zurückkehren in die Welt, in den als Last empfundenen Alltag, in die harte, kalte, rauhe, mit Anstrengungen und Zwängen beladene Dualität. Er sagt: »Es ist mir alles zuviel, zu schwer, zu mühevoll! Könnte ich es nicht viel einfacher und bequemer haben? Nein, ich will diese Arbeit, diese Lasten und Mühen nicht auf mich nehmen. Wozu soll ich mich mit der materiellen Welt herumschlagen, wenn ich doch die innere Freiheit kennengelernt habe?«

Wann immer ich anderen Menschen von diesem periodisch auftretenden Phänomen berichte, merke ich an ihren eindeutigen Reaktionen, daß dieses Nicht-leben-Wollen, Nicht-ganz-dasein-Wollen nicht nur mich, sondern auch viele andere hin und wieder betrifft. Das ist ein zusätzlicher Anlaß, diesem Teil besondere Aufmerksamkeit, Beachtung und Liebe zu schenken. Solange er da ist, solange wir ihn in uns fühlen, soll er zu Wort kommen! Ja, ich entschließe mich immer wieder dazu, ihn bedingungslos anzunehmen, ihn mit meiner ganzen Liebe zu umarmen. Dabei bemerke ich jedesmal, daß mein Atemmuster sich augenblicklich verändert. Ich beginne, tiefer und leichter zu atmen. Leichtigkeit und Weite breiten sich in mir aus, eine Ruhe entsteht, die danach strebt, ganz loszulassen. Ganz loslassen? Wäre das nicht der Tod, das Ende meines Funktionierens in dieser Welt? Wäre das nicht die völlige Auslöschung meiner Existenz?

»Ja, warum nicht?« denke ich und atme noch tiefer, noch hingebungsvoller. Und dabei entdecke ich einen weiteren Teil in mir: den neugierigen Forscherteil. Er fragt: »Wie weit kann ich gehen? Was liegt hinter den bekannten Grenzen? In welche unbekannten inneren Räume werde ich heute geführt?«

Doch ich möchte nicht ganz so schnell weitergehen. Der Todeswunsch-Aspekt ruft sich noch einmal in Erinnerung mit einer leichten Müdigkeit in den Augen und im Hinterkopf, mit einer vagen Traurigkeit, mit einer fühlbaren Beklemmung im Bauch. Ich habe ja versprochen, ihm bedingungslos, voll und ganz Beachtung zu schenken, und ich ahne, wie wichtig er für mich ist.

Wieder fällt mir zuallererst mein tiefer werdender Atem auf – im Augenblick meiner Zuwendung.

Er ist mir in Wirklichkeit sehr vertraut, dieser gefürchtete Todeswunsch. Einmal habe ich ihn zurückverfolgt bis zu den frühen Stadien meiner jetzigen Inkarnation, als meine Mutter mit mir schwanger ging. Mein Körper war nur ein Fötus im Fruchtwasser. Klein ruhte er in der unendlich erscheinenden

Weite, Wärme und Geborgenheit. Doch mein Bewußtsein war voll entwickelt. Ich sah und überschaute in jenem Augenblick mein zukünftiges Leben – nicht in allen konkreten Einzelheiten, sondern ich fühlte seine Grundschwingung in einer ungefilterten Direktheit.

Es dauerte eine Weile, bis ich in der Lage war, meine Wahrnehmungen und Empfindungen in Worte umzusetzen, die ja damals im Mutterleib nicht vorhanden waren. Mein Körper, der in tiefer Entspannung auf der Matratze lag, verkrampfte sich plötzlich, Tränen rannen mir aus den Augen und schluchzend rief ich dieselben Worte, die auch an jenem Morgen meinen inneren Zustand dominierten: »Es ist so schwer, ich schaffe es nicht! Warum, warum, warum? Ich bin doch so schwach, so zart, so verletzlich. Werde ich jemals die Kraft haben, dies alles durchzustehen, zu bewältigen? Lohnt es sich, diese mühevolle Reise auf mich zu nehmen?«

Gleichzeitig sah ich die vielen Menschen, die zu mir kommen würden, in der Erwartung, ich könne ihnen weiterhelfen auf dem schweren Weg, von dem ich selbst kaum den ersten Schritt kannte.

Eine tiefe Angst zu versagen, ein bodenloses Gefühl der Vergeblichkeit und Ohnmacht überwältigten mich und schnürten mein Herz ein. Warum ich?

Dieser Teil möchte sich vom Leben abschneiden, weil er es nur als Überforderung erlebt. Er möchte der rauhen Welt entfliehen, sich zurückziehen in innere Räume der Harmonie und des Friedens. Doch wohin, wenn die inneren Räume ebenso grau und trostlos, kalt und voller Dämonen sind? Dann gibt es kein Entrinnen, keine Erlösung mehr. Die meisten Menschen treten an dieser Stelle die »Flucht nach vorn« an, stürzen sich in alle möglichen Aktivitäten, die angeblich wichtig sind, deren Sinn von ihnen jedoch niemals wirklich erforscht wurde. Das Leben bietet ja so unendlich viele Möglichkeiten, sich abzulenken, sich zu unterhalten, sich selbst zu entkommen! Wir können dieses Spiel fortsetzen – irgendwie gehts ja immer weiter, irgendwie schlagen wir uns schon durch...

Ich erinnere mich nicht mehr genau, wie sich damals diese bodenlose Verzweiflung für mich auflöste. Ich weiß nur, daß diese Art von Rückführung, die wir auch heute noch gezielt mit den Teilnehmern unseres Trainings durchführen, nach einer Phase des intensiven Erlebens wieder zurückglitt in einen Raum des Seins, in dem der Kontakt zum höheren Selbst, zum wachen, nicht-identifizierten Beobachter wieder unmittelbar vorhanden war.

Erst wenn diese Rückverbindung wieder geschieht, ist wirkliche Heilung und wahre Transformation möglich – niemals zuvor! Therapieformen, die sich vorrangig mit Problemen beschäftigen, haben alle mehr oder weniger versagt. Ursache ist einzig und allein die Tatsache, daß alles, worauf wir uns konzentrieren und ausrichten – auch mit der guten Absicht, es zu beseitigen – zunimmt. Jedes scheinbar gelöste Problem wirft mindestens zehn neue auf, wenn wir uns selbst nicht auch innerlich wirklich vom Problem gelöst haben. Es ist, als ob man einen Baum an einer Stelle beschneidet. Er wird gerade dort neu ausschlagen. Bevor wir nicht zurückgehen und schon die Saat – nicht erst die Wurzeln! – der Angst, der Probleme, der Unbewußtheit transformieren, werden wir uns vergebens um wirkliche Befreiung bemühen.

Die Ursache, die Saat aller unserer Probleme, ist das Vergessen unserer ursprünglichen Heimat, das Verlieren unserer allumfassenden Verbundenheit, also der Eintritt in die Dualität und die Idenfikation mit der Materie. Die »Sünde« der Trennung von unserer kosmischen Einheit ist die Ursache von Gefühlen der Angst, Verlassenheit und Vernichtung. Befreiung geschieht erst in der Erkenntnis unserer Göttlichkeit, unserer Einheit mit allem Sein.

Wenn wir – wie die meisten Menschen – uns überwiegend mit den körperlich-materiellen Aspekten unseres irdischen Daseins identifizieren, bedeutet das Kampf ums Überleben. Wir sind der Illusion der Trennung erlegen. Erst wenn wir lernen, diesen Ort der inneren Freiheit wieder aufzusuchen, können wir zu einem echten Ja gegenüber allen Aspekten unseres Menschseins gelangen. Echt und wahrhaftig wird dieses Ja genau dadurch, daß es eben nicht emotionalen oder psychischen Zwängen entspringt, sondern der Ruhe und Einsicht.

Die Fragen, die sich nun folgerichtig aus dieser Erkenntnis ergeben, lauten bei jedem Menschen: Wie finde ich den Zugang zu diesem inneren Ort der Stille, der Freiheit, des Friedens, des inneren Wissens? Wie kann ich möglichst oft und lange damit verbunden sein? Wie kann ich meine innere Wahrheit finden und schließlich für immer in ihr ruhen?

Diese Fragen sind die zentralen Fragen unserer Suche, die Grundausrichtung unserer Arbeit. Erst wenn diese Fragen von einem Menschen bewußt gestellt werden, ist er auf dem *Weg*. In der Erkenntnis, daß in diesen Fragen alle andere Fragen enthalten sind, vollziehen wir den ersten entscheidenden Schritt zu unserem wahren Selbst. Wenn solche Fragen erstmalig in unserem Bewußtsein auftauchen, so stellt dies so etwas wie eine Initiation, einen Eintritt in eine neue Phase unserer Bewußtseinsentwicklung dar. Solange dieser Schritt nicht vollzogen wurde, suchten wir überall blind und wahllos; jetzt aber erhält unser Suchen eine neue Ausrichtung – vielleicht ganz vage zunächst –, aber immerhin, ein Anfang ist gemacht.

Die Illusion der Trennung überwinden

Es gibt einen grundsätzlichen Irrtum, der all unsere Probleme verursacht und den Urgrund von Angst, Leiden, Schuld und Schmerz darstellt. Ohne ihn wäre die Erde jetzt schon ein Paradies, ohne ihn würden die Menschen in Liebe und Freude leben, ohne ihn wäre die Welt frei von Angst und Gewalt. Es handelt sich um die fatale Illusion des Getrenntseins. Sie drückt sich aus in der Vorstellung, jeder Mensch sei dazu verurteilt, sein Leben als begrenztes Einzelwesen zu fristen, um seine Existenzberechtigung zu kämpfen und in Angst vor dem Leben und dem Sterben aushalten zu müssen.

Tatsächlich wurzeln all unsere Ängste und Probleme in der zur subjektiven Realität gewordenen Lüge, wir seien isolierte Einzelwesen, Inseln, deren Existenz ständig durch die Stürme des Schicksals bedroht wird. In dieser Unwahrheit zu leben, ist für uns eine so tiefverwurzelte Gewohnheit geworden, daß vermutlich die meisten von uns immer noch bereit sind, sie sofort mit allen Mitteln zu verteidigen. Das ist verständlich, denn unsere gesamte vom Ego abhängige Identität ist auf diesem Grundirrtum aufgebaut. Was bleibt von uns übrig, wenn uns dieses vermeintlich sichere Fundament genommen wird? Das Bild, das wir uns von uns selbst gemacht haben, ist tatsächlich auf unser Ego beschränkt. Es existiert nur durch die Illusion der Trennung und muß daher immer wieder verteidigt und gerechtfertigt werden. Wer jedoch sein eigenes Image ständig unter Beweis stellen muß, lebt in Angst.

Jahrelang hatte ich vergeblich versucht, meiner Angst Herr zu werden, sie abzuschütteln, sie in den Griff zu bekommen. Ich habe meinen Willen gegen sie gestemmt, habe ihre Auflösung durch »Energieumleitungen« erhofft, habe versucht, sie zu ignorieren, zu vergessen, ihr zu entfliehen – vergeblich! Sie verfolgte mich überallhin. Je mehr ich von ihr frei sein wollte, je heftiger ich gegen sie ankämpfte, desto subtiler und unheimlicher suchte sie mich heim, zum Beispiel in nächtlichen Träumen.

Schließlich gab ich auf: Ich kapitulierte. Lieber wollte ich sterben, als noch länger diesen mühsamen Kampf um Sein oder Nichtsein fortzusetzen. Ich ließ meine größten Ängste und Befürchtungen nackt vor mir erscheinen, wehrte mich nicht mehr, bot ihnen an, mich zu zerstören. Ich war auf das Schlimmste gefaßt und wartete auf mein Todesurteil. In Meditationen stellte ich mich immer wieder diesem Warten, diesem verletzlichen Zustand des Nichtwissens. Ich wartete auf meine Vernichtung – wartete und wartete.

Doch nichts geschah! Ich atmete immer noch, hörte das Rauschen des Windes in den Bäumen. Ich lauschte in die Stille und suchte vorsichtig nach der Angst. Wo war sie, die sich noch vor kurzer Zeit in ihren bedrohlichsten Gesichtern auf mich stürzen wollte? Ich konnte sie nicht mehr finden! Statt dessen wurde ich gewahr – oft überraschend schnell –, wie ich mich zu einem offenen Energiefeld ausgedehnt hatte, dessen Ende ich nicht mehr ausmachen konnte. Ich war weit über die Grenzen meines physischen Körpers gewachsen, doch wo ich aufhörte, vermochte ich nicht zu sagen. War ich auf die Wände meines Zimmers beschränkt, hörte ich beim Baum vor meinem Fenster auf oder bei den Wolken am Abendhimmel oder bei den Strahlen der untergehenden Sonne?

Wo im Universum liegt meine Grenze? Ist es gerechtfertigt, irgendwo zwischen Ich und Nicht-Ich zu trennen?

Gehört das Papier, auf dem ich in diesem Augenblick schreibe, nicht ebenso zu mir wie der Strom meiner Gedanken und die Hand, die meinen Stift führt? Ist die Geliebte, von der ich mich gestern abend verabschiedete, nicht ebenso Teil von mir wie der noch unbekannte Teilnehmer, den ich in wenigen Monaten in einer Gruppe kennenlernen werde? Gehört nicht all das, was ich mit meinem Geist berühren und erfassen kann, augenblicklich zu mir und meiner Welt? Und all jenes, was ich noch nicht zu erfassen vermag, von dem ich aber annehmen kann, daß es außerhalb meines Vorstellungsvermögens existiert?

An dieser Stelle habe ich den Wunsch, den Leser auf eine kleine innere Reise mitzunehmen, um einige grundlegende Erfahrungen unmittelbar zu teilen. Wer dieser Einladung jetzt nicht folgen möchte, mag den herausgehobenen Teil überspringen.

Übung zur Grenzüberschreitung

Halte einen Augenblick mit dem Lesen inne. Laß dich auf ein Experiment ein, und betrachte für eine Zeitlang alles, was du wahrnimmst, als Teil deines Lebens, als Teil von dir. Atme gut durch, und verzichte eine Weile auf Abgrenzungen und Definitionen. Atme, und entspanne dich noch ein wenig mehr.

Laß deine Gedanken leicht werden. Dehne dich innerlich aus, und verweile in der Ruhe und Weite deines Jetzt. Ist dir das möglich? Kannst du das nachvollziehen?

Vermutlich bist du jetzt allein, frei von ablenkenden Einflüssen. Wenn nicht, erledige, was getan werden muß, und kehre später wieder hierhin zurück.

Bist du jetzt ganz bei dir, ganz im Einklang mit dem, was dich umgibt? Dann kannst du vielleicht spüren oder ahnen, daß du allein bist – und doch nicht getrennt, über deinen

Atem verbunden mit innen und außen, hier und jetzt und doch unendlich und ewig. Stelle dir vor, wie du aus der inneren Verbindung mit dir selbst heraus dein Bewußtsein weit werden läßt. Die Wahrnehmung deiner persönlichen Grenzen weitet sich, bis du den ganzen Raum, in dem du dich gerade befindest, ausfüllst. Laß für eine Weile zu, wie alle Zweifel, Ängste und Sorgen in der Auflösung deiner Begrenzungen entschwinden. Trau dich, einige Atemzüge lang auf alles zu verzichten, was du glaubst, über dich und die Welt zu wissen.

Entspanne dich mehr und mehr in das Unfaßbare, das Grenzenlose, das Unbekannte hinein. Vertraue dich der Fülle an, die, da sie auf Form verzichtet, auch als Nichts, als Leere wahrgenommen werden kann. Wenn dabei irgendwelche Widerstände oder Ängste auftauchen, nimm sie geduldig in diese Erfahrungen hinein, und verbinde dich immer wieder mit deinem ruhigen und tiefen Atem, mit deiner Herzmitte.

Laß dir etwas Zeit, in diesen Seinszustand hinein zu entspannen. Wenn du möchtest, schließe eine Weile deine Augen, und erforsche diesen wohltuenden inneren Raum. Es gibt darin sehr viel zu entdecken! Nimm dir jetzt wirklich etwas Zeit, und lies später weiter.

Und dann, nachdem du deine Augen wieder geöffnet hast, schau dich um, ohne den Kontakt zu deinem Atem, der dich mit deiner inneren Weite verbindet, zu unterbrechen. Betrachte nacheinander die Gegenstände in deiner Umgebung. Mache dir dabei bewußt, daß alles, was du siehst, ursprünglich Teil eines formlosen, nicht-manifestierten Seins war.

Jeder Gegenstand in deinem Raum ist Zeuge von der Verbindung von Geist und Materie. Alles existierte vormals im Ozean des nichtmanifestierten Seins, bis eine Idee den Impuls zur Entstehung brachte und die Formwendung einleitete. Auch du selbst kommst, wie alles, was dich umgibt, aus dieser ursprünglichen Einheit und wirst wieder zu ihr zurückkehren, dir deiner selbst bewußt.

Erinnere dich daran, wer du in Wirklichkeit bist! Du bist nicht nur dieser Körper aus Fleisch und Blut, nicht nur deine Gedanken und Gefühle, nicht nur die Rollen, die du in unserem Leben spielst. Dies alles kannst du doch wahrnehmen und zusehen, wie es sich ständig verändert. In deiner Essenz bist du reines, unsterbliches Bewußtsein. Du warst schon immer und wirst immer sein. Denn du bist ja nichts anderes als ein individualisierter und doch untrennbarer Teil des einen allumfassenden Bewußtseins, das durch dich lebt, liebt, sich einzigartig ausdrückt. Wie großartig, wie reich du in deinem wahren Wesen deiner essentiellen Wahrheit doch bist – ob du dir dessen bewußt bist oder nicht!

Wovor solltest du noch Angst haben? Diese deine Essenz, dieses dein ich bin ist unzerstörbar, unbesiegbar, unsterblich. Liebe ist die Kraft, die dein Bewußtsein für die Verbundenheit mit allem öffnet. Indem du sie einlädst, dich für ihre Wirkung öffnest, erfährst du die Einheit mit allem, worauf du gerade dein Bewußtsein richtest. Dies einmal bewußt zu erleben, gehört zu den ekstatischen Erfahrungen, die ein Mensch haben kann. Ist es dir möglich, dies nachzuvollziehen?

Alles, was auf diesem Planeten eine Gestalt annimmt, wurde geboren aus der Verbindung von Geist und Materie. Dieses Gesetz gilt auch für uns, gilt für das gesamte Universum. Derselbe eine Geist manifestiert sich durch uns und wird sich dadurch auf dieser Ebene seiner selbst bewußt, zunächst erst fragmentarisch und beschränkt. Ein erster Schritt, dem zur Vollständigkeit noch andere folgen werden. Dieses Halbbewußtsein des Menschen ist das, was ihn schmerzt. In ihm liegt eine der Hauptursachen für die Illusion der Getrenntheit. Diese Illusion bedingt alle Formen unserer Angst.

Umgekehrt wird ein Mensch, der beginnt, seinen wahren Ursprung, seine Bestimmung und seine Göttlichkeit zu erkennen, immer weniger in Angst leben. Warum? Weil mit dieser Erkenntnis das Wissen um die allumfassende Verbundenheit zunimmt. In diesem Bewußtsein kommen wir nach Hause, zurück zur Realität unseres Seins.

Trennung ist die Wurzel aller Angst. In dem Augenblick, in dem wir die Illusion aller Trennung erfassen, sehen wir uns selbst in unserer Unbegrenztheit, unserer Größe, unserer unendlichen Freiheit, jenseits aller Begrenzungen von Angst. Dann ist es leicht möglich, die Angst zu erkennen und zu entlarven als das, was sie ist: als Schatten, als Illusion, als Lüge! Diese Einsicht ist die einzige Art, sie dauerhaft aufzulösen.

Die Identifikation mit unserer Angst und mit den aus ihr entspringenden Übeln zeigt uns das Ausmaß unserer eigenen Unbewußtheit. Niyati, eine uns bekannte Frau mit Meditationserfahrung, die unheilbar an Leukämie erkrankt war, sagte kurz vor ihrem Tod: »Angst ist ein Gradmesser dafür, wie weit wir uns von der Wirklichkeit entfernt haben – je weiter wir von ihr entfernt sind, desto mehr Angst haben wir. Meine Angst verschwand jedesmal, sobald ich zulassen konnte, daß all meine Ideen über das Leben und die Welt zusammenfielen wie Kartenhäuser.«

Wenn wir frei werden wollen, müssen wir damit beginnen, unser Bewußtsein über die uns gewohnten und vertrauten Grenzen hinaus zu erweitern. Wirkliche Grenzüberschreitung liegt immer außerhalb der engen Welt unserer Begrifflichkeiten! Wir brauchen also Mut und Entschlossenheit – und anfangs vielleicht ein wenig Anleitung. Nach und nach werden wir uns dann wieder unseres multidimensionalen Seins bewußt. Wir finden den Weg zurück in die Freiheit, in die Freude, in die Liebe, den Weg nach Hause in das Bewußtsein unserer Unendlichkeit und Einheit.

Erst in dem Augenblick, in dem die Erfahrung einer größeren, einer göttlichen Realität die Grenzen unseres Bewußtseins sprengt, geschieht der entscheidende Schritt zu unserer Befreiung und Heilung. Diese Begegnungen mit Freiheit, Licht und Freude werden dann als viel wirklicher erlebt als alle Beschränkungen durch Angst und Schuld. In dem Maße, wie wir mit dieser neuen, oder besser, wiederentdeckten Wirklichkeit vertraut werden, erfährt unser Identitätsgefühl einen allmählichen Wandel. Wir klammern uns dann immer seltener an unsere vermeintlich notwendigen Begrenzungen, weil wir weiter sehen können, hinter die Kulissen unseres aus Angst selbstgefertigten Horrorkabinetts.

In diesen Momenten erweiterter Wahrnehmung sind die Energien von Angst, Schuld, Stolz, Rivalität, Eifersucht, Haß oder Rache einfach nicht mehr zu finden. Selbst wenn wir versuchen, uns an ihre Existenz zu erinnern, werden sie uns als substanzlose Schatten eines furchtbaren, aber lange zurückliegenden Alptraums erscheinen.

Doch auch nach solchen Erfahrungen unserer Befreiung mag es immer wieder vorkommen, daß wir diese Seinszustände verlieren, daß wir wieder in Unbewußtheit zurückfallen und uns in alter Gewohnheit mit unserer Getrenntheit identifizieren. Dann erscheint die vorübergehend erlebte Freiheit wie eine unwirkliche Trauminsel, die mit »dieser Realität« nichts zu tun hat. Bei den meisten Menschen – mich selbst eingeschlossen – beobachte ich dieses Schwanken, diesen periodischen Wechsel zwischen dem Gefühl des Verbundenseins und dem Fall zurück in die Wirren der Dualität. Dieser Prozeß scheint eine notwendige Übergangsphase zu sein. Allzulange haben wir uns mit Angst, Leiden, Schuld und Trennung identifiziert. Es bedarf in der Regel einer gewissen Zeitspanne, bis wir Wurzeln in der neuentdeckten Wahrheit, in der Freude und Freiheit geschlagen haben; die zarte Pflanze braucht immer wieder Nahrung und Pflege, um auf dem neuen Boden wachsen zu können.

In den Momenten ihres ersten Erwachens erkennen alle Menschen deutlich: Unsere Bestimmung ist Freude und alles, was uns Freude macht. Und das, was uns wahrhaft mit Freude erfüllt, gehört zu unserer Aufgabe in dieser Welt! Indem wir lernen, ganz bewußt auf dieses innere Barometer der Freude zu achten, schärft sich unsere Wahrnehmung für jene Bereiche des Lebens, die für uns zum Schlüssel für Befreiung und Erfüllung werden können. Wir erkennen darin unsere Göttlichkeit jenseits aller konditionierten Begrenzungen. In dem Licht, das wir in uns immer häufiger erfahren, erscheint unser Festhalten an der alten Unbewußtheit, an alten Ängsten immer weniger gerechtfertigt.

Wir brauchen nicht mehr gegen Dunkelheit zu kämpfen! Die Zeiten des Kampfes und der Leiden sind vorbei! »Je und je war Furcht das Fundament aller Gesetze, von nun an soll es die Freude sein«, sagt *Prentice Mulford*. Wo immer alte angstbesetzte Verhaltensweisen in unserem Leben auftauchen, zeigen diese unsere Weigerung, uns dem Licht und der universellen Liebe zu öffnen und anzuvertrauen. Wenn es jedoch in unserem

Leben etwas gibt, das mit Freude verbunden ist, können wir hier die Spur zu unserer Bestimmung, zu unserer Aufgabe in dieser Welt, zu unserer Vollständigkeit und Bewußtheit aufnehmen. Oft ist diese Freude erst ein Echo einer viel größeren, viel umfassenderen Glückseligkeit und Ekstase, aber sie ist immerhin ein Anfang, ein Lichtblick, eine Spur. Indem wir lernen, uns höheren und stärkeren Frequenzen von Licht und Freude zu öffnen, schärft sich unsere Wahrnehmungsfähigkeit für jene Bereiche unseres Lebens, die für uns zum Schlüssel für Glück und Befreiung werden können.

Wie lange ist es möglich, gegen den Strom zu schwimmen? Anfangs haben wir uns vielleicht besonders großartig und machtvoll in der Erfahrung unserer eigenen Kraft gefühlt. Wir haben manchmal sogar geglaubt, es sei tatsächlich möglich, den großen Strom des Lebens zu beherrschen und unserem Willen zu unterwerfen. Dies ist die verständliche Illusion eines übermütigen, jedoch unerfahrenen Kindes. Wir alle haben dies lange genug, ja vielleicht allzulange versucht. Früher oder später jedoch, sobald wir uns für die Wahrnehmung unserer Allverbundenheit öffnen, erleben wir – vielleicht zum ersten Mal bewußt –, wie wir von der beständig strömenden Liebe des Ganzen getragen werden. Dann entspannen wir und erkennen, daß die Macht unseres Egos unbedeutend ist im Vergleich mit der unbegrenzten Fülle des Universums, von dem wir ein individualisierter Teil sind.

Indem wir unseren »Eigenwillen« loslassen und unsere Wahrnehmungsgrenzen erweitern, nehmen wir zunehmend die Verbindung mit der grenzenlosen Kraft des Ganzen wahr. Dadurch erhalten wir augenblicklich Zugang zum unendlichen Potential unseres Wesens, das niemals vom Urstrom getrennt war. Jetzt fangen wir an, mit den Wellen zu spielen, mit ihnen zu tanzen, zu singen, zu lachen. Uns durchflutet eine unermeßliche Freude, die danach drängt, an die Welt weitergegeben zu werden. Je mehr wir davon weitergeben und teilen, desto mehr ergießt sich der große Strom in uns, desto erfüllter, glücklicher und reicher wird unser Leben. Wir verteidigen nicht länger die Grenzen unseres kleinen, beschränkten Egos, sondern leben und handeln im Licht unserer inneren Freiheit, all-eins und grenzenlos. Dies ist der Beginn wahren Selbstbewußtseins, der Anfang einer größeren, umfassenderen Identität.

Transformation und Wandlung

Um mit der Praxis der Bewußtseinserweiterung zu beginnen, müssen wir zunächst Grundsätzliches klären. Jeder Wissenschaftler stellt für sein Forschungsgebiet Prämissen auf, die ihm als Arbeitsgrundlagen dienen. Qualität und Brauchbarkeit der Forschungsergebnisse hängen davon ab, ob diese Prämissen entscheidende Gesetzmäßigkeiten berücksichtigen.

Jede Ebene des Bewußtseins hat ihre eigenen Grundsätze und Regeln, mit denen Erfahrungen und Erkenntnisse, das heißt, Bewußtwerdung möglich ist. Ohne ihre Kenntnis und Anwendung werden wir uns immer nur sehr verwirrt und unglücklich erleben, denn die kosmischen Gesetze wirken auch dann, wenn wir sie weder kennen noch beachten. Wirklichkeit ist wirklich, weil sie wirkt, unabhängig davon, ob wir ihr Wirken verstehen oder nicht.

Kosmos bedeutet Ordnung. Wenn wir uns selbst und unser Leben in Ordnung bringen wollen, das heißt, in Harmonie mit der Schöpfung zu sein, sollten wir uns bewußt auf die universellen Wahrheiten besinnen, die ohnehin unser Leben bestimmen. Diese Gesetzmäßigkeiten sind nicht neu. Seit Urzeiten gehören sie zu den Erfahrungen auf dem Planeten Erde und bestimmen die Entwicklung aller Wesen, die sich hier inkarnieren. Die Wissenden und Weisen aller Zeiten haben sie gekannt und zur Grundlage ihres Lebens und ihrer Lehren gemacht. Immer wenn ein Individuum in seinem Bewußtsein zur universellen Erkenntnis heranreifte, waren seine Aussagen im Kern dieselben: Man kann das Wasser des Ozeans von den Ufern aller Kontinente aus probieren; es schmeckt immer gleich salzig.

Doch die Aussagen und Erklärungen von Erleuchteten, die versuchen, die höchste Wirklichkeit auszudrücken, nützen uns nichts, solange wir nicht selbst zum Ozean gehen und sein Wasser schmecken. Aus diesem Grunde haben die wirklichen

Meister und Weisheitslehrer sich auch nicht darauf beschränkt, die Wahrheit zu sagen, sondern haben gleichzeitig dazu aufgefordert, sie zu *erfahren*. Anhand ihres eigenen Weges haben sie Landkarten gezeichnet und Übungen entwickelt, die es auch anderen Menschen möglich machen, dieselben Bewußtwerdungsschritte zu vollziehen. Die Weisen gleichen Bergführern, die die Herrlichkeit des Gipfels kennen und die, anstatt sich dort oben bequem einzurichten, wieder herabsteigen, um anderen den Weg nach oben zu zeigen. Um die Erfahrungen zu teilen, die sie selbst auf diesem Weg gemacht haben. Nur in dem Maße, wie wir die höhere Wirklichkeit in unserem eigenen Inneren erkennen und wirken lassen, wird sie zu unserer eigenen Realität. Wir werden zum ersten Mal zu wahrhaften Realisten; unsere Existenz erhält eine neue ungeahnte Tiefe und Substanz.

Die Wege zu dem einen Ziel sind so zahlreich, wie es Menschen gibt, die dort ankommen. Da jeder einzigartig ist, kann auch kein Mensch ganz genau denselben Weg beschreiten wie irgendein anderer vor ihm. Jeder muß auf seine ihm ganz eigene Art vorankommen. Doch es gibt auch Wegstrecken, die von vielen Menschen benutzt werden, ja, es existieren sogar Kreuzungspunkte, die keiner umgehen kann. Trotz unserer wunderbaren Einzigartigkeit sind wir in essentiellen Bereichen eins.

Aus diesem Grund haben wir die Möglichkeit, nicht nur aus unseren eigenen Erfahrungen, sondern auch von den Entwicklungsprozessen anderer zu lernen, von ihren Erkenntnissen zu profitieren und so schneller und freudevoller dem Ziel näher zu kommen. Für viele Menschen ist es angenehmer, sicherer und erfüllender, von Zeit zu Zeit andere Weggefährten zu treffen, Erfahrungen auszutauschen und ein kürzeres oder längeres Stück des Weges gemeinsam zu gehen. Die vereinigte Energie von Suchern schafft ein Feld, das die Entwicklungs- und Bewußtwerdungsprozesse in jedem einzelnen fördert und beschleunigt. Jeder Fortschritt eines einzelnen setzt eine Schwingung frei, die es allen anderen leichter macht, einen entsprechenden Schritt zu vollziehen.

Nur durch existentielle Erfahrung wird ein Mensch Träger von höherem Wissen und höherer Schwingung. Dies bedeutet zunächst, daß wir damit beginnen, unser Bewußtsein für unsere eigenen Wünsche, Bedürfnisse und Ziele zu schärfen. In den Einführungsgruppen zu unserem Jahrestraining stellen wir den Teilnehmern meist schon am ersten Gruppentag die Aufgabe, innerhalb von zwanzig Minuten die wichtigsten und brennendsten Fragen ihres Lebens aufzuschreiben. Sie können zu Recht erwarten, daß sie auf jede Frage, die sie präzise formulieren, im Laufe des Gruppenprozesses eine Antwort erhalten werden.

Um unser Bewußtsein zu erweitern, sollten wir die zentralen und entscheidenden Fragen unseres Lebens kennen. Wir sollten wissen, wo wir suchen und wo wir finden können. Wenn wir den Schritt wagen, uns ganz bewußt mit einer Lebensfrage zu konfrontieren, treten wir in einen Klärungsprozeß ein, der uns ganz neue Räume der Erkenntnisse eröffnet, wenn wir ihn entschlossen bis zum Ende verfolgen. Die Antworten auf die Schlüsselfragen unserer Existenz sind uns ja nur so lange verborgen, wie wir davor zurückschrecken, die Grenzen unserer gegenwärtigen Identität zu überschreiten. Mut und ein starkes Verlangen, unserer tiefsten Wahrheit ins Gesicht zu sehen, werden uns helfen, die Grenzen zu durchbrechen.

Jedes neues Wissen verändert augenblicklich unsere Wahrnehmung von der Welt, in der wir leben. Jede neue Erkenntnis leitet einen Prozeß der Umstrukturierung ein, der auf allen Ebenen des Seins zum Ausdruck kommen will. Versuchen wir, bestimmte Bereiche unseres Lebens auszuklammern, so erschaffen wir damit eine Disharmonie, die uns früher oder später Leiden beschert. Zum Glück ahnt unser Ego in der Regel gar nicht, wie weitreichend die Konsequenzen von Bewußtseinserweiterung sein können.

Mir ging es jedenfalls so, daß ich am Anfang meines bewußten Weges fasziniert war von den Möglichkeiten, die mir vermehrte Selbsterkenntnis eröffnete. Ich wollte Wissen erwerben, ohne zu verlernen; ich wollte gewinnen, ohne loszulassen; ich glaubte, mein Bewußtsein erweitern zu können, ohne mein Ego in Frage stellen zu müssen. Kein besonderes Problem veranlaßte mich damals, mich selbst tiefer zu erforschen. Es war vielmehr meine Neugierde, mein Wissensdrang, der mich veranlaßte, Selbsterfahrungsgruppen aufzusuchen.

Natürlich mußte ich »Federn lassen«. Oft entgegen meinem »gesunden Menschenverstand« begab ich mich in Erfahrungen, die mein Selbstbild erschütterten und meine Identität in Frage stellten. Etwas in mir suchte nach dem, was unsterblich und unzerstörbar ist. Und doch führte mein Weg mich immer wieder in sehr schmerzhafte und leidvolle Prozesse. Mein Ego leistete hartnäckig und ängstlich Widerstand, weil es sich nur innerhalb seiner Begrenzungen auskannte. Rückblickend kann ich heute sehen, daß jeder Angst und jedem Leiden nur eine Ursache zugrundeliegt: die Identifikation mit begrenzten, vergänglichen Aspekten unserer selbst.

Solange wir uns zum Beispiel mit unserem Körper identifizieren, ist Angst vor Krankheit, Alter und Tod die Folge. Ist meine Identität ausschließlich auf die beruflichen oder sozialen Rollen beschränkt, werde ich mit dem Verlust von Arbeitsplatz oder Freundschaften konfrontiert. Wenn ich nur auf die Befriedigung meiner menschlichen Bedürfnisse fixiert bleibe, so werden jeder Mangel, jede zeitweilige Entbehrung zur Katastrophe.

Leiden ist nur möglich, solange wir Widerstand leisten und uns weigern, uns dem Leben vorbehaltlos zu öffnen. Transformation bedingt immer ein Loslassen alter begrenzter Vorstellungen. Wenn wir erkennen, wer wir in Wirklichkeit sind, wird unser Bewußtsein weit, und wir erfahren uns als untrennbaren Teil des Ganzen. In diesem Prozeß entsteht echte Hingabe an uns selbst und eine Befreiung für unsere tiefere Wirklichkeit.

Jenseits von Therapie

Der Begriff »Therapie« ist vielfach negativ belastet. Viele Menschen suchen psychotherapeutische Hilfe, weil sie vor unüberwindbar erscheinenden Problemen stehen oder an behindernden Symptomen leiden. Doch Therapie, die sich lediglich mit der Bewältigung von Problemen oder Symptomen befaßt, hilft den betroffenen Menschen nicht wirklich – selbst wenn es hin und wieder gelingt, ein Leiden zu verringern.

Ich möchte in diesem Zusammenhang das Beispiel eines jungen Mannes anführen, der seit seiner frühesten Kindheit an einer Katzenphobie litt. Er hatte jahrelange, erfolglose analytische und verhaltenstherapeutische Behandlungen hinter sich. Als er zu unserer Einführungsgruppe kam, versetzte ihn gleich am ersten Tag eine kleine Katze, die sich im Zentrum befand, in Panik. Im Verlauf der siebentägigen Gruppenprozesse wurde sehr bald deutlich, was sich hinter seiner Furcht vor Katzen verbarg: eine geradezu grenzenlose Angst vor Nähe und Zärtlichkeit, vor seiner eigenen Weichheit, seinem Anlehnungsbedürfnis. Gegen Ende des Seminars sah man ihn mit der Katze auf dem Schoß, oft umringt von mehreren Teilnehmerinnen. Er hatte nicht nur seine Katzenphobie hinter sich gelassen, sondern – was viel wichtiger war – sich mit seiner Angst vor Zärtlichkeit, Nähe und Liebe auseinandergesetzt und sie verstanden. Dies gab ihm die Freiheit, auf neue Weise mit seiner Umgebung, und auch speziell mit Frauen, in Beziehung zu treten.

Solange sich eine Therapie mit seinem »Problem« befaßte, also problemorientiert vorging, wurde diesen Symptomen immer wieder neue Energie zugeführt, was sie letztlich verstärkte und erhärtete. In dem Augenblick, in dem der Fokus auf sein Potential und seine wahren Bedürfnisse gerichtet wurde, war der »Krankheit« ihre Energie entzogen. Die therapeutische Nutzbarmachung der Öffnung für erweitertes Bewußtsein nennen wir »Spirituelle Therapie«. Ihr liegt die Erfahrung zugrunde, daß in uns Kräfte schlummern, die durch Licht, Liebe und Freude erweckt werden können.

Unter Spiritueller Therapie fassen wir somit all jene Ansätze der Bewußtseinsarbeit zusammen, deren Zugangsweisen und Grundsätze von dem Wissen um das unbegrenzte Potential, das in jedem Menschen angelegt ist, getragen werden. Diese Möglichkeiten in jedem von uns optimal zu entfalten, ist das erklärte Ziel einer Selbsterfahrung, die weit über herkömmliche Therapien hinausführt.

Die traditionellen Therapieformen sind geprägt vom Idealbild eines »normalen«, »gesunden«, »angepaßten« Menschen. Alles, was beim Klienten von dieser Norm abweicht, gehört zum »Krankheitsbild«, das es möglichst präzise zu diagnostizieren und zu behandeln gilt. Das Therapieziel besteht darin, Menschen psychisch zu »heilen«, sie umzugestalten, wieder einzugliedern und gesellschaftlich funktionstüchtig zu machen. Diese Therapien schließen in der Regel dort an, wo Elternhaus, Kirche und Schule »versagt« haben, nämlich bei der Herstellung des »normalen«, »gesellschaftstüchtigen« Menschen, der sich mehr oder weniger in einem Zustand des Nichtbewußtseins, des Schlafens befindet.

Spirituelle Therapie zielt darauf ab, den Menschen zu mehr Lebendigkeit, das heißt, zu mehr Kontakt, Spontaneität, Kreativität, Emotionalität und damit zu mehr Bewußtheit, Befriedigung, Differenzierungsvermögen und Selbstverantwortung zu befähigen.

Wir haben uns auf dieser Erde inkarniert, um bestimmte Lernerfahrungen zu machen und besondere Aufgaben zu übernehmen. Es liegt in unserer persönlichen Verantwortung, dieses höchste und letztendliche Ziel zu entdecken und mit Leben zu erfüllen. Leiden, Unzufriedenheit und Frustration entstehen immer aus der bewußten oder unbewußten Weigerung, die eigene, einzigartige Lebensaufgabe zu meistern. Wirkliches Glück und echte Befriedigung finden wir nur dann, wenn wir unserem Potential, das wie ein Same in uns schlummert, die richtige Nahrung und die erforderlichen Wachstumsbedingungen gewähren. Dies ist die größte (und einzige) Verantwortung, die jeder für sich selbst und gegenüber seiner Umwelt trägt.

Spirituelle Therapie ist nicht in erster Linie um Veränderung oder Beseitigung des »Negativen« bemüht. Ihr Ziel beschränkt sich nicht darauf, ein Problem loszuwerden, sondern es als einen Aspekt unserer Gesamtstruktur zu verstehen. Daraus erwächst Heilung im Sinne von Ganz- oder Vollständigwerden, nicht im Sinne von Kurieren von Fehlern und Wunden. Im Vordergrund steht nicht länger die Beseitigung von Symptomen und als negativ empfundenen Charaktereigenschaften, sondern ein alles transformierende Erfahrungen ganzheitlicher Öffnung.

Wir finden dadurch Zugang zu einer inneren Quelle, aus der uns alles zufließt, was wir zum Leben, zum Wachsen, zur Heilung, zur Erkenntnis und zur Orientierung brauchen. Wir müssen uns nicht länger mit den Ängsten, Zweifeln und Schatten der Vergangenheit identifizieren. Es ist nicht so, daß diese jetzt plötzlich nicht mehr auftauchen würden. O doch! Solange wir uns in der Dualität bewegen, werden sie sich immer wieder mächtig und massiv erheben. Doch hat sich unser Umgang mit diesen Schattenkräften grundlegend verändert. Wir werden zunehmend in der Lage sein, sie als das zu erkennen, was sie sind: als Illusionen und Lügen des Emotionalkörpers, die nicht zu verwechseln sind mit der Wahrheit und dem Licht unserer Essenz.

Allein diese Ausrichtung auf das Wesentliche, das Göttliche in uns, gibt unserem Weg ins Licht, unserer Arbeit an unserer Selbsterkenntnis eine andere Färbung, einen absolut neuen Geschmack. Freude tritt anstelle von Schuldeinlösung, Liebe anstelle von Furchtsamkeit, Loslassen anstelle von Kampf, Staunen und Entdecken anstelle von Analysieren.

Der Weg der Freude lädt ein zu einer neuen Art der Selbstfindung, jenseits von Therapie im herkömmlichen Sinne. Wir wagen mutig und entschlossen einen Schritt ins Licht. Wir arbeiten nicht mehr mühsam an den Vorbedingungen für Glück und Erfüllung, sondern stellen uns dem Licht, dem Wesen von Freude direkt. Wenn wir nach und nach fähig werden, uns dieser unserer Wahrheit ganz einfach hinzugeben, sie bewußt zu erfahren und als die höchste Realität anzuerkennen, werden von dieser Grundeinstellung aus all unsere Lebensprobleme im richtigen Licht, in den richtigen Proportionen erscheinen und sich durch zunehmende Erkenntnis wie von selbst auflösen. Nicht indem wir sie bekämpfen und mühsam durcharbeiten, sondern indem wir sie immer wieder dem Licht öffnen und ihre Klärung dem Licht anvertrauen.

Jede Schwierigkeit, vor die wir uns gestellt sehen, trägt ein besonderes Geschenk, die Möglichkeit zur Bewußtwerdung in sich. Sind wir nur daran interessiert, die Symptome eines Problems zu beseitigen, verpassen wir entscheidende Lernerfahrungen. Der Wunsch, uns verändern zu wollen, ist im Grunde nichts anderes als der alte Kampf gegen uns selbst. Er ist die Fortsetzung früherer Lebenserfahrungen, die wir als Kleinkind machten, als unser soziales Umfeld uns nach seinen Erfahrungen zu prägen versuchte: »So, wie du bist, wirst du nicht akzeptiert.« »Um geliebt zu werden (das heißt, um zu überleben), mußt du die Erwartungen anderer erfüllen, dich verbessern, etwas Besonderes leisten.« »Liebe ist grundsätzlich an Bedingungen geknüpft, muß verdient und erkämpft werden, fordert Verzicht und Anpassung.«

Diese Grunderfahrungen, die sich später in solchen oder ähnlichen Glaubenssystemen manifestieren, macht jedes Kind mehr oder weniger in jedem noch so wohlmeinenden Sozialisationsfeld. Wir können bei uns selbst beobachten, wie uns diese einst prägenden Erfahrungen heute noch beeinflussen, insbesondere in Beziehungen und im Beruf.

Sowohl die Absicht eines Therapeuten, seinen Klienten verändern zu wollen, als auch die Vorstellung des Klienten, er müsse sich selbst und sein Leben »verbessern«, wurzeln in jenem frühkindlichen Erleben, in seinem So-Sein nicht angenommen und geliebt zu werden. Diese Art von Therapie kann niemals hilfreich und befreiend wirken, denn sie vertieft die Unmündigkeit und Abhängigkeit des Rat und Hilfe Suchenden. Sie ist eine entwürdigende Strategie, die nach einer Seite hin erstarrt ist: Der Klient soll geheilt, umstrukturiert, geformt werden – der Therapeut steht außerhalb. Was fehlt, ist der Prozeß, die Gegenseitigkeit, die Auseinandersetzung.

Bewußtheit – Beginn, Antrieb und Ziel von Selbstverwirklichung

Spirituelle Therapie erweckt im Suchenden Bewußtheit für seine eigenen Stärken und Fähigkeiten. Die bewußte Mitwirkung am Prozeß der Selbstverwirklichung wird nicht etwa nur geduldet, sondern vorausgesetzt. Der Gruppenprozeß soll den Teilnehmer unterstützen, seinen persönlichen Weg zu finden (auch dann, wenn dieser nicht den Vorstellungen der Leiter entspricht) und den Prozeß seines Wachstums kreativ mitzugestalten. Dabei wird *Bewußtheit* zum Schlüsselbegriff.

Bewußtheit ist gleichzeitig Beginn, Antrieb und Ziel unserer Selbstfindung. Die ständige Frage nach unserer Wirklichkeit, nach dem, was wir fühlen, denken und tun, nach dem, was wir erfahren, ist jene Kraft, die bewußte Einwirkung und innere Wandlung ermöglicht. Bewußtheit eröffnet die Freiheit, eigene Reaktionen und eigenes Verhalten selbst zu wählen. Sie ist Voraussetzung für selbstverantwortliches Handeln und führt zu einem vertieften und erweiterten Erleben. Je bewußter wir sind, desto mehr können wir uns freuen und das Leben genießen. Bewußtheit erwächst aus der Intensität, mit der wir leben. Sie beginnt in diesem Augenblick!

Die Auflösung noch vorhandener innerer Blockaden geschieht im Energiefeld von Bewußtheit wie von allein. So, wie das Eis des Winters unter den warmen Strahlen der Frühlingssonne einfach schmilzt, so lösen sich Schmerzen und Verletzungen unserer Vergangenheit auf, wenn sie in der Gegenwart bedingungsloser Liebe geteilt werden können. Die Zeiten des Kämpfens sind für viele Menschen einfach vorbei. Die Quellen unserer inneren Wahrheit werden immer müheloser zugänglich. Es ist an der Zeit, uns auf das Wesentliche, das Essentielle zu besinnen und auszurichten.

Wenn wir aufhören, uns selbst und andere zu bewerten und zu verurteilen, eröffnen sich uns ungeahnte kreative Möglichkeiten. Erst wenn dies auf natürliche Weise geschieht, nähern wir uns unserem eigentlichen Potential.

Wenn wir unsere Gruppenteilnehmer nach ihren Beweggründen für ihr Kommen fragen, so lauten ihre Antworten etwa so: Ich bin hier...

– weil ich mehr über mich selbst erfahren möchte;
– weil ich neue Impulse für meine festgefahrene Lebenssituation suche;
– weil ich glaube, daß vieles in mir steckt, das ich noch gar nicht so richtig verwirklicht habe;
– weil ich mehr Abstand zu meinem alltäglichen Streß brauche und mal wieder »auftanken« möchte;
– weil ich mich mal wieder so richtig von Herzen freuen möchte und diese Erfahrung auch in meinem Leben häufiger erleben will...

Selbsterkenntnis und Selbstverwirklichung gehören zu den fundamentalen menschlichen Bedürfnissen. Erwachendes Bewußtsein führt jedoch zwangsläufig früher oder später über die bloße Bedürftigkeit hinaus. Wir fühlen und erkennen auf einmal, wie beschränkt unser gewöhnliches Tagesbewußtsein ist. Uns wird zunehmend bewußt, daß hinter der Ebene, die wir als »reale Welt« oder »die Wirklichkeit« bezeichnen, noch eine andere Wirklichkeit verborgen ist.

Die Menschheit hat sich von ihrem eigenen Ursprung entfernt, um zu lernen, sich in dieser materiellen Wirklichkeit zu bewegen. In dem Maße, wie sie sich dieser äußeren Welt zuwandte, verdrängte sie ihr Wissen über ihre gleichzeitige Existenz in anderen Ebenen. Sie hielt die irdische Realität für die ganze Wirklichkeit.

Obwohl der Mensch vergessen hat, wer er ist, hat er doch die Erinnerung an seinen Ursprung bewahrt. In seinem Streben nach Rückverbindung (lateinisch: *religio*) kann er heute jedoch von den institutionalisierten Religionen kaum noch wirkliche Führung erwarten. Viele Anzeichen weisen auf einen Wendepunkt in der geistigen Entwicklung der Menschheit hin. Der Zyklus, der allein vom Verstand beherrscht war, geht zu Ende, und ein neuer Zyklus des höheren oder neuen Bewußtseins nimmt seinen Anfang.

Die Herausforderungen für Menschheit und Individuum können nicht mehr allein vom Verstand gemeistert werden. Die Antworten kommen aus Dimensionen, die jenseits unseres Tagesbewußtseins liegen. Es handelt sich dabei um eine Energie, die – scheinbar paradox – von außerhalb kommt und gleichzeitig dem Inneren des Menschen entspringt. Spirituelle Therapie befaßt sich mit jenen Bereichen in uns, mit denen wir die Kommunikation mit beiden Wirklichkeiten – den Dialog zwischen »unserer Welt« und der uns noch weitgehend verborgenen – aufnehmen können.

Auf allen Ebenen unseres Bewußtseins herrschen unterschiedliche Gesetze. Auf der Ebene der Identifikation mit Dualität und Materie sind Angst, Konflikt, Kampf und Verurteilung eine notwendige Konsequenz. Die Spielregeln dieser Bewußtseinsebene meisterhaft zu beherrschen bedeutet, in Konflikten und Konkurrenzkämpfen der Sieger zu bleiben und eine große Fähigkeit zu entwickeln, die Schwächen der Menschen beim Namen zu nennen, sie kompetent zu be- und verurteilen und damit Abhängigkeit zu bewirken. Zu diesem Bewußtsein gehört ein Denken in Kategorien von Über- und Unterordnung. Oberstes Bestreben liegt in der Ansammlung von Macht durch Wissen und Expertentum.

In dem Augenblick, in dem wir anfangen, unser Bewußtsein zu erweitern, stoßen wir früher oder später auf Seinszustände, in denen die Gesetze der Dualität nicht mehr existieren. Anstelle von Angst erfahren wir Verbundenheit, Einheit und Liebe. Damit entfällt jede Grundlage für Konflikt, Angst und Kampf. In der uneingeschränkten Realisation unseres Selbst wird es unmöglich, andere Menschen zu verurteilen, denn wir haben erkannt: In unserer Essenz sind wir alle Teil des einen, unsterblichen Bewußtseins. Die Dankbarkeit zu leben, die Ekstase eines jeden neuen Atemzugs, die Freude über die erlebte Befreiung lassen gar keinen Raum mehr für all das, was im dualen Bewußtsein notwendig erschien.

Eine Therapie, die auf dem Boden solcher Erfahrungen entwickelt wird, versucht nicht zu verändern – sie transformiert. Sie ist in erster Linie eine Funktion der Liebe, eine Öffnung für Licht und Freude. Therapie in diesem Sinne wächst über sich selbst hinaus, wird zum gegenseitigen Geben und Empfangen von Liebe. Zwischen Therapeut und Klient, Leiter und Teilnehmer entsteht eine tiefe, essentielle Beziehung. In dem daraus erwachsenden Energiefeld werden Transformation und Heilung möglich.

Der zündende Funke springt über, der vibrierende Ton einer Stimmgabel setzt andere Saiten in Schwingung. Therapie in diesem neuen und erweiterten Sinne kreiert Räume und Situationen, in denen sich Menschen gemeinsam jener universellen Energie öffnen, die allein die heilenden Kräfte in allen Anwesenden aktiviert. Das Geschenk einer solchen Erfahrung bewirkt bei allen Beteiligten tiefe Dankbarkeit und Freude.

III.
Der Weg nach innen

Transformationstraining »Vision der Freude«

Das Transformationstraining *Vision der Freude* lebt aus der Kraft der Freude. Es stellt Freude in den Mittelpunkt unseres körperlichen, emotionalen und gedanklichen Bewußtseins. Es macht Freude zum Zentrum unseres spirituellen Wegs.

Da ich mitunter erfahren habe, daß der Ausdruck *Vision der Freude* für manche mißverständlich sein kann, ist es mir wichtig, so anschaulich wie möglich ein Bild von der Arbeit zu vermitteln, die ich gemeinsam mit meiner Partnerin Vatika entwickelt habe. Ohne ihre wertvollen Beiträge aus ihren vielfältigen Erfahrungen und ihrem Wissen wäre dieses Transformationstraining in seiner jetzigen Form nicht denkbar. Es ist für uns ein wichtiges Anliegen und eine besondere Herausforderung, jeden Inhalt unserer Arbeit den Teilnehmern auf allen Ebenen tiefgreifend erfahrbar zu machen. Daraus entwickelt sich ein intensiver Prozeß, der alle Ebenen des Menschseins miteinbezieht: den Körper, die Gefühle, das Denken, die visionären Geisteskräfte, die inneren Räume von Stille und Einheit.

Das Trainingsjahr bietet einen Rahmen für grenzerweiternde Erfahrungen, für die im alltäglichen Leben in der Regel der Schutzraum fehlt. Dadurch erweitert sich der persönliche Aktions- und Spielraum, und das Leben gewinnt an Reichtum, Vielfalt und Vollständigkeit. Wir freuen uns immer ganz besonders über Berichte unserer Teilnehmer von einem neuen Lebensgefühl von intensiver Lebensfreude und bereichernden Veränderungen in ihrem Alltag.

Wenn Sie die folgenden Texte, die einen Einblick in die Praxis unserer Gruppenarbeit geben, innerlich nachvollziehen, werden in Ihnen sicher bereits beim Lesen wertvolle (Erkenntnis-) Prozesse in Gang gesetzt.

Dieses Transformationstraining soll so etwas wie ein »Luxus« sein – nämlich der Genuß, endlich einmal etwas ganz für sich selbst zu tun! Aus reiner Freude am Teilen, am Wachsen, am gemeinsamen Entdecken. Abenteuerlust oder ganz einfach ein liebevolles Sich-Selbst-Beschenken sind gute Motive, um zur *Vision der Freude* zu stoßen, ebenso wie ein tiefes Verlangen nach mehr Wirklichkeit, Lebendigkeit, Sinnerfüllung, Liebe, Selbsterkenntnis und Lebensfreude.

Da Sie dieses Buch gewählt haben, sind Sie wahrscheinlich ohnehin auf dem Weg der Freude oder im Begriff, ihn einzuschlagen. Je mehr Menschen aufbrechen und beginnen, voller Liebe und Freude zu leben, anstatt den alten Götzen der Angst zu dienen, desto wärmer und freundlicher wird das emotionale und geistige Klima unserer Welt. Dies ist das Wichtigste, was die Menschheit angesichts der dramatischen Veränderungen und Umwälzungen der kommenden Zeitenwende braucht. Es liegt in unserer Hand, was wir aus unserem Leben machen und ob wir die Herausforderungen und Stürme unserer Zeit traumatisch oder ekstatisch erleben. Wir sind die Schöpfer unserer Welt; wir bestimmen selbst, worauf wir uns ausrichten.

Freude setzt die Befreiung von Angst und damit zunehmende Bewußtwerdung voraus. Das Leben bietet uns täglich tausend Möglichkeiten, hinzuzulernen und unsere tiefste Realität zu erfahren; dieses Buch und das Transformationstraining sind zwei davon. Indem ich diese Zeilen schreibe, indem Sie diese Zeilen lesen, hat bereits eine Begegnung stattgefunden, hat ein beschwingter Tanz des Lebens begonnen. Dies geht weit über ein intellektuelles Verstehen hinaus. Es berührt unser Herz, unser essentielles Sein. Nur aus den Räumen unserer tiefsten Realität können Visionen erwachsen, die echte und umfassende Transformationsprozesse bewirken. Erst dadurch finden wir den Boden, auf dem es sich lohnt, unser Leben aufzubauen.

Die dargestellten konkreten Abläufe unserer Arbeit entsprechen dem Stand von 1991. Selbstverständlich werden sich manche Formen in den kommenden Jahren verändern. Mit unserem eigenen Wachstum wandelt sich auch unsere Arbeit. Nur eines wird sicherlich auch in Zukunft unverändert bleiben: die Ausrichtung auf die innere Führung, das schrittweise Identischwerden mit dem, was wir in Wirklichkeit sind, mit uns selbst.

Der Mut zum Sprung ins Unbekannte

Wenn Menschen zum ersten Mal zu einer der offenen Gruppen von *Vision der Freude* kommen, stehen zunächst ihre Erwartungen und Befürchtungen deutlich spürbar im Raum. Das ganze Paket, das jeder mitbringt, bestehend aus Skepsis, Zweifel und Ängsten, aber auch aus Neugierde, Abenteuerlust, Hoffnungen und Vorfreude, ist der emotionale Stoff, mit dem wir zunächst einmal konfrontiert werden. In unserer Auseinandersetzung mit diesen Energien ist unser Fokus auf die Tatsache gerichtet, daß alle Beteiligten gekommen sind, weil sie eine Begegnung mit sich selbst auf einer neuen und tiefen Ebene suchen.

Dieser Wunsch wird anfangs durchaus berechtigt nach außen projiziert: auf die Leitung, die anderen Teilnehmer, das Zentrum. Über unsere Beziehungen mit der Außenwelt suchen wir uns selbst. In der Auseinandersetzung mit anderen Menschen und Situationen erhalten wir den notwendigen Spiegel, um uns selbst betrachten zu können. Die Gruppensituation bietet für diesen Prozeß einen idealen Rahmen.

Die ersten Kontakte sind naturgemäß meist oberflächlich. Die Umgebung wird nach den persönlichen Sympathie- und Abneigungsskalen eingestuft. Je nachdem, zu welcher Seite die innere Anzeige ausschlägt, fühlt man sich gleich »wie zu Hause«, und es fällt leicht, sich zu öffnen und zu entspannen, oder die innere Alarmglocke hält höchste Vorsicht aufgrund der vielen ungewohnten Eindrücke für angebracht.

All dies rückt im Laufe des Gruppenprozesses jedoch sehr rasch in den Hintergrund. In dem Maße, wie jeder begreift, daß unsere Wahrnehmung weniger nach außen als nach innen gerichtet ist, erfolgt eine Öffnung. Im Verlauf dieser fortschreitenden Öffnung begegnen wir uns auf essentieller Ebene. Entsprechend tief und wahrhaftig sind dann auch die Begegnungen mit den anderen. Mit der veränderten Qualität unserer Wahrnehmung wandelt sich unser Verständnis von uns selbst und unserem Leben. Das Bewußtsein, mit dem wir in jedem Augenblick unsere Realität erschaffen, weitet sich! Wir sehen die Welt aus höherer Perspektive und schaffen damit Raum für neue Impulse, Ereignisse und Erfahrungen. Unser Erleben wird intensiver, reicher, liebe- und freudevoller.

Der Arbeit in unserer Einführungsgruppe liegen zwei Prämissen zugrunde. Sie lauten: »Jeder Mensch ist der Schöpfer seiner Realität« und »Die Voraussetzungen für alles, was ein Mensch in seinem Leben sucht und ersehnt, liegen in ihm selbst«. Sich auf diese beiden Prämissen einzulassen, hat weitreichende Konsequenzen, denn sie revolutionieren unsere außenorientierte Lebensphilosophie von Grund auf. So erschreckend und unangenehm es mitunter sein mag, alte Denkgewohnheiten und Verhaltensweisen zu verabschieden, so dient es doch letztendlich immer auch unserer Befreiung, denn wir lassen Illusionen los, um uns einer tieferen Wahrheit zu öffnen.

Die Konsequenzen, die aus diesen grundlegenden Prämissen hervorgehen, lauten folgendermaßen:

- Ich übernehme volle Verantwortung für mich und mein Leben.
- Ich habe alles selbst in mein Leben gerufen, angezogen und erschaffen, im guten wie im bösen.
- Als Schöpfer meiner Realität kann ich alles verändern und neu gestalten.
- Ich bin nicht länger ein Opfer der Umstände.
- Sobald ich wirklich weiß, was ich will, kann ich es mir mit Freude erschaffen.
- Ich mache immer nur Erfahrungen, die ich verursacht habe, die ich brauche, um zu lernen.
- Ich habe die Freiheit, und die Berechtigung (!), mein Leben erfüllend und freudevoll zu gestalten.
- Ich bin die Quelle aller Freude, allen Reichtums, aller Liebe.
- In dem Maße, wie ich mir selbst näherkomme, finde ich alles, wonach ich mich sehne.

- Die Außenwelt ist ein Spiegel meiner Beziehung zu mir selbst.
- Je mehr ich meine Liebe zu mir selbst entwickle, desto erfüllter und harmonischer werden auch meine Lebensverhältnisse.
- Ich vertraue mir und dem Leben.
- Ich bin unendlich wertvoll.
- Was immer ich ersehne, liegt in meiner Reichweite.
- *Ich bin*, was ich suche; was ich suche, *bin ich*.

Wir machen also uns selbst und unser Leben zum Gegenstand unserer Wunschkraft. Wir betrachten und erleben uns als die Schöpfer unserer gesamten Realität, als die Gestalter unseres Schicksals, als die Schmiede unseres Glücks im Einklang mit unserer besonderen und einzigartigen Lebensaufgabe. Um uns die Grundlagen anzueignen, die uns zu einer solchen Haltung unserem Leben gegenüber befähigen, bedarf es einer gründlichen und tiefgehenden Neuorientierung.

In der Einführungsgruppe geht es darum, den Geist, der aus diesen Seiten des Buches spricht, zu einer direkten, persönlichen Erfahrung werden zu lassen. In diesem Zusammenhang seien einige grundlegende Fragen, denen wir uns im laufenden Gruppenprozeß zuwenden, aufgelistet und kurz kommentiert. Dabei berühren wir vier Bereiche, die jeden suchenden Menschen betreffen: die Suche, die Hindernisse, die Neuausrichtung, die Umsetzung.

Die Suche

Beginnen wir mit der Suche. Sie ist ein notwendiger Bestandteil unseres Weges. Die Fragen zu diesem Bereich lauten folgendermaßen: Worauf ist mein größtes Sehnen und Streben ausgerichtet? Was bedeutet für mich Glück? Wie und wo suche ich nach Erfüllung? Welche Bereiche meines inneren und äußeren Lebens möchte ich vorrangig entwickeln?

Die Frage nach dem, was für uns Glück bedeutet, ist gleichzeitig die Frage nach unserer grundlegenden Lebensausrichtung. Ihre Beantwortung zeigt die Schwerpunkte des individuellen Strebens, die Aspekte und Ebenen des persönlichen Lernens.

Was immer wir ersehnen und anstreben, ist das, was uns noch zu unserer Vollständigkeit fehlt. Deshalb drängt es uns so vehement, Erfahrungen zu sammeln und Erkenntnislücken zu füllen. Wir fühlen, daß unser Leben umsonst gelebt wäre, wenn wir bestimmte, mit Sehnsucht geladene Bereiche nicht verwirklichen könnten. Dies mag eine erfüllte Partnerschaft ebenso betreffen wie den drängenden Wunsch, endlich einmal frei und ungebunden zu sein, beruflichen Erfolg ebenso wie das Sehnen nach Einfachheit und Stille.

Was immer wir uns ersehnen, ist ein Lebensaspekt, mit dem wir noch nicht genügend Erfahrungen gesammelt haben, in dem wir uns noch unzureichend auskennen. Deshalb streben wir danach, die bisherigen Grenzen unseres Lebens zu überschreiten und unseren Aktions- und Spielraum zu erweitern.

Oftmals jedoch zeigt sich das innere Drängen lediglich als ein vages Unbehagen, als eine allgemeine Unruhe oder Unzufriedenheit. An der Oberfläche scheint alles in Ordnung zu sein; es müßte uns doch gutgehen! Und doch finden wir keine wirkliche Ruhe, keinen echten Frieden. Wir suchen und wissen gar nicht genau, wonach. Wir beginnen zu experimentieren, klopfen an viele Türen und können doch so schwer bestimmen, was genau uns wirklich fehlt.

Daher ist eine eingehende Beschäftigung mit der Frage, was für uns Glück bedeutet, so wichtig. Je tiefer wir in sie eindringen, desto deutlicher erkennen wir, daß Glück ein Bewußtseinszustand, ein Seinszustand ist, etwas, was wir nur im eigenen Inneren finden und entwickeln können. Und doch haben die Erfahrungen im Außen ihre Berechtigung, denn sie fungieren als Wegweiser. Die Glücksmomente, die wir für kurze Zeit durch äußere Ereignisse erleben, geben uns einen Eindruck, einen Geschmack von dem, was wir suchen. Was immer in der Lage ist, uns glücklich zu machen, kann von uns als Tor zu unserer tiefsten essentiellen Wahrheit genutzt werden. (Dies trifft natürlich auch auf intensive leidvolle Erfahrungen zu.) Dabei lernen wir nach und nach, den Fokus unserer Wahrnehmung nicht nur auf die äußeren Erscheinungen gerichtet zu halten, sondern ebenso auf das ausgelöste Erleben im Inneren. Das leitet einen Prozeß tieferen Verstehens ein.

In unserer überwiegend außenorientierten Grundhaltung sind wir fremdbestimmt und abhängig. Der Grad unserer Außenorientiertheit spiegelt das Ausmaß unserer Ängste und umgekehrt. Erst in der vertieften Kontaktaufnahme zu uns selbst (die übrigens nichts mit Isolation und Rückzug zu tun hat), wachsen innere Geborgenheit, Selbstvertrauen und die Fähigkeit zur Liebe.

In der ersten Phase des Einführungsseminars geht es verstärkt um Selbstprüfung, Selbstwahrnehmung, Selbstannahme und Selbstliebe. Sie sind die Voraussetzungen für jeden weiteren Schritt unserer Entwicklung.

Die Hindernisse

Erst nachdem wir mit der Grundausrichtung unserer Suche vertraut sind, können wir uns der nächsten Phase, der Überwindung der Hindernisse zuwenden. Dazu behandeln wir folgende Fragen: Was trennt mich von meinem Glück? Worin liegt die größte Herausforderung in meiner gegenwärtigen Lebenssituation? Wie befreie ich mich von Ängsten, negativen Glaubensprogrammen und Unfreiheiten? Was bin ich bereit loszulassen?

Die gegenwärtige Lebenssituation zeigt uns, in welchen Bereichen wir vorrangig lernen und mit welchen aktuellen Lektionen uns das Leben konfrontiert. Transformation kann nach meiner Überzeugung nur dann wirklich geschehen, wenn sie den Alltag einbezieht. Alles andere wäre lediglich eine Ablenkung von den Aufgaben, die zu erfüllen wir in unser Leben gekommen sind.

Wenn wir die konkrete Bühne des Lebens betrachten, erkennen wir in der Regel sehr deutlich, auf welche Weise wir uns von unserem Glück trennen. Die Bilanz der gegenwärtigen Lebenssituation zeigt uns die Kulisse, vor der persönliches Wachstum, Selbstentfaltung und Bewußtwerdung stattfinden. Je klarer wir erkennen, wo wir uns weigern, die Rollen, die wir freiwillig übernommen haben, tatsächlich auch zu spielen, desto deutlicher sehen wir jene Bereiche, in denen wir uns von unserer eigenen Wahrheit trennen oder uns drücken oder uns manipulieren lassen.

Die daraus resultierende Unzufriedenheit führt in die Auseinandersetzung mit unseren Ängsten, negativen Glaubensprogrammen und Unfreiheiten. Doch eine Befreiung kann niemals darin bestehen, dagegen zu kämpfen oder etwas zu unterdrücken. Es geht vielmehr darum, in einen Prozeß des Verstehens, Annehmens und Vergebens einzutreten. Aus einer Haltung von Selbstverantwortung können wir erkennen, wann wir unsere eigene Kraft und Größe abgeben und auf welche Weise wir anderen Menschen erlauben, uns ihre Macht und ihre Ideale überzustülpen. Nur indem wir volle Verantwortung für unser »Unglück« übernehmen, können wir die Weichen unseres Lebens neu stellen. Dies bedeutet mitunter, alte Denk- und Verhaltensweisen loszulassen und sich aus bequemen Gewohnheiten und Lebensverhältnissen zu verabschieden. In der Regel wissen wir sehr genau, was nicht mehr wirklich zu unserem erwachenden Bewußtsein paßt. Je bereitwilliger wir die notwendigen Schritte des Loslassens vollziehen, desto leichter wird die Geburt einer neuen, erweiterten Identität. Damit werden wir bereit für eine Neuausrichtung.

Die Neuorientierung

In dieser Phase geht es um die Fragen: Wie erkenne ich meine eigene Wahrheit? Wie verbinde ich mich mit meiner inneren Führung? Wie lerne ich, meine innere Stimme zu vernehmen und von den Stimmen alter Konditionierungen zu unterscheiden? Wie entwickle ich meine Liebe, Kraft und Klarheit?

Das Erkennen der eigenen inneren Wahrheit, die Verbindung zur inneren Führung, das Vernehmen der inneren Stimme, das Erfülltsein von Liebe und Kraft – all dies sind Seinszustände, die wir nur unzureichend in Worte fassen können. Wir müssen sie als eigene existentielle Erfahrungen kennenlernen; erst dann wissen wir, was gemeint ist. Es ist unmöglich, jemandem den Geruch von Thymian zu beschreiben, der ihn selbst nie schnuppern konnte. Wer nicht direkt erfahren hat, mit dem kann man nicht darüber reden; wer die Erfahrung kennt, den braucht man nicht davon zu überzeugen.

Solange ich mich auf meinem bewußten Weg befinde, habe ich immer nach unmittelbaren Erfahrungen gesucht. Dazu habe ich – oftmals zum Unverständnis meiner Mitmenschen – viele Dinge getan, die dem »gesunden Menschenverstand« nicht gleich einleuchteten. So habe ich mich wochenlang total isoliert – einfach um zu sehen, wer ich bin ohne die üblichen Sozial- und Umweltkontakte. Ich habe erfolgversprechende Karrieren abgebrochen, um Meister und Mysterienschulen aufzusuchen. Ich habe mich aus sicheren Beziehungen und Arbeitsverhältnissen gelöst, um meiner eigenen Kraft zu begegnen.

Sehr selten ist die Begegnung mit der eigenen Wahrheit ein bequemes Unterfangen. Wahrheit und die Freude, die ihr entspringt, sind nichts Billiges. Sie sind so wertvoll, daß sie unbezahlbar sind! Bewußtsein, bewußtes Sein, läßt sich nicht kaufen. Dennoch kostet es uns in der Regel etwas, der Wahrheit zu begegnen. Wir kommen nämlich nicht umhin, ihr in irgendeiner Form unsere Begrenzungen zu opfern.

In der Einführungsgruppe geht es darum, vielleicht zum ersten Mal die eigene innere Wahrheit so unmittelbar wie nur möglich zu erfahren. Wenn dies geschieht, ist der zurückbleibende Eindruck von Wirklichkeit so tief und prägend, daß er nie mehr vollkommen vergessen werden kann.

Aber wir können und sollten diese Zustände der Einheit nicht festhalten. Wir werden in der Regel immer wieder aus ihnen herausfallen. Doch mit der Zeit und mit etwas Übung lernen wir, uns immer wieder aufs neue mit unserer Essenz zu verbinden und uns immer länger in ihrem Licht aufzuhalten. Und irgendwann stellen wir erstaunt fest, daß kein Ereignis im Außen, kein Sturm, keine Katastrophe uns auch nur für kurze Momente aus der Gewißheit unserer All-Verbundenheit reißen kann. Wir erkennen dann alle Ereignisse unseres Lebens als Situationen an, die wir notwendigerweise gemacht haben, um Lektionen zu begreifen und um weitere, daraus folgende Erfahrungen zu sammeln.

Sobald wir diese Bereitschaft und Offenheit in alle Aspekte unseres Lebens einbringen, hat die Angst, zu versagen oder Fehler zu machen, ihre Bedrohlichkeit verloren. Wenn wir akzeptieren, daß wir aus den Fehlern lernen, gibt es im Grunde nichts, was als Fehler bezeichnet werden kann – solange wir ehrlich bereit sind, unserer Wahrheit zu begegnen.

In diesem Zusammenhang möchte ich *Ramtha* zu Wort kommen lassen. Seine Worte sind so eindeutig und kraftvoll: »Versagen ist nur für diejenigen eine Wirklichkeit, die es für eine Wirklichkeit halten. Eigentlich aber versagt niemand im Leben ... Du hast nie versagt; du hast immer gelernt. Wie kannst du wissen, was Glück ist, wenn du nicht unglücklich gewesen bist? Wie kannst du wissen, was dein Ziel ist, bis du es aus der Nähe gesehen hast und fandest, daß es eine andere Farbe hat, als du dir vorgestellt hattest. Du hast nie einen Fehler gemacht. Niemals! Du hast nie etwas falsch gemacht. Es gibt nichts, für das du dich schuldig fühlen müßtest. Alle eure sogenannten Missetaten, eure Irrtümer und euer Versagen sind in Wahrheit ›Schritte zu Gott‹, Schritt für Schritt. Nur indem du diese Schritte machtest, konntest du alles Wissen erlangen, das du jetzt hast. Fühle dich nie dafür schuldig, daß du lernst. Fühle dich nie schuldig, wenn du nach Weisheit strebst. Denn hier liegt die Erleuchtung. Du mußt verstehen, daß du genau das getan hast, was du gebraucht hast; alles war notwendig.«

Um auf die oben gestellten Fragen zurückzukommen: Der Zugang zum eigenen Bewußtseinspotential kann nur durch unmittelbare Erfahrung geschehen. Das Leben selbst ist der optimale Rahmen für unsere Bewußtwerdung, für unser Wachstum. Unsere Gruppenseminare und Trainings sind ein Angebot für all diejenigen, die eine Zeitlang in einem besonderen Rahmen Wachstumsimpulse erhalten wollen, um die unzähligen Geschenke des täglichen Lebens noch besser nutzen zu können. In jeder Veranstaltung kreieren wir einen Rahmen, in dem persönliche Erfahrungen leichter als sonst ermöglicht werden. Aus diesem Grund ist auch kein Workshop kürzer als eine Woche. Wer sich in einen Transformationsprozeß begeben will, sollte vor allem eine Qualität mitbringen: die Bereitschaft, sich tief auf sich selbst und den Weg einlassen zu wollen. Ohne eine solche Verbindlichkeit bleiben wir immer nur an der Oberfläche, sammeln viel Wissen, aber keine echten Erfahrungen. Solange wir Stille und Innehalten vermeiden, sind wir auf der Flucht vor dem, was wir im Grunde suchen.

Die Begegnung mit unserer Wahrheit bleibt ein Geschenk. Sie hat viele Stufen, viele Grade, aber sie wird unverkennbar sein. Wir können sie nicht »herstellen«, nicht »machen«; wir können jedoch den Rahmen aufsuchen und gestalten, in dem sie immer leichter und immer öfter möglich wird. Für mich ist dies das größte und lohnendste aller denkbaren Abenteuer.

Die Umsetzung

Die Fragen zur Umsetzung des Erfahrenen lauten: Wie trage ich mein erweitertes Bewußtsein in meinen Alltag? Was hilft mir, mich auch im alltäglichen Leben an die innere Kraftquelle anzuschließen? Welche Konsequenzen für mein Leben ziehe ich aus meinen Erkenntnissen? Welche ganz konkreten Schritte stehen jetzt an?

Wenn unsere bewußtseinserweiternden Erfahrungen sich nicht ganz handfest in unserem alltäglichen Leben zeigen, fehlt das Wichtigste, die Umsetzung. Dann versinkt wieder alles in Unverbindlichkeit. Dies ist ein sicheres Zeichen, daß wir versuchen, uns um echte Transformation herumzumogeln. Erfahrungen in transformatorischer Gruppenarbeit verlangen nach Umsetzung! Dies ist Teil der Selbstverpflichtung, Teil des wahren Sich-Einlassens. Aus diesem Grund gehen die Teilnehmer erst auseinander, wenn sie vor anderen deutlich erklärt haben, welche ganz konkreten Schritte in den nächsten Tagen in ihrem Alltag folgen werden. Mit einer solchen Absichtserklärung in einer Atmosphäre von Klarheit und Liebe wird eine innere Weiche für eine neue Ausrichtung gestellt. Im Trainingsjahr ist es dann möglich, von Mal zu Mal zu prüfen, welche Punkte der Absichtserklärung umgesetzt wurden und wo dies noch Schwierigkeiten bereitet.

Der Weg der Freude verlangt – wie alle anderen Wege auch – seine eigene Disziplin, aus der heraus die nötige Intensität und Kraft erwachsen. Disziplin sollte vor allem darin entwickelt werden, Momente der Stille, der Besinnung und der Meditation in den Tagesablauf einzubauen. Ebenso gilt es, Mentaltechniken und/oder Körperübungen regelmäßig zu wiederholen, vor allem dann, wenn uns die Anforderungen des Lebens aus unserer Mitte zu reißen drohen. Dies ist unverzichtbarer Teil eines liebevollen Umgangs mit sich selbst. Die Veränderungen in unserem äußeren Leben können, aber müssen nicht immer dramatisch und umwälzend sein. Vor allem sollten sie die Qualität betreffen, mit der wir uns selbst und unserer Umwelt begegnen. Dies ist oftmals viel entscheidender, als irgendwelche heroischen Taten zu vollbringen.

Im Einklang mit uns selbst wird es dann auch leichter, nach und nach alle notwendigen Schritte zu vollziehen, zum Beispiel die Wohnung zu entrümpeln und neu zu gestalten, Beziehungen zu klären oder negative Bindungen zu lösen. Lassen wir uns dabei von unserer tiefsten Wahrheit leiten, so bleiben uns zwar schmerzhafte Prozesse nicht immer erspart, denn es kann nicht darum gehen, um jeden Preis Leiden zu vermeiden. Doch alle Prüfungen und Herausforderungen des Lebens führen uns – sofern wir sie annehmen – immer mehr zu uns selbst. Dies ist meine persönliche Lebenserfahrung, die von Hunderten von Menschen, die ich bisher begleiten durfte, bestätigt wird.

Das Erwachen des inneren Kindes

»Ein Kind ist von Natur aus ein Wesen des Staunens, ein Wesen, das in Leichtigkeit lebt und den Schmerz nicht in sich behält.«
Chris Griscom

»Jedes Kind beginnt sein Leben mit Verehrung, Staunen, mit einem großen Suchen im Herzen. Jedes Kind ist ein Mystiker.«
Osho

»Im Kind wohnen Kreativität, Neugier, der Wunsch zu erforschen und zu wissen, die Notwendigkeit zu berühren, zu fühlen, zu erfahren und auch die Erinnerungen an die großartige besondere Empfindung der ersten Entdeckung.«
T. A. Harris

Am Anfang von unserem Transformationszyklus stehen die Erforschung, die Wiederentdeckung, die Befreiung und die Heilung jener ursprünglichen Wesensaspekte in uns, die wir zu Recht als das »innere Kind« bezeichnen. Es handelt sich um die wertvollsten Qualitäten des Menschseins, die jede Seele in eine neu beginnende Inkarnation einbringt. Jene Wesen, die wir Kinder nennen, kommen in diese Welt aus Sphären der Weite und Einheit. Wer immer bereit ist, sich wirklich auf einen wenige Wochen alten Säugling einzuschwingen, kann etwas von diesem zarten Seinszustand, dieser noch nahen Erinnerung spüren.

Der Entwicklungsweg eines Menschen verläuft in jedem neuen Leben ähnlich. Um Erfahrungen in der Welt der Materie und Dualität zu sammeln, brauchen wir einen Körper aus Fleisch und Blut. Wir trennen uns also von den feinstofflichen Ebenen, getrieben von dem Verlangen nach irdischem Leben. Wir wollen Lernprozesse fortsetzen oder abschließen, wir wollen weitere Schritte zu unserer Vollständigkeit und Selbsterkenntnis unternehmen, wir wollen zur Schule gehen, uns in gewissen Rahmenbedingungen bewähren und erfahren. Wir sind hier aufgrund unseres eigenen Wunsches und Einverständnisses.

Dieses ursprüngliche, ungebrochene Ja zum Spiel des Lebens äußert sich in jener Qualität, mit der Kinder sich dem Leben zuwenden. Die Durchlässigkeit und Beweglichkeit ihrer kleinen Körper verleiht ihnen jene Unermüdlichkeit, die wir als Erwachsene oftmals nur bestaunen können. Wir haben von den Experimenten gehört, in denen ein sportlicher, gut durchtrainierter Mann ganz einfach alle Bewegungen eines drei- oder vierjährigen Kindes nachvollziehen sollte. Nach einigen Stunden lag dieser Sportler erschöpft und kraftlos am Boden, während das Kind immer noch voller unerschöpflicher Energie sprühte.

Ich habe in meinem Leben zahlreiche bemerkenswerte, besonders erfolgreiche und berühmte Menschen kennengelernt und beobachtet. Was mir bei allen in gleicher Weise auffiel, war jener Wesensaspekt, den ich als das »ungebrochene innere Kind« bezeichnen möchte. Allen erfolgreichen Menschen eigen war eine gewisse Verspieltheit, eine Abenteuerlust, eine Experimentierfreude, eine Offenheit für Neues und Unbekanntes, ein Drang, immer weiter zu erforschen, zu entdecken, zu erleben.

Diese Qualitäten gehören zu den elementaren Antriebskräften jedes Menschen, und sie sind im Jugendalter noch weitgehend ungebrochen vorhanden. Deshalb lernen Kinder so schnell und entwickeln sich stets weiter.

Im Erwachsenenalter jedoch scheint dieser Urzustand von Offenheit, Lebensfreude und Lernbereitschaft bei vielen Menschen mehr oder weniger zu erlöschen. Er wird gebremst und eingeengt durch die Unterwerfung in gesellschaftliches Wohlverhalten. Aufgrund gewisser Erfahrungen und Prägungen resignieren viele Menschen innerlich und entscheiden sich unbewußt, nicht mehr zu lernen. Sie hören auf, sich weiterzuentwickeln und wirklich zu leben. Sie beschränken sich auf das Überleben, auf ein Minimum ihres Potentials, auf ein Dasein auf Sparflamme. Sie verlieren den Glanz ihrer Kinder- und Jugendtage, verleugnen ihre Individualität und Einzigartigkeit, ersticken ihre Wünsche und Sehnsüchte. Sie hören auf zu erwarten, zu fordern, zu verlangen, finden sich ab mit dem, was die Masse unterhält (= unten hält). Sie verlernen die Intelligenz des Herzens, werden angepaßt, farblos; sie sind froh, nicht aufzufallen und mit der Herde mitlaufen zu können. Sie verkaufen ihre Freiheit, ihre Fähigkeit unabhängigen Denkens um den Preis von Sicherheit und alltäglicher Routine. Sie beginnen zu sterben, ohne wirklich gelebt zu haben. Sie werden alt und verlassen ihre Körper, ohne ihr Potential erfahren, entfaltet und gelebt zu haben. Die Erde wird als Jammertal betrachtet, das vorübergehend ein trauriges mühseliges Dasein beherbergt.

Wir haben uns an die Leblosigkeit und Enge des »normalen« Lebens so sehr gewöhnt, daß wir uns oftmals ein Leben in Freude, Liebe und Freiheit kaum noch vorstellen können. Viele Menschen reagieren sofort argwöhnisch, wenn sie jemanden sehen, der in ihren Augen allzuviel Freude und Ekstase ausdrückt. Nur vergleichsweise wenige bringen den Mut auf, entgegen allem äußeren Schein, entgegen allen »Notwendigkeiten«, das Recht auf ein innerlich und äußerlich reiches, sinnerfülltes und freudevolles Leben zu erklären und auch zu verwirklichen. Denn ein solches Leben zu führen, ist in der Tat riskant. Wir laufen Gefahr, Altgewohntes und Langvertrautes zu verlieren. Wir müssen oftmals überholte Beziehungen beenden und überlebte Verhältnisse abbrechen. Wir werden immer wieder aufgefordert, unsere eigene beschränkte Vorstellungswelt zu verlassen, unsere engen Glaubenssätze in Frage zu stellen und uns zu öffnen für neue Anstöße und Gedankenimpulse. Wir verlieren unsere alte Identität, um auf einer neuen Bewußtseinsebene zu erwachen.

Transformation hat sichtbare und fühlbare Konsequenzen für alle Bereiche unseres Lebens. Nur wenn wir bereit sind, einschränkende Aspekte unserer inneren und äußeren Welt zu verabschieden und sterben zu lassen, können wir den Weg zu unserem wahren Selbst antreten. Nur wenn wir willens sind, unsere Masken fallen zu lassen, können wir die Schönheit unseres ursprünglichen Ausdrucks wiederfinden. Nur wenn wir den Schritt wagen, Vater und Mutter zu verlassen, können wir unserer inneren Führung folgen.

Vater und Mutter sind in diesem Zusammenhang Metaphern für die Repräsentanten einer alten Welt. Sie versinnbildlichen die Summe unserer Konditionierungen, unserer lebensverneinenden und einschränkenden Prägungen. Unser inneres Kind muß buchstäblich und im übertragenen Sinne von diesen Bürden befreit werden! Wir müssen lernen, wirklich erwachsen zu werden und selbstverantwortlich zu leben.

Vater und Mutter verlassen

Vater und Mutter zu verlassen bedeutet, Abschied zu nehmen von übernommenen Vorstellungen, geborgtem Wissen, anerzogenen Verhaltensweisen, fremdbestimmtem Leben. Wir stellen uns auf die eigenen Füße und lernen, ohne Krücken zu laufen. Wir schieben die Schuld für unsere Mängel nicht länger nach außen ab, sondern lernen, unserer eigenen Kraft zu vertrauen. Wir erwarten Liebe, Schutz, Verständnis und Sicherheit nicht ausschließlich von anderen Menschen, der Gesellschaft oder dem Staat, sondern entdecken jene inneren Räume von Geborgenheit und Vertrauen, die aus der tiefen Akzeptanz unseres existentiellen Alleinseins erwachsen.

Zu allen Zeiten haben Mysterienschulen das Verlassen von

Vater und Mutter, das Hinaustreten aus den sozialen Zwängen betont. In unserer heutigen Zeit ist dieser Schritt nach meinem Verständnis ein innerer. Wir müssen uns nicht mehr auf einer äußeren Ebene aus unserem gesellschaftlichen Eingebundensein lösen. Die Welt, in der wir leben, ist trotz aller Begrenztheit durchlässiger und offener als jemals zuvor. Wir können heute leichter als zur Zeit unserer Vorfahren »in der Welt und doch nicht von ihr« sein. Aber der bewußte Schritt zur inneren Befreiung, das Zurückgewinnen unserer kindlichen, natürlichen Wesenszüge ist ebenso bedeutsam wie eh und je. Zu Beginn eines spirituellen Weges müssen wir erneut »werden wie die Kinder«, wenn wir in das »Königreich Gottes« in uns wieder einziehen wollen.

Die Bereitschaft und Fähigkeit, sich von Vater und Mutter zu lösen, sich in Liebe und Dankbarkeit zu trennen, zu vergeben und loszulassen, ist der erste fundamentale Schritt zu Beginn unseres Transformationszyklus', ein unerläßlicher Meilenstein auf dem Weg zur Freude. Wir können uns von unseren Eltern nur dann auf einer tiefen Ebene lösen, wenn wir bereit sind, die unterschiedlichen und zum Teil gegensätzlichen Aspekte einer so komplexen Beziehung wie die zu unseren Eltern offen auszudrücken. Dadurch werden sie in größerem Umfang als bisher bewußt.

Je mehr unbewußtes, bislang verdecktes Material von »Emotionalverträgen« und Glaubenssätzen unserem Bewußtsein zugänglich wird, desto leichter fällt es uns, die Dynamik unserer Eltern-Kind-Beziehung zu verstehen und zu bereinigen. Dazu wenden wir verschiedene erprobt und erfolgreich angewandte Vorgehensweisen an. Inspiriert vom »Fischer-Hoffman-Prozeß« haben wir besondere Übungen und Rituale speziell auf die Ausrichtung unseres Trainings zugeschnitten und weiterentwickelt.

Wir beginnen mit der »Abrechnung« und Auseinandersetzung mit unserer Mutter. Der erste Schritt besteht darin, alle negativen, belasteten Aspekte zu Wort kommen zu lassen. Wir gehen dabei zu Recht davon aus, daß selbst die beste und schönste Mutter-Kind-Beziehung solche Aspekte aufweist. Es liegt in der Natur der Sache, daß jede noch so harmonische Beziehung

Licht- und Schattenseiten aufweist. Eine Beziehung kann nur dann frei werden, wenn das gesamte Beziehungsmuster ohne einschränkende Tabus erkannt, benannt und ausgedrückt werden darf. In unserem Training geschieht dies unter anderem durch das Verfassen eines umfangreichen Anklageschreibens. Wir nehmen dazu vorübergehend die Rolle eines radikalen Anklägers ein. Wir zählen schonungslos alles auf, was unsere Mutter vor einem imaginären Tribunal belasten könnte, stellen eine Liste aller ihrer Schwächen und vermeintlichen Fehler auf.

Der Sinn dieses Vorgehens liegt darin, im Namen des Kindes, das wir waren, einmal jegliche Opferhaltung vollkommen zu verlassen und die Schuldfrage nicht länger aus einem Gefühl der Schwäche und mit jammervollem Selbstmitleid zu stellen. Es ist ein psychologisch bedeutsamer Schritt, die alte Position der Abhängigkeit zu verlassen, die jedes Kind als jüngerer und relativ machtloser Partner in der Eltern-Kind-Beziehung innehatte. Eine Beziehung kann nur gleichwertig werden, wenn der ursprünglich unterlegene Partner seine Gleichberechtigung machtvoll und ebenbürtig deklariert. Und nur im Zustand von gleicher Machtverteilung können sich Menschen wirklich voneinander lösen und vergeben.

Dem Verfassen der Anklageschrift folgt die Anklagerede, die mit dem Schuldspruch und einer gnadenlosen Verurteilung endet. Auch hierbei achten Gruppenleiter und Zuhörende darauf, daß der Vortragende nicht in alte Muster von (Selbst-)Mitleid und Schwäche verfällt, sondern daß diese rituelle Rede mit Kraft, Würde, Entschlossenheit und Ehrlichkeit vorgetragen wird.

Mit dem Durchbrechen verschiedener Tabus (ein Kind darf nicht widersprechen, ein Kind hat zu gehorchen, ein Kind muß sich unterordnen) entsteht eine Atmosphäre von Kraft, Klarheit und unverblümter Offenheit. Alle Verletzungen können endlich ausgesprochen und endgültig bereinigt werden. Dieser befreiende Prozeß dauert oftmals viele Stunden, manchmal sogar länger als einen Tag. Abgeschlossen wird die Anklage durch eine Zeit der Stille, um das Erlebte innerlich nachklingen zu lassen und um zu prüfen, ob noch einige Punkte unzureichend ausgeführt wurden oder ob Schuldgefühle auf unabgeschlossene Bereiche aufmerksam machen. In aktiven wie meditativen Übungen gewinnen die Teilnehmer wieder etwas Abstand zu den emotional stark belastenden und aufwühlenden Erinnerungen. Ohne die ständige Rückbesinnung auf die eigene Mitte, den unbeteiligten Zeugen und Beobachter in uns, wäre die besondere Art dieser Öffnung nicht denkbar. Sie zieht sich wie ein roter Faden durch alle Prozesse.

Um diese einseitig anklagende Stellungnahme auszugleichen, folgt als nächstes das Verfassen einer Verteidigungsschrift und deren Vortrag. Dieser Prozeß nimmt ebensoviel Zeit in Anspruch wie die Anklage und wird ähnlich intensiv erlebt. Die Teilnehmer bekommen die Gelegenheit, ihre Mutter tiefer als je zuvor wahrzunehmen und zu verstehen. Ohne ein solches tiefes Verständnis sind Vergebung und Befreiung nicht wirklich möglich. Nur indem wir innerlich bestimmte Verhaltensweisen und Einstellungen unserer Eltern nachvollziehen können und erkennen, daß sie aufgrund ihrer eigenen Erfahrungen, Prägungen und Zwänge genauso waren, wie wir sie wahrgenommen haben, können wir ihre menschlichen Schwächen verstehen und auch ihre guten Absichten sehen lernen. Erst aus tiefem Verstehen erwachsen echtes Mitgefühl und wahrhafte Vergebung.

Der Vortrag der Verteidigungsrede endet mit dem Freispruch in allen Anklagepunkten. Dies ist selbstverständlich nicht nur eine mentale Akrobatik, sondern soll von Herzen und mit voller innerer Beteiligung vollzogen werden. Ist dies nicht der Fall, so helfen Leiter, Assistenten und Teilnehmer dem Betreffenden geduldig, die noch unerkannten Bereiche zu erforschen und zuzulassen. Natürlich hängen die Tiefe und Gründlichkeit dieser Prozesse stark von der Bereitschaft und persönlichen Reife jedes einzelnen Teilnehmers ab. Erfahrungsgemäß hilft das liebevolle, unterstützende und tragende Energiefeld einer Gruppe jedem wahrhaft Suchenden, seine gewohnten Grenzen zu überschreiten und Schritte in unerforschte innere Räume zu wagen.

Die Bereinigung der Mutterbeziehung wird abgeschlossen durch ein starkes Ritual, in dem die Mutter symbolisch auf ihrem Sterbebett aufgesucht, in den Tod begleitet und zu Grabe getragen wird. Wir kreieren damit eine Situation, in der wir unserer Mutter nochmals im Moment des Abschieds begegnen. In den intensiven Augenblicken des Übergangs von diesem Leben in eine andere Existenzebene ist gleichsam die Stunde der Wahrheit gekommen. An der Schwelle des Todes erhalten wir eine letzte Möglichkeit zu vergeben, unsere Mutter in Liebe und Dankbarkeit zu verabschieden und freizulassen. Das innere Erleben des Sterbens unserer Eltern ist eine unvergleichliche Chance einer letzten und vollständigen Bereinigung.

Nachdem wir die Mutter an einem selbstgewählten Platz im Gelände unseres Zentrums symbolisch zu Grabe getragen haben, entsteht Raum für unsere Gefühle von Erleichterung oder Trauer, die gleichzeitig oder kurz nacheinander auftauchen können. Trauer erleben wir vielleicht aufgrund der Einsicht, wie wenig doch im tatsächlichen Leben bislang von dem vorhandenen Liebesband wegen äußerlich unüberbrückbarer Differenzen gelebt und ausgedrückt werden konnte. Oder Erleichterung wird gefühlt über die endlich vollzogene Vergebung und Befreiung von der Bürde unterschwelliger Schuldzuweisung.

Nach der Klärung der Mutterbeziehung erfolgt die Bearbeitung der Vaterbeziehung in denselben Schritten. Viele Teilnehmer berichten später von einer neuen, befreiten Art des Kontakts mit ihren Eltern und ebenso mit ihren derzeitigen Partnern und eigenen Kindern. Wir können zu Recht davon ausgehen, daß sich die geklärten Elternbeziehungen auch befreiend auf alle anderen Beziehungen unseres Lebens auswirken.

Die Aufarbeitung früher Prägungen

Im weiteren Verlauf des Gruppenprozesses wenden wir uns nun vorrangig der Wiederentdeckung und Befreiung des Potentials unseres inneren Kindes zu. Anhand von mitgebrachten Fotos aus der eigenen Kindheit sowie von altvertrautem Spielzeug versuchen wir, das innere Album der Kindheit erneut zu öffnen und lebendig werden zu lassen.

Unser inneres Kind hat in der Regel mindestens zwei Hauptaspekte. Der eine ist die sonnige, lichte, kraft- und vertrauensvolle, verspielte, überfließende Seite; der andere die verletzte, gedemütigte, mißtrauische, verlorene, bedürftige und unterernährte. Je nach den überwiegenden Einflüssen besonders der frühen Kindheit sowie deren Verarbeitung überwiegt ein Aspekt. Bei fast jedem Menschen sind jedoch beide vorhanden und abrufbar.

In speziell für diese Gruppen entwickelten Rückführungen, von denen ich hier eine exemplarisch näher beschreiben möchte, versuchen wir in verschiedenen aufeinanderfolgenden Phasen, einige der wichtigsten Umstände und Situationen der Kindheit in lebendige Erinnerung zu rufen. Solche Rückführungen werden in der Regel paarweise durchgeführt, so daß ein Partner sich vollkommen in den Prozeß hineinbegeben kann, während der Begleiter alles Wesentliche beobachtet und aufschreibt sowie nötigenfalls liebevoll unterstützend oder beruhigend weiterhilft. Nachdem beide sich in aller Ruhe aufeinander einstimmen konnten, beginnt die eigentliche Rückführung mit einer gründlichen Tiefenentspannung. Wenn dann der Körper entspannt ist und der Geist hellwach, führt die Reise in der Zeit zurück bis in das Vorschulalter von etwa drei bis fünf Jahren.

Wir reisen dabei nicht distanziert mental, also nicht, wie man sich mehr oder weniger unbeteiligt einen Film anschaut. Um die Unmittelbarkeit des Erlebens zu erhöhen, erlauben wir in unserer Vorstellung auch die physische Verwandlung durch die einzelnen Altersphasen bis hin zum Körper eines Kleinkindes. Die Einbeziehung der Körperwahrnehmung ist erfahrungsgemäß ein unterstützender Faktor bei der Wiedererinnerung von früheren, längst vergangenen Erfahrungen und Seinszuständen. Das Alter von etwa drei bis fünf Jahren ist die Zeit, an die sich die meisten Erwachsenen zumindest rudimentär erinnern können. Eine solche Rückführung dient unter anderem dazu, längst verschüttet geglaubte Erinnerungsbilder und -fragmente wieder lebendig werden zu lassen.

In der ersten Phase geht es darum, sich selbst im Vorschulalter wahrzunehmen und zu beschreiben. Vielleicht erinnern wir uns an eine bestimmte Kleidung, die wir trugen, vielleicht taucht das Kindergesicht deutlich auf, das wir von einem Foto her kennen, vielleicht erinnern wir uns an die Art, wie wir uns damals bewegt, verhalten und wie wir empfunden haben. In dieser ersten Phase leben wir uns in das Kind ein, das wir in jenem Alter waren. Dabei ist es nicht unbedingt erforderlich, sich an Daten und Fakten zu erinnern. Es geht vielmehr um die Aktivierung unseres subjektiven Erlebens jener Zeit. Dies ist im Kontext unserer Arbeit das Entscheidende.

In der zweiten Phase wird die Aufmerksamkeit vornehmlich auf die Wahrnehmung der unmittelbaren Umgebung des Kindes gelenkt. Wieder teilen wir die Erinnerungen (oder wenn solche gänzlich verschüttet sind, auch die Vorstellungen) von der damaligen Wohnung, dem eigenen Kinderbett oder bestimmten Möbelstücken mit. Ebenso können das Haus und die nähere Umgebung wie zum Beispiel Lieblingsspielplätze in allen Details vor dem inneren Auge auftauchen und beschrieben werden. Gleichzeitig achten wir auf alle Empfindungen und Gefühle, die sich im Zusammenhang mit solchen Bildern entwikkeln, und geben ihnen Raum.

In der nächsten Phase werden die wichtigsten Bezugspersonen und Familienangehörigen aus der Sicht des damaligen Kindes beschrieben, also Mutter, Vater (oder Elternersatz), Geschwister, Großeltern und so weiter. Hierbei ist wichtig, die Grundqualität jeder einzelnen Beziehung deutlich zu spüren und zu beschreiben. In diesem Zustand von Offenheit und Sensibilität ist es in der Regel sehr leicht möglich, auch bestimmte Unterströme einer Beziehung zu spüren und auszudrücken. Dies fördert mitunter erschütternde Erkenntnisse über unterschwellige Dissonanzen sowie uneingestandene Liebe und unausgedrückte Zuneigung ins Bewußtsein, und diese werden somit einer Bearbeitung zugänglich.

In der darauffolgenden vierten Phase werden die Teilnehmer aufgefordert, die im Moment der Erinnerung wichtigste Person laut anzusprechen oder zu rufen. Dies soll wieder in der Weise geschehen, wie es dem Erleben des Vierjährigen entspricht.

Das Anreden oder Anrufen öffnet einen Zugang zu jenen Emotionen, die mit dem Ausruf an die Oberfläche kommen. Diese Phase erschließt einen Raum, in dem die emotionale Seite des inneren Kindes frei und ungehindert zum Ausdruck kommen darf. Hier können beispielsweise die Schmerzen der Erfahrung von Distanz und Unverständnis, die Empörung und Bitterkeit über Ungerechtigkeiten, aber auch die Sehnsucht nach

Wärme, Zärtlichkeit und Nähe oder die Dankbarkeit über empfundene Zuwendung und Liebe zugelassen werden. Diese mitunter katharische emotionale Entladung erlaubt den Ausdruck von alten, möglicherweise lange unterdrückten Gefühlen. Sie dient somit der Reinigung, Befreiung und Entspannung des Emotionalkörpers.

Die eigentliche Heilung jedoch kann erst in der fünften und letzten Phase eingeleitet werden. Jetzt geht es zunächst abschließend darum, sich achtsam und vorsichtig aus der Auseinandersetzung und Verwicklung mit jener Bezugsperson zu lösen und sich dem vierjährigen Wesen, das wir in diesem Moment sind, liebevoll zuzuwenden. Es geht darum, Kontakt aufzunehmen und sich selbst mit Namen anzusprechen auf eine Weise, die die höchste Form der uns in dieser Situation zugänglichen Liebe beinhaltet und zum Ausdruck bringt.

Dieser Moment kann die Geburtsstunde einer neuen, noch nie zuvor gekannten Selbstannahme und -liebe werden. Indem wir uns dem Strom der Liebe öffnen, geschieht eine Veränderung der Wahrnehmung von uns selbst, die eine innere Heilung einzuleiten vermag. In diesem Augenblick der unmittelbaren Begegnung mit uns selbst können sich alte, belastende Angstkomplexe lösen und innere Barrieren fallen, die uns von Liebe und Leben trennten. Die Liebe zu uns selbst, zu unserer Offenheit, Verletzlichkeit und Empfindsamkeit kann weit über das übliche Selbstmitleid wachsen, indem sie eine tiefe, mitunter sogar transzendente Dimension berührt. Sie wird bedingungslos und allumfassend. Die Geborgenheit, die viele von uns vergeblich im Elternhaus suchten, eröffnet sich uns plötzlich durch unsere eigene Selbstannahme und Vergebung.

In dieser letzten Phase legt der begleitende Partner, der bis zur vierten Phase Notizen gemacht hat, das Schreibzeug zur Seite und ist nun ganz einfach da. Liebevolle Berührungen und Vertrauen vermittelnder Körperkontakt unterstützen eine ganzheitliche Öffnung. Gegen Ende können sich beide Partner von der langen, intensiven Entdeckungsreise ausruhen oder über das Erlebte sprechen. In der Regel ist zum Schluß einer solchen Erfahrung der ganze Seminarraum erfüllt von einer Atmosphäre der Nähe, Zärtlichkeit und Liebe. Wer bereit ist, sich diesem nährenden Energiefeld zu öffnen, ist in diesem Moment verbunden mit heilender Energie.

Ein weiterer wesentlicher Teil dieses Seminars liegt in der Aufarbeitung unverarbeiteter und dadurch unabgeschlossener Prägesituationen. Es handelt sich dabei um Erfahrungen aus der Vergangenheit, die als psychisch unverdaute Reste unser gegenwärtiges Leben belasten. Wir können sie auch als Karma aus früheren Existenzen bezeichnen.

Mit Ausrichtung auf unsere innere Führung sind wir in der Lage, beispielsweise durch Pendeln intuitiv zu erfragen, welche der zahlreichen, emotional geladenen Situationen unsere Gegenwart negativ beeinflussen und daher vorrangig bearbeitet werden sollten. Dieses Eintauchen kann uns auch über bewußte Erinnerungen hinaus in vorbewußte Phasen führen wie zum Beispiel in das Säuglingsalter, die Geburt, Schwangerschaft, Empfängnis, in Zwischenwelten und frühere Leben oder gar in archetypische Erinnerungen des kollektiven Bewußtseins. Das kann jedoch hier nicht näher ausgeführt werden, da es den Rahmen dieses Buches sprengen würde.

Die Aufarbeitung von prägenden Situationen läuft normalerweise in zwei durchaus einfachen Schritten ab, wie sie unter anderem aus der Gestalttherapie, dem NLP (Neurolinguistisches Programmieren) oder aus der Rückführungs-Therapie bekannt sind. Wir rufen das subjektive Erleben einer traumatischen Situation hervor und unterziehen sie einer Korrektur oder einem »Reframing« aus der Sicht unseres heutigen Bewußtseins. Der wichtigste Punkt bei diesem zweiten Schritt ist die Herstellung einer Verbindung zur inneren Führung, zum höheren Selbst, zur Quelle von Weisheit und Liebe in uns.

Aus dieser erweiterten Perspektive kann die alte, unverarbeitete Prägesituation ganzheitlich, also mental, emotional, seelisch und körperlich neu erlebt werden. Erst wenn die Korrektur in allen Ebenen vollzogen wurde und schließlich verankert ist, kann von einer gründlichen und tiefgreifenden Veränderung die Rede sein. Die alte Erfahrung mit ihren Emotionalmustern und Glaubenssätzen wurde gelöst und durch eine neue, lebensbejahende Erfahrung ersetzt.

Das innere Kind wird jedoch nicht allein durch die Zuwendung und Beschäftigung mit seinen verletzten Teilen befreit. Mindestens ebenso wichtig ist die Stärkung und Förderung des gesunden, ungebrochenen, sonnigen Teils.

Wir achten in unseren Trainingsgruppen in besonderer Weise darauf, daß auch dieser Aspekt nicht zu kurz kommt. Durch Tanz, Gesang, Massage, Spiel, Genießen und Feiern lassen wir erst gar nicht die Illusion entstehen, das Leben sei ein ernstes Problem, dessen Lösung nur in verbissener Arbeit erreicht wird. Ein solches – allerdings weitverbreitetes – ausschließlich problemorientiertes Vorgehen verstärkt lediglich alte, krankmachende Einstellungen dem eigenen Leben gegenüber. Dabei wird eine ganz entscheidende Wahrheit vernachlässigt, deren bloße Erinnerung die mächtigsten Kräfte für Heilung und Transformation in Gang setzen kann: Erst wenn wir uns immer wieder erlauben, das Potential gerade hinter den schwierigsten Lektionen zu sehen, wenn wir das unermeßliche Geschenk erkennen, überhaupt in einem Körper leben und Erfahrungen sammeln zu können, nähern wir uns echter Selbsterkenntnis.

Die Befreiung aus dem engen Gefängnis selbstgewählter Beschränkungen gibt Anlaß zu überströmender Freude und zu ekstatischem Feiern. Wir bleiben niemals bei dem bloßen Betrachten der Probleme stehen, sondern richten unseren Blick auf den Raum dahinter, auf die Freiheit hinter der Angst, das Licht hinter dem Schatten, die Liebe hinter der Unbewußtheit. Indem wir nach und nach lernen, aus der Perspektive zu sehen, verwandelt sich unser Leben vom bloßen Kampf ums Dasein zum beglückenden Weg unserer Befreiung, auf dem uns jeder Schritt unserer Ganzwerdung näherbringt.

Die Geburt – Trauma und Ekstase

Die Geburt ist der Beginn jener Reise, die wir Leben nennen. Sie war unser Start und beeinflußt daher den gesamten Lebenslauf. Die Urerfahrung dieses dramatischen Ereignisses ist als Erinnerung tief in unseren Zellen gespeichert. Der Verlauf unserer

Geburt beinhaltet wie im Zeitraffer unser ganzes Lebensprogramm. Insbesondere in Zeiten der Veränderung, des Wechsels und Übergangs werden wir immer wieder mit den Mustern jener frühen Prägung konfrontiert.

Wir stellen dieses für transformatorische Arbeit unausweichliche Thema in den Mittelpunkt unseres zweiten Trainingsseminars, denn unsere Geburt ist die erste, grundlegende und in der Regel traumatische Prägesituation mit weitreichendem Einfluß auf die gesamte Inkarnation. Dabei geht es uns um zweierlei: zum einen um die gründliche Erforschung unserer individuellen Geburtserfahrung für ein tieferes Verständnis unserer Persönlichkeit, zum anderen um ein Überschreiten von bislang für notwendig und unabänderlich gehaltenen Begrenzungen.

Wir können uns an das Ereignis unserer Geburt nicht mehr bewußt erinnern, da unsere Fähigkeit des linearen Denkens zu diesem Zeitpunkt noch nicht entwickelt war. Wir konnten noch nicht analytisch beobachten und beschreiben, was in uns und mit uns geschah. Die Geburt gehört in den Bereich vorbewußter Erinnerung und kann daher auch nicht allein mental, sondern nur überwiegend intuitiv erforscht werden. Wir begeben uns dazu in Bewußtseinsräume, die nicht mehr allein mit Hilfe unseres Verstandes erreicht werden können.

Die Mutter-Kind-Atmung

Eine grundlegende Technik, in diese Bereiche vorzustoßen, ist die Arbeit mit unterschiedlichen Atemtechniken. Die bekannteste ist heute das Rebirthing-Atmen. Rebirthing ist eine ausgezeichnete Methode, in den Bereich intuitiver Wahrnehmung einzutauchen. Gleichzeitig geschehen durch die verstärkte Atmung und den dadurch erhöhten Stoffwechsel eine energetische Öffnung, Reinigung und Klärung auf körperlicher, emotionaler und feinstofflicher Ebene. Während sich in den ersten Sitzungen oft die gröberen Körper- und Emotionalblockaden lösen, kann im fortschreitenden Prozeß der Zugang zu immer feineren, subtileren Ebenen der Wahrnehmung frei werden.

Eine grundlegende Erfahrung dieses Seminars ist also eine

aufbauende und dann weiterführende Atemarbeit. Wir »durchlüften«, reinigen und öffnen zunächst einmal unsere Energiezentren, machen uns durchlässiger für die intuitiven Impulse unserer inneren Führung. Tatsächlich berichten viele Teilnehmer am Ende dieser Seminartage, daß für sie die innere Führung nicht mehr nur ein abstrakter Begriff, sondern Wirklichkeit geworden sei.

Nachdem das Rebirthing-Atmen vertraut ist, gehen wir einen Schritt weiter und richten uns aus auf die Wiedererinnerung oder -erfahrung des Geburtserlebnisses. Dazu wiederholen wir auf unterschiedliche Weise die Geburtssituation wie zum Beispiel in der Mutter-Kind-Atmung. In dieser Sitzung, welche die Teilnehmer zusammen mit einem Partner ihrer Wahl durchführen, wird durch bestimmte Körperpositionen sowie mit Hilfe von Kissen und Decken die Situation im Mutterleib kurz vor der Geburt simuliert. Dabei übernimmt ein Partner die Rolle des Embryos, der andere die der Mutter. Vollkommen eingehüllt und zugedeckt beginnt nun der Atemprozeß. Aufgabe der »Mutter« ist es, ihren Atemrhythmus genau dem ihres »Kindes« anzugleichen.

Allein schon durch diesen äußeren Rahmen wird eine Situation hoher Intensität hergestellt. Beide Partner begeben sich freiwillig in eine wahrhaft symbiotische Verbindung. Es ist eng, dunkel und heiß. Speziell für Menschen mit klaustrophobischen Tendenzen (die praktisch immer einen Bezug zum Geburtsvorgang haben) bietet die Übung eine Chance, einmal freiwillig und mit äußerster Wachheit an ihre Grenzen und darüber hinaus zu gehen.

In dieser Übung wird kein bestimmtes Timing vorgegeben. Sie endet erst, wenn das »Baby« geboren worden ist. Die Art dieses Vorgangs sowie den Zeitpunkt bestimmt es selbst. Die Teilnehmer in der Babyrolle werden dazu angehalten, diesen Augenblick der Befreiung so lange abzuwarten, bis die sogenannten Geburtsreflexe einsetzen. Diese kraftvollen, unaufhaltsamen, reflexartigen Bewegungen können an einem bestimmten Punkt des gemeinsamen Atemprozesses wie von selbst auftauchen. Sie leiten die Befreiung aus der zu eng gewordenen »Gebärmutter« ein.

In der Zeit, die dieser oftmals explosionsartigen Befreiung vorausgeht, ist es möglich, verschiedenartige Empfindungen und Impulse wahrzunehmen, die in der Regel wellenartig kommen und gehen. Selige Gefühle von ozeanischer Einheit und Geborgenheit können rasch abwechseln mit Momenten von Angst und Panik. Es geht in dieser Übung darum, so lange und ausführlich wie nötig die Regungen des Emotionalkörpers zu beobachten, anstatt gleich bei den ersten Impulsen lediglich zu reagieren. Dadurch gelingt es uns, möglichst viel von dem emotionalen Material unserer Geburt und den daraus entstandenen Verhaltensmustern unserem Bewußtsein zugänglich zu machen. Indem wir lernen, in solchen oder ähnlichen intensiven Situationen unsere Achtsamkeit auf den Fluß des Atems zu lenken, werden wir immer seltener zu Sklaven unserer Gefühlsausbrüche. Etwas in uns lernt zu beobachten, ruhig und mit Abstand alles auf- und anzunehmen, was durch die Stürme in uns und um uns herum ausgelöst wird.

Diese Position des Zeugen, des unbeteiligten Beobachters einzunehmen, ist ein Dreh- und Angelpunkt in unserer Arbeit. Nur mit dem Erwachen dieses essentiellen Teils sind dauerhafte Transformation und Heilung möglich. Letztendlich zielt unsere gesamte Arbeit auf ein meditatives Gewahrsein ab, das wir nicht nur vorübergehend in besonderen Übungen, sondern als ständige Unterströmung erfahren, gerade auch in Alltagssituationen, in denen wir in besonderer Weise vom Leben gefordert werden.

In der Mutter-Kind-Atmung werden mit Sicherheit zahlreiche Schichten eingespeicherter Erinnerungen in Zusammenhang mit Schwangerschaft, Geburt sowie Urkontakt zur Mutter wachgerufen. Wenn wir bereit sind, uns dieser alten Erfahrung erneut zu stellen, werden wir unter anderem mit unserer Verletzlichkeit und existentiellen Hilflosigkeit konfrontiert. Es handelt sich dabei um Bereiche unseres Erlebens, von denen wir uns mit mehr oder weniger Erfolg im Laufe unseres Erwachsenwerdens abgeschirmt haben. Der aufgebaute Schutz hat uns jedoch nicht nur vor weiteren Verletzungen bewahrt. Er hat uns auch gleichzeitig getrennt vom Potential unserer inneren Weisheit und Lebendigkeit.

Nur wenn wir den Mut haben, uns wieder berührbar zu machen, kann das Leben uns erreichen und sich ungehindert durch uns ausdrücken. In diesem Zusammenhang möchte ich nochmals darauf hinweisen, wie wichtig das liebevolle, nicht bewertende, schützende und tragende Energiefeld einer vertrauten Gruppe für eine derartig tiefgehende Neuöffnung ist.

Vier Phasen des Geburtsvorgangs – Vier Typenprägungen

Zum Verständnis des Geburtsvorgangs greifen wir unter anderem auf die Forschungen von *Stanislav Grof* zurück. Seine wertvollen Erkenntnisse werden ausführlich in seinem Buch *Geburt, Tod und Transzendenz* und zusammengefaßt in *Auf der Schwelle zum Leben* dargestellt. Grof erkannte, daß jede Geburt in bestimmten, aufeinanderfolgenden Phasen abläuft, die deutliche Parallelen sowohl zum persönlichen Alltag jedes einzelnen Menschen als auch zur Menschheitsgeschichte sowie zum archetypischen Kollektivbewußtsein aufweisen. Er nannte diese auf vielen Ebenen gleichzeitig auftauchenden Erfahrungsmuster »perinatale Matrizen«. Die Ergebnisse von Grofs Forschungen haben unsere Arbeit maßgeblich beeinflußt. Sie sollen deshalb an dieser Stelle kurz skizziert werden. Es handelt sich dabei um gebündelt auftretende Erfahrungen, bestehend aus Emotionen, psychosomatischen Empfindungen sowie aus symbolischen Bildern, die mit Geburt in Beziehung stehen.

Erste Phase: Schwangerschaft

Die erste Phase oder perinatale Matrix bezieht sich auf den Zustand im Mutterleib vor der Geburt. Der Embryo erfährt hier ein raum- und zeitloses Sein in Einheit mit der Mutter. Je nach der Befindlichkeit der Mutter, ihrer Einstellung zum Kind und den äußeren Bedingungen während der Schwangerschaft wird der Lebensraum der Gebärmutter als gut oder schlecht, lebensbejahend oder existenzbedrohend erlebt.

Ist die Einstellung der Mutter zum erwarteten Kind überwiegend positiv und liebevoll und sind keine weiteren störenden Faktoren vorhanden, kann das Erleben dieser Phase als paradiesisch bezeichnet werden. Der Fötus erfährt Schutz, Sicherheit und die ständige Befriedigung aller Bedürfnisse. Er existiert in einem ozeanischen Zustand der Ureinheit mit der Mutter, der als kosmisches Einssein erlebt werden kann. Diese Weite und Verbundenheit vermitteln überwältigende, friedvolle, glückselige und ekstatische Gefühle; es ist ein Zustand der Verbundenheit mit anderen Menschen, der Natur, dem ganzen Universum. Es tauchen mythologische, archetypische Bilder auf vom Paradies und Himmel, von Ozeanen oder Sternenräumen. Wir werden durchflutet von Gefühlen kosmischer Erhabenheit und doch äußerster Demut; wir befinden uns in einem Geisteszustand, der inhaltslos ist und doch alles enthält, der formlos und doch reich an Formen in einer Welt ohne Grenzen ist.

Gab es jedoch in dieser Phase Störungen wie zum Beispiel eine drohende Fehlgeburt, eine versuchte Abtreibung oder psychischen Dauerstreß der Mutter, so kann der innere Nachvollzug der ersten Phase unangenehme Empfindungen hervorrufen wie Kälte, Ekel oder paranoide, existenzbedrohende Vorstellungen. Man sieht sich bedrohlichen dämonischen Mächten schutzlos ausgeliefert. Eine allgemeine Unbehaglichkeit macht sich breit, doch es gibt keinen Ort, an den man sich zurückziehen könnte.

Da wir wissen, daß die ursprünglichen Prägungen der Geburtsphasen bereits die Grundeinstellung eines Menschen zum Leben überhaupt bestimmen, ist es sinnvoll, die bewußten oder unbewußten Glaubenssätze oder Mentalprogramme zu untersuchen, welche die verschiedenen Geburtsphasen verursachen.

In der positiv erlebten Schwangerschaft werden Einstellungen hinterlassen wie:
– Ich bin geborgen und geschützt.
– Ich liebe das Leben, und das Leben liebt mich.
– Ich bekomme alles im Überfluß, was ich brauche.
– Alles, was mir im Leben begegnet, dient meinem Besten.
– Ich werde geliebt, einfach so, wie ich bin.
Einer negativ erlebten Schwangerschaft entstammen Einstellungen wie:
– Die Welt ist ein bedrohlicher, gefährlicher Ort.
– Ich darf nichts und niemandem vertrauen.

- Alles richtet sich gegen mich.
- Ich habe keine Existenzberechtigung.
- Liebe ist nur ein Wort.
- Wenn ich mich einem Menschen (dem Leben) öffne, werde ich nur verletzt.

Zweite Phase: Beginn der Wehen

Die zweite Phase entspricht dem Beginn der eigentlichen Geburt. Die Wehen setzen ein; die Gebärmutter zieht sich periodisch zusammen. Dadurch erfährt das Kind einen beengenden Druck von allen Seiten. Der Muttermund ist noch geschlossen. Es gibt also keinen Ausweg. Der Druck wird immer größer und preßt den Kopf des Kindes so lange gegen die Öffnung des Muttermundes, bis dieser weit genug wird, so daß das Kind in den Geburtskanal eintreten kann. Diese Phase kann oftmals viele Stunden andauern.

Mit dem Beginn der zweiten Phase geht das Gefühl des ozeanischen Einsseins verloren. Die Bedrohung kann verschiedene Formen annehmen. Generell wird dieser Vorgang als Angstzustand erlebt, der sich bis zu paranoiden Vorstellungen steigern kann. Wir fühlen uns angegriffen und in unserem Innersten bedroht. Ohnmächtig sind wir dem Druck von außen ausgeliefert, und wir sehen uns absolut hilflos, ohne zu wissen, was überhaupt passiert. Das Erleben steigert sich immer mehr zu einem gewaltigen Wirbel, zu einer Art Malstrom.

Dieser Zustand kann von archetypischen Bildern begleitet werden, die die Vorstellung vermitteln, man werde von einem Ungeheuer wie einem Drachen, Walfisch oder Krokodil gefressen oder von einer Riesenkrake erwürgt oder von einem spinnenartigen Geschöpf gefangengenommen. Wir erleben einen Abstieg in die Unterwelt. Eingesperrt in einen klaustrophobisch erlebten Raum fühlt man sich wie in einem Alptraum ohne Ende, gequält von Teufeln und Dämonen.

Es ist leicht einzusehen, daß eine solche Erfahrung eine starke Wirkung auf die spätere Einstellung zum Leben hat. Ein Mensch, der überwiegend von dieser Phase geprägt ist, nimmt die Welt durch ein negatives Raster wahr und sieht sie als eine endlose Folge von Schmerz und Qual, von Kriegen, Umweltkatastrophen und Krankheiten. Das eigene Leben erscheint als ein fortwährender Kreislauf von Leiden, unlösbaren Problemen, Einsamkeit, Sinnlosigkeit und Schuld. Man ist unfähig, positiver zu sehen, und fühlt sich als das ewige Opfer. Wenn diese Phase im Erwachsenenalter aktiviert wird, findet man sich in vollkommen aussichtslosen Situationen wieder, unfähig, dem Leiden zu entrinnen. Man sieht sich mit gewaltigem Druck von außen konfrontiert oder schicksalhaften Mächten ausgeliefert. Die zweite Phase wird also von ausschließlich negativem Erleben beherrscht.

Die Mentalprogramme eines überwiegend von dieser Geburtsphase geprägten Menschen lauten etwa:
- Ich bin schwach, hilflos und ohnmächtig.
- Andere machen mit mir, was sie wollen.
- Ich werde mißbraucht, kann mich nicht wehren, bin immer das Opfer.
- Ich bin meinem Schicksal und höheren Mächten restlos ausgeliefert.
- Das Leben ist eine endlose Folge von Leiden.
- Veränderungen im Leben bedrohen meine Existenz.
- Der Druck ist zu groß; ich schaffe es nicht.

Dritte Phase: Im Geburtskanal

Der Übergang von der zweiten zur dritten Phase findet statt, wenn sich der Muttermund so weit geöffnet hat, daß das Kind in den Geburtskanal eintritt. Die Gebärmutter übt weiterhin Druck auf das Kind aus, aber es befindet sich jetzt nicht mehr in einer Situation ohne Ausweg. Etwas ist in Bewegung gekommen, und eine starke Kraft treibt das Kind vorwärts.

Allerdings ist der Druck auf den Kopf des im Becken eingekeilten Babys noch gewaltig. Dies kann zu verschiedenen Stadien der Erstickung führen, wenn die Blutzufuhr durch Druck auf die Nabelschnur beeinträchtigt wird. In dieser Phase kann es auch zu einem direkten Kontakt mit Blut, Schleim, Urin oder Kot kommen. Besonders dramatisch ist die nicht seltene Situation, daß sich die Nabelschnur um den Hals des Kindes wickelt.

Die dritte Phase einer Geburt ist vom Kampf um das Überleben geprägt. Das Erleben ist so ekstatisch, daß es schmerzhaft ist und so schmerzhaft, daß es wiederum ekstatisch wird. Ungeheure Energien wirken von außen ein, und das Gefühl entsteht, in einen titanischen Kampf verwickelt zu sein.

Mächtige Energieströme durchfluten den Körper, sich derart steigernd und intensivierend, daß sie alle vorstellbaren Grenzen überschreiten, gefolgt von explosiven Entladungen und Gefühlen ekstatischer Erlösung. Dies wird im Nacherleben oft begleitet von dramatischen Bildern explodierender Bomben oder Raumschiffe. Von Szenen kriegerischer Zerstörung, gigantischer Feuersbrünste, aufbrechender Vulkane. Von Erschütterungen durch Erdbeben, Wirbelstürme oder durch andere Naturkatastrophen. Aggressive Energie wird in ungeheuren Mengen freigesetzt: Vergewaltigungen, sexuelle Perversionen, bestialische Morde, Grausamkeiten aller Art, blutige Opfer. Solche Bilder können auch von Selbstmordphantasien begleitet sein.

Sexualität ist ein wichtiger Bestandteil dieser Phase, sowohl für die Mutter, die im Schmerz des Gebärens auch eine orgiastische Ekstase erleben kann, als auch für das Kind, das auf dem Höhepunkt des Schmerzes und des Erstickens eine Erregung erlebt, die zweifellos sexuelle Charakteristika aufweist. Viele Menschen, die ihre Geburt wiedererleben, haben in diesem Stadium intensive orgiastische Gefühle.

Da diese ersten sexuellen Erfahrungen des Kindes in einer derart extremen Situation stattfinden, kann man hier auch die Ursache für sexuelle Schwierigkeiten und Abweichungen im späteren Leben sehen. Im Wiedererleben der Geburt tauchen durchaus sexuell geprägte Phantasien von Pornographie in allen Formen, zügellosen Orgien, lasziven Lustbarkeiten und rhythmisch-sinnlichen Tänzen auf. Grof führt zudem den Erlebniszusammenhang zwischen Todesqual und sexueller Ekstase auf sowie die mögliche Identität von Leiden und orgiastischer Erregung.

Die Mentalprogramme dieser Phase sind jedoch unterschiedlich, je nachdem, ob in dieser Phase Agonie oder Ekstase dominiert. Lebenseinstellungen, die eher die schmerzhafte Seite betonen, sind:

– Das Leben ist ein ständiger Kampf.

- Leben und Entwicklung bedeuten Schmerz und Leiden; nur dadurch kann ich wachsen.
- Wenn ich Lust erfahren will, muß ich Schmerzen in Kauf nehmen.
- Es ist mir alles zuviel; ich schaffe es nicht.
- Ich kann nicht.

Sind die ekstatischen Aspekte betont, lauten die Überzeugungen:
- Ich schaffe es, ich erreiche meine Ziele.
- Jedes Problem trägt auch die Lösung in sich.
- Ich liebe Herausforderungen, ich wachse an ihnen.
- Mit allen Aufgaben erhalte ich auch die Kraft, sie zu erfüllen.
- Es ist eine Lust zu leben.
- Ich wachse freiwillig, mit Intensität und Freude.

Vierte Phase: Austritt

Nun erlebt das Kind die letzte Phase der Geburt: den Austritt aus dem Geburtskanal und die Trennung von der Mutter. Die Turbulenzen und dramatischen Sensationen der dritten Phase gelangen zur Kulmination, und dem extremen Leiden und der heftigen Anstrengung folgen plötzliche Erleichterung und Befreiung. Das neugeborene Baby beginnt seine Existenz in anatomischer Unabhängigkeit. Mit dem ersten Atemzug wird sein eigener Blutkreislauf durch die Lungen eröffnet.

Kurz vor dem Durchbruch in diese neue Seinsweise kommt zunächst die körperliche und seelische Agonie zum Höhepunkt und mündet oftmals in ein Erleben totaler Vernichtung auf allen Ebenen. Im Kampf um das Überleben gelangt man an einen Tiefpunkt, der endgültig erscheint, und an das Gefühl, nun alles restlos zu verlieren. Der Mensch erlebt in diesem Zustand eine Art Tod des Egos, der die gnadenlose und unaufhaltsame Zerstörung aller bisherigen Bezugspunkte im gegenwärtigen Leben zur Folge hat.

Auf diesem kosmischen Tiefpunkt angelangt, im Moment der tiefsten Tiefe, in der ein Mensch seine vollkommene Vernichtung und Niederlage akzeptiert, öffnet sich plötzlich alles zu einem strahlenden Licht. Die bedrängende Situation des Geburtskampfes weicht einer unendlichen Weite. Das ganze Universum erstrahlt in einem unbeschreiblich schönen Licht. Es herrscht eine Atmosphäre der Befreiung, Erlösung, Liebe und Vergebung. Man fühlt sich entlastet, gereinigt und geläutert, so, als habe man sich von Unrat, Schuldgefühlen, Widerwärtigkeiten und Angst befreit. Positive Werte wie Gerechtigkeitssinn, Würdigung des Schönen, Gefühle von Liebe und Selbstrespekt werden als untrennbar von der menschlichen Natur verstanden und als integrierte Bestandteile der kosmischen Ordnung wahrgenommen. Auch das Erleben der vierten Phase kann von beeindruckenden Visionen überirdischen Lichts, kosmischer Sonnen oder göttlicher Erscheinungen begleitet sein.

Wenn ein Kind nach vollendeter Geburt liebevoll empfangen und genährt wird, bleibt diese Erfahrung in seiner unbewußten Erinnerung als etwas, das alle vorausgegangenen Schmerzen und Mühen um ein Vielfaches aufwiegt. Es wird in extremen Lebenssituationen immer die Bereitschaft entwickeln, durchzuhalten, mögliche Anstrengungen auf sich zu nehmen und Widerstände kreativ zu überwinden.

Die resultierenden späteren Einstellungen lauten:
– Ich erreiche schließlich mein Ziel.
– Es lohnt sich zu leben.
– Ich weiß um das Licht, das auf mich wartet.
– Ich bin willkommen; ich bin richtig.
– Ich glaube an mich, an die Liebe, an das Gute, an eine göttliche Führung.
– Ich bin angekommen.
– Es ist alles gut.
– *JA!*

Trifft ein neugeborenes Baby jedoch eine kalte, unfreundliche Atmosphäre an, wird es lieblos empfangen und unzureichend genährt und umsorgt, werden sich auch diese Eindrücke einprägen. Es scheint, als seien alle vorangegangenen Schmerzen und Mühen letztendlich umsonst gewesen.

Solche Menschen haben oftmals im späteren Leben das Gefühl, daß sie eigentlich im Außen alles erreicht haben, daß sie objektiv zufrieden und glücklich sein könnten, doch der innere Hunger ist nie befriedigt, das tiefe Sehnen nie gestillt, die eigentliche Erfüllung nie erreicht worden. Jeder neue Versuch endet mit tiefer Enttäuschung, bis man schließlich resigniert und aufhört zu wünschen, zu hoffen, zu erwarten. Ohne eine Korrektur der Prägungen der vierten Phase wird ein Mensch in seiner Einstellung zum Leben zynisch, verachtend, bitter oder gleichgültig.

Glaubenssätze, die einer solchen Prägung entspringen, lauten etwa:

– Ich bekomme nie das, was ich mir wünsche.
– Ich erhalte nicht das, was ich wirklich brauche.
– Meine Anstrengungen waren und sind vergeblich.
– Ich muß endlos von neuem beginnen (Sisyphus).
– Ich bin unerwünscht, nicht willkommen.
– Für mich gibt es keine Erlösung.
– Ich bin hier nicht richtig.
– Wo ich bin, da ist kein Glück.

Anhand dieser Glaubenssätze können wir recht leicht erkennen, welche Phase uns auf welche Weise geprägt hat und immer noch prägt. Doch zum Glück sind wir nicht dazu verurteilt, uns unser Leben lang bis zu unserem Tod von diesen lebensverneinenden Mustern bestimmen zu lassen. Eine sorgfältige Umprogrammierung, mit der auch Sie bereits zu Hause beginnen können, verhilft uns zu einem tieferen Verständnis unserer Persönlichkeit und erlaubt uns, die Weichen unseres Lebens ganz neu zu stellen.

Die Geburt noch einmal erleben

Doch kehren wir nochmals zurück zu unserem laufenden Gruppenprozeß. Um die vier Phasen in bezug auf die eigene Geburt existentiell erfahrbar zu machen, führen wir unsere Teilnehmer in einen tiefgehenden Atemprozeß, in dem sie, ausgelöst durch vorgegebene Bilder sowie mit Hilfe einer eigens dafür zusammengestellten Musik, Zugang zum inneren Erleben jeder einzelnen Phase finden. Dieser Prozeß eröffnet eine an Intensität kaum zu übertreffende Erfahrungsreise, die vielfältige Informationen über die eigene Geburt in das Bewußtsein hebt. Die Teilnehmer erhalten dabei die Möglichkeit, traumatische Erfahrungen nicht nur einfach zu wiederholen, sondern aktiv »umzuerleben«. Das existentielle Wiedererleben unserer eigenen Geburt erschließt uns tiefe Erkenntnisse über uns selbst, über unser Denken, Empfinden und Verhalten in wichtigen Lebenssituationen. Doch es geht nicht allein darum, unsere Prägungen so genau wie möglich zu erkennen, um uns dann vielleicht besser mit ihnen abfinden zu können. Damit würden wir lediglich auf halbem Weg stehenbleiben. Wie jede andere Prägesituation kann auch die Geburt auf neue Weise erlebt und damit von ihren scheinbar unausweichlichen Mustern befreit werden.

Immer wieder haben zahlreiche Mysterienschulen die Neugeburt oder Wiedergeburt als notwendige Initiation angesehen, als grundlegende Voraussetzung für den Weg zur wahren Selbsterkenntnis. Wenn wir und unser Leben eine grundlegende Wandlung erfahren sollen, müssen wir in der Tat neu geboren werden! Ohne diese Erfahrung, ohne die »Geburt durch den Geist« – ausgelöst und begleitet von unserer inneren Führung, unserem Selbst, unserem göttlichen Wesenskern –, ist wahre Transformation undenkbar.

Eine solche Erfahrung wird allen Teilnehmern am vorletzten Tag des Seminars möglich. Es handelt sich dabei um die Gelegenheit, einen transzendenten Bewußtseinsraum zu betreten, der der vierten Geburtsphase entspricht. Unsere physische Geburt ist eine biologische Notwendigkeit auf der irdischen Ebene. Die meisten der dramatischen Veränderungen in unserem Leben, die den Charakter einer Geburt besitzen, geschehen aufgrund äußerer Notwendigkeiten. In der Regel durchleben Menschen sie widerwillig und angsterfüllt, in der unbewußten Wiederholung ihrer primären Geburtstraumata. Nur wenige nutzen solche Ereignisse, um echte Hingabe und tiefe transformatorische Wandlung zu erfahren. In der Regel bleiben wir in der Identifikation mit dem Lebenskampf der dritten Phase stecken und werden dadurch unfrei und unbewußt.

Die heilende und transformierende Wirkung einer bewußtseinserweiternden Wiedergeburt setzt absolute Freiwilligkeit voraus. Nicht allein äußere Ereignisse und Zwänge katapultieren uns dabei im wiederholten traumatischen Erleben durch den »Geburtskanal«, nicht bloß Ängste, Leid und Sorgen bewirken eine erhöhte Intensität und Wachsamkeit, sondern Auslöser ist vorrangig unsere freie persönliche Entscheidung, zu wachsen und Grenzen zu überschreiten.

Zum Abschluß dieser Trainingsgruppe erhalten alle Teilnehmer die Möglichkeit einer solchen freiwilligen Grenzüberschreitung. Der äußere Rahmen dafür ist denkbar einfach. Ich wende die Übung in Varianten und mit wechselnden Ausrichtungen seit Jahren in der Gruppenarbeit an. Am fundiertesten fand ich sie in dem Buch von Richard Moss, *Der schwarze Schmetterling*, beschrieben. Es handelt sich um eine Übung zur Selbstüberschreitung, die sich auf den Ausdruck durch die Stimme konzentriert. Die Teilnehmer bilden dazu Kleingruppen von drei oder vier Mitgliedern. Der jeweilige »Sänger« wird während des ganzen Prozesses von den anderen Mitgliedern seiner Kleingruppe in jeder Hinsicht unterstützt und ermutigt. Die Aufgabe und Herausforderung besteht darin, so lange zu singen, bis in seinem Bewußtsein und Energiefeld so etwas wie ein Quantensprung geschieht. Die Qualität eines solchen veränderten Zustandes ist nicht zu verkennen. Der Sänger scheint im Gesang zu verschwinden, die Zeit steht still, Müdigkeit, Hemmungen oder körperliches Unbehagen verschwinden gänzlich, und alle Anwesenden fühlen sich in einen unbegrenzten Raum müheloser Gegenwärtigkeit erhoben.

Bis dieser Bewußtseinszustand erreicht ist, können mitunter Stunden vergehen. Erst auf dem Höhepunkt – jedoch niemals vorher – kann der Sänger den Gesang beenden und sich in seiner ekstatischen Befreiung entspannen. Erst dann ist der geistige Geburtsvorgang abgeschlossen und mündet in eine glückselige Erfahrung von zurückgewonnener Verbundenheit und Einheit.

In der Regel dauert es ein bis zwei Stunden des Singens, bis ein solcher Sprung auftritt; doch zuweilen haben Teilnehmer bis zu fünf Stunden ununterbrochen gesungen, bis ein stimmiger Abschluß möglich war. In solchen Fällen einer »Schwergeburt« braucht es nach so langer Zeit oftmals nur eines kleinen Anstoßes von seiten des Leiters, um ein eingefahrenes Muster der

Selbstbeschränkung zu durchbrechen. Erstrebenswerter ist es jedoch, wenn der Geburtsvorgang ohne jeden Eingriff von außen, ausschließlich von innen gesteuert, zum Abschluß kommt.

Im Kontext des Themas Geburt erhält eine solche Übung zur Selbstüberschreitung natürlich eine gesteigerte Bedeutung. Ebenso wichtig wie der Durchbruch selbst ist auch das Erleben in der langen Zeit, die diesem vorausgeht. Dabei können in Wellen immer wieder alle Phasen einer Geburt durchlebt werden: der sanfte wohlige Einstieg, in dem der Stimme Raum gegeben wird (Phase 1), später aber auch Momente von Orientierungslosigkeit, Verwirrung, Schwäche, Ohnmacht, Hilflosigkeit, Bedrängnis, Ausweglosigkeit (Phase 2) sowie Zeiten von Wildheit, Aggression, Ärger oder orgiastischen, explosionsartigen Entladungen (Phase 3).

Diese Phasen können in wechselnder Reihenfolge und in unterschiedlicher Dauer und Intensität wie Wellen kommen und gehen. Auch hierbei wird der Übende manchmal sehr deutlich seine ursprünglichen Prägungen erfahren und zum Ausdruck bringen. Seine Begleiter helfen ihm, in keinem dieser Muster steckenzubleiben, sondern mit Hilfe von Stimme und Gesang stetig weiterzugehen. Die Sänger haben in diesem Prozeß die wichtige Aufgabe, den inneren Widerstand zu verwandeln, anstatt sich von ihm bremsen zu lassen. Dabei lernen sie, gleichzeitig anzunehmen und loszulassen, aktiv weiterzugehen und sich dem Geschehen zu überlassen. Diese Übung verlangt die Kooperation von aktiven und passiven Impulsen, von Yin und Yang, von Geben und Empfangen, von Wille und Hingabe.

Erst wenn alle Schichten der begrenzten persönlichen Kraft verbraucht sind, wenn das »machende«, kontrollierende Ego aufgibt, ist der Eintritt in eine neue erweiterte Dimension der Kraft möglich. Entsprechend der vierten Phase einer Geburt deutet das Auftauchen eines unüberwindbar erscheinenden Tiefpunktes sehr oft die Nähe der Befreiung an. Diesem Tiefpunkt kann auch eine Art Tod des Egos vorausgehen. Gerade Angst, Wut, Verzweiflung, Hilflosigkeit und Schmerz können zum Tor zu größerer Lebendigkeit werden. Alles hängt von der Achtsamkeit ab, die wir zeigen, wenn wir stets unsere Aufmerksamkeit auf das richten, was unmittelbar geschieht. Dadurch entwickeln wir eine schöpferische Beziehung zu dem, was und wie wir sind, ohne darüber zu urteilen, zu bewerten oder uns abzukapseln und »herunterzumachen«.

Wie im alltäglichen Leben werden wir immer wieder an Punkte kommen, an denen wir uns unwohl fühlen und weglaufen wollen. Doch indem wir den Mechanismus solcher Reaktionen verstehen lernen, lassen wir uns von ihnen immer seltener hemmen oder fangen. Solche inneren Widerstände erzeugen lediglich eine Intensität, die an sich schon einen Zustand größerer Lebendigkeit darstellt. Auf der Schwelle zu einer neuen Bewußtseinsstufe scheinen uns zunächst immer Hindernisse entgegenzutreten. Wenn wir uns dessen bewußt sind, werden wir lernen, solche Widerstände niemals als die Wirklichkeit anzusehen. Damit würden wir nur innerhalb unserer ichbezogenen Energiestruktur steckenbleiben.

Nach meiner Beobachtung unserer Trainingsteilnehmer reicht bei den meisten allein die Ahnung von der Wichtigkeit einer solchen Bewußtseinsöffnung aus, um durchzuhalten, bis der Sprung zu einem veränderten und erweiterten Bewußtsein geschieht. Dabei wird es immer unwichtiger, ob sie sich vorübergehend gut oder schlecht fühlen, ob sie zufrieden sind oder nicht. Ihr wachsendes Verständnis von dem Prozeß und den verschiedenen Aspekten und Phasen einer Geburt hilft ihnen, sich selbst immer wieder aufs neue durch mitunter schmerzhafte Gebärprozesse zu begleiten und die mannigfaltigen Ereignisse ihres Lebens mit wachsendem Vertrauen anzunehmen und zur Transformation zu nutzen.

Die transformierende Kraft der Elemente

Sommer für Sommer treffen wir uns mit unserer laufenden Trainingsgruppe an einem paradiesischen Ort in Oberitalien, dem Centro d'Ompio. In einem wunderschönen, geräumigen achteckig gebauten Gruppenraum mit Blick auf den Ortasee öffnen wir uns der Gegenwart und Kraft der fünf Elemente Erde, Wasser, Feuer, Luft und Transzendenz. Jedes dieser Elemente repräsentiert einen ganz bestimmten inneren und äußeren Aspekt unseres Lebens.

Erde: Materieller Besitz, Körper, Ernährung, Wohnung, Kleidung.

Wasser: Sexualität, Beziehung, Hingabe, Nähe.

Feuer: Aktion, Wille, Dynamik.

Luft: Kommunikation, Flexibilität, Sprache, Gedankenkräfte.

Transzendenz: Meditation, mystische Erfahrungen, Gipfelerlebnisse.

Ziel unserer Arbeit ist es, die Elemente in ihrer Urkraft existentiell erfahrbar zu machen. Dadurch wird jeder einzelne durch das jeweilige Element repräsentierte Seinsaspekt dem unmittelbaren Erleben zugänglich. Dies kann unserer Meinung nach vollständig nur unter Einbeziehung sämtlicher Aspekte unseres Menschseins geschehen, denn gerade die Arbeit mit den Elementen ist geeignet, uns ganzheitlich zu erleben. Sie schließt den Körper, alle Sinne, Gefühle, Empfindungen, Gedanken und Geisteskräfte, Phantasie und den kreativen Ausdruck mit ein. Ebenso ist es naheliegend, auch die uns unmittelbar umgebende Natur in die Erfahrung der Elemente einzubeziehen.

Die Elemente werden für uns in diesen Tagen zu großartigen Lehrmeistern. Sie unterweisen uns, ohne uns zu bewerten, ohne von uns etwas Besonderes zu verlangen. Unsere Bereitschaft zu lernen, uns für das Mysterium, das sie sind, zu öffnen, bringt uns in Kontakt mit inneren Räumen, die dem oberflächlichen Tagesbewußtsein kaum zugänglich sind. Indem wir uns tief auf ihre Kräfte einlassen und selbst im inneren Erleben zu den Elementen *werden*, erschließen sie uns wesentliche Bereiche unseres wunderbaren, göttlichen Seins. Damit lösen sie einen tiefgehenden Transformationsprozeß aus, der uns in unserer Ganzheit erfaßt und verwandelt.

Wenn wir uns für die Kräfte der Elemente öffnen, sollten wir uns bewußt machen, daß wir uns Mysterien nähern. Ein Mysterium können wir nicht fordernd erobern, indem wir versuchen, ihm seine Geheimnisse zu entreißen. Einem Mysterium können wir uns nur mit Respekt, Achtung und Staunen nähern. Wir können es bitten, sich uns zu offenbaren. Wir sind aufgefordert, unsere engen Begrenzungen zu überschreiten, unser Bewußtsein zu erweitern, um unbekanntes Territorium zu betreten. Alles, was wir von einem Mysterium erfassen, erweitert, verändert, transformiert uns. Und gleichzeitig wissen wir, daß wir es nie endgültig und restlos ergründen können, daß wir mit fortschreitender Öffnung immer wieder neue Aspekte und Dimensionen in unendlicher Folge erfahren werden.

Wir beginnen mit dem Erdelement. Über die Verbindung mit unserem Wurzelchakra repräsentiert Erde die allgemeine Basis. Sie ist der Inbegriff der Urmutter, aus deren Schoß alles Leben geboren wird. Der Planet Erde gibt uns Heimat und Nahrung. In Körpern aus Knochen, Fleisch und Blut haben wir die Möglichkeit, irdische Erfahrungen mit Dualität und Materie zu sammeln. Wir können das Erdpotential von Substanz, Festigkeit, Ausdauer, Standhaftigkeit und Formbarkeit dann optimal zu unserer Selbstverwirklichung einsetzen, wenn wir bereit sind, uns auf die Schönheit, Vielfalt und Urwüchsigkeit der Naturformen einzulassen.

In der Gruppenarbeit dienen uns kreative Trancereisen als Einstieg in das jeweilige Elementebewußtsein. In der Trancereise der Erde werden die Teilnehmer in eine urtümliche, unberührte Landschaft geführt, in der Menschen in großer Naturverbundenheit leben. Der nächste Schritt besteht darin, selbst zu einem solchen Menschen zu werden, die Kraft, Wildheit und Weisheit einer solchen Verwurzelung mit der Erde zu erleben und dies in Körperhaltung und Stimme auszudrücken. In der Regel taucht auch noch ein Krafttier als Begleiter auf.

Die Erde-Trancereise – Unsere Wurzeln

Suche dir einen Platz im Raum, an dem du dich wohl fühlst und der dir etwas Bewegungsfreiheit ermöglicht. Stelle dich am besten ohne Schuhe so hin, daß dein Körper einen festen und sicheren Stand hat. Fühle die Verbundenheit zum Boden, zur Erde. Atme weich und tief. Erlaube dir, wie ein Baum zu empfinden, dessen Wurzeln von deinen Füßen aus mit jedem Atemzug tiefer in den Boden eindringen.

Spüre die Kraft, die als Erdenergie über deine Beine in deinen Körper strömt. Erlaube deinen Armen und Händen, sich auf eine Weise zu bewegen, die sich anfühlt, als ob der Wind deine Äste bewegt. Laß dich die Stärke deiner Verwurzelung, aber auch die Kraft deines nach oben strebenden Stammes, deiner Äste und Zweige spüren. Kehre dann wieder ganz zurück zum Bewußtsein deines physischen Körpers.

Stelle dir nun vor, du stehst in einer Naturlandschaft. Unberührt, wild und kraftvoll breitet sie sich um dich herum aus. Es ist still, und du hörst nur einige Naturgeräusche. Welche inneren Bilder kommen dir jetzt? Welche Laute hörst du? Welche Farben und Formen umgeben dich? Erlaube dir, staunend zu schauen und alle Eindrücke auf dich wirken zu lassen. Fühle, daß du selbst zu dieser Landschaft gehörst und ein Teil von ihr bist. Öffne dich mehr und mehr für das Gefühl der Verbundenheit, der Einheit. Werde selbst zu diesem Gesicht der Erde, das sich in deinem Inneren ausbreitet und dich vollkommen erfüllt. Fühle dich eins mit dem, was dich umgibt.

Und nun laß zu, daß sich dein Gefühl für deinen Körper verändert. Laß deinen ganzen Körper sich verwandeln und werde zu einem Naturmenschen, der schon immer in dieser Landschaft gelebt hat und von ihr ernährt wurde. Achte darauf, wie sich deine Arme, deine Beine, dein Gesicht, deine Brust, dein Rücken, dein Bauch, dein Becken mit dem neuen Körpergefühl verwandeln. Auch die Art, dich zu bewegen, wird anders. Erlaube dir, diese Bewegungen nachzuvollziehen, und, wenn du magst, laß auch die Stimme los, und lasse dich überraschen von den Lauten, die jetzt aus deiner Kehle, aus deinem Bauch, aus deinem Herzen emporsteigen. Werde zu dem Menschen, der ganz und gar mit Erde und Natur verwurzelt ist. Laß dich so denken und fühlen wie er, nimm wahr, was er wahrnimmt, und erlebe, was er erlebt. Vielleicht hat dieser Mensch auch ein Krafttier, das ihn begleitet. Vielleicht kannst du die Gemeinschaft sehen, in der er lebt, und Menschen, mit denen er auf bestimmte Weise verbunden ist.

Was sind deine wichtigsten Tätigkeiten und Funktionen in dieser Gemeinschaft? Wie ist dein Umgang mit dem anderen

Geschlecht? Nimm dir Zeit, alle für dich wichtigen Einzelhei-
ten so ausführlich zu erforschen, wie du möchtest.

Und bevor du zurückkehrst ins Hier und Jetzt, in diesen
Raum, diesen Körper, dieses Leben, frage dich, was du von dem
Erlebten in dein jetziges Leben hineintragen möchtest. Betrifft
es vielleicht deine Verbundenheit mit der Natur, deine Bezie-
hung zu deinem Körper oder den Umgang mit anderen? Was
kannst und willst du mehr als bisher entwickeln und leben?
Versuche, soviel wie möglich von den Eindrücken deines inne-
ren Erlebens in dein Bewußtsein von dir selbst und deiner
jetzigen Lebensform mitzunehmen. Nimm dir genügend Zeit,
das Erfahrene aus- und nachklingen zu lassen. Vielleicht lohnt
es sich auch, das Wichtigste aufzuschreiben und aufzumalen.

Während der gesamten Trancereise steht jeder Teilnehmer auf
einem von ihm vorher gewählten Platz im Raum, läßt sich mit
geschlossenen Augen auf das innere Erleben ein und gibt diesem
einen körperlichen Ausdruck. Bei der Verwandlung zum Erde-
menschen verändert sich augenblicklich und deutlich spürbar
das Energiefeld im Raum. Urtümliche Laute und archetypische
Bewegungen verbreiten eine Atmosphäre von Urkraft, unge-
bremstem Lebensausdruck, Vitalität und ungebrochenem Vertrauen. Auf dem Höhepunkt ihres inneren Erlebens werden die
Teilnehmer aufgefordert, die individuelle Seinsqualität in Worten auszudrücken wie: Kraft, Sicherheit, Verbundenheit, Geborgenheit ...

Schließlich öffnen sie die Augen, ohne den Kontakt zu ihrem
inneren Erleben abzubrechen und erlauben sich, auf vielleicht
ganz neue, ungewohnte Weise miteinander in Kontakt zu treten.
Sie begegnen sich als die Urmenschen ihrer inneren Bilder. Dabei
werden oft ganz neue Dimensionen im Umgang mit Körperlichkeit, Ursprünglichkeit und Direktheit erschlossen. Statt des üblichen Wohlverhaltens aus Höflichkeit und Vorsicht können nun
auch andere Impulse natürlichen, spontanen, kraftvoll-wilden
Ausdrucks zugelassen werden. Man lernt, sich selbst und die
anderen mit neuen Augen zu betrachten: vollständiger, direkter,
ganzheitlicher.

Je nach der Stärke des vorhandenen Energiefeldes einer

Gruppe kann dies durch weitere Ausdrucksübungen stundenlang fortgesetzt werden. Dann aber mündet der expressive Teil
immer wieder in tiefe, meditative Stille ein.

Ebenso wichtig wie die dynamische Freisetzung von Energie
ist deren Speicherung, Verankerung und Integration auf den
inneren Ebenen von Körper, Geist und Seele. Sonst besteht die
Gefahr – wie in vielen mir bekannten Gruppen –, daß der Prozeß lediglich im Strohfeuer eines euphorischen Rausches endet
und letztlich ungenutzt bleibt. Daher folgt jeder dynamisch-
expressiven Phase unserer Arbeit eine mindestens doppelt so
lange Phase der Integration, Verarbeitung und Anwendung.

Zu jedem Teil gehört unter anderem die Beantwortung der
Fragen in bezug auf die verschiedenen Erdaspekte unseres Lebens.

Fragen:

Bereich Körper
– Was gefällt mir an meinem Körper besonders gut?
– Was fällt mir schwer, an meinem Körper zu akzeptieren?
– Bin ich mit meiner Gesundheit zufrieden?
– In welchen Bereichen habe ich gesundheitliche Schwächen?
– Gebe ich meinem Körper die Beachtung, die er braucht (Nah-
  rung, Kleidung, Bewegung, Ruhe, Pflege, Zärtlichkeit)?

Bereich Wohnsituation
– Fühle ich mich in meinem Zuhause wohl (Einrichtung,
  Wohnraum, Mietzins, Wohnort, Mitbewohner, Nachbarn)?
– Wie sähe meine ideale Wohnsituation aus?

Bereich materieller Besitz
– Belastet mich mein Besitz, oder gibt er mir Freiheit?
– Genieße ich das, was ich habe?
– Gibt es noch unerfüllte materielle Wünsche?

Bereich Geld/Beruf
– Kann ich mir mit meinen finanziellen Mitteln alle wichtigen
  materiellen Wünsche erfüllen?
– Verdiene ich mein Geld mit Freude? Wenn nein: Wie und
  womit möchte ich mein Geld verdienen?

Bereich innere Qualitäten/Erdpotential
- Habe ich die Erdqualitäten wie Kraft, Festigkeit, Verwurzelung, Sicherheit, Konstanz, Ordnung, Standfestigkeit, Stabilität, Naturverbundenheit, Mütterlichkeit ausreichend entwickelt?
- Was habe ich als mein eigenes Hauptpotential in der Begegnung mit dem Erdelement erfahren?
- Welche Erdqualitäten möchte ich mehr entwickeln?

Jede Elementebegegnung wird abgeschlossen mit einem besonderen Ritual, das die Verbindung zu dem jeweiligen Element auf innerer und auch schon transzendenter Ebene vertieft. Beim Erdelement sucht jeder Teilnehmer auf dem umliegenden Gelände einen Gegenstand, der ihn besonders anspricht (ein Stein, ein Zweig oder eine Blume). Daraus wird mit Kerzen und Tüchern in den Erdfarben Grün und Braun eine Art Erdaltar errichtet, um den sich am Abend die Teilnehmer – ebenfalls in Erdfarben gekleidet – versammeln. Der Ablauf des jeweiligen Elementerituals ist nicht festgelegt und entsteht meist aus unseren spontanen Eingebungen. Bei unserer Trainingsgruppe *Vision der Freude* im Sommer 1991 gab es mehrere Phasen, die wir mit Gesang und Gitarren- oder Flötenspiel begleitet haben.

In der ersten Phase sitzt die Gruppe zunächst um den reich geschmückten Erdaltar und läßt die Vielfalt und Schönheit der Gegenstände auf sich wirken. Jeder, der möchte, spricht dann aus, was das Betrachtete in ihm auslöst. Im Raum entsteht eine Atmosphäre von Achtung, Dankbarkeit und Verehrung.

Im nächsten Schritt öffnen wir uns für eine Reise zum Herzen der Erde. Eingehüllt in ein Schutzfeld aus Licht und ausgerichtet auf das Höchste Bewußtsein verbinden wir uns mental und energetisch mit dem Erdmittelpunkt. Dies ist ein hochkonzentrierter Kraftort, über den unsere Wissenschaft bislang so gut wie gar nichts weiß. Zahlreiche esoterische Schriften, wie zum Beispiel die St. Germains, weisen jedoch darauf hin, daß wir uns das Herz unserer Erde als einen Ort vorstellen können, an dem ganz besondere Lichtkräfte angesiedelt sind, die als hochentwickelte, sich ihrer selbst bewußte Wesenheiten bezeichnet werden können: Hüter unseres Planeten, Angehörige der »geistigen Welt«.

Wir müssen uns natürlich im klaren sein, daß wir uns über diese Arbeit und in dem Erleben der Elemente tatsächlich tiefen Mysterien annähern. Wir können dies nur in aufrichtiger Demut und Bescheidenheit tun, erkennend, daß wir Mysterien nie mit unserem oberflächlichen Verstand ergründen werden. Je tiefer wir zu ihnen vordringen, desto deutlicher spüren wir, wieviel wir noch nicht verstehen. Doch wir können starke, unvergeßliche Eindrücke erhalten, die mit einem Wissen tief in uns korrespondieren. Solche Erfahrungen begleiten uns danach auch in unserem alltäglichen Leben, erinnern uns immer wieder gerade im größten Getriebe des Alltags an ein Sein jenseits allen oberflächlichen Scheins.

Als ich die Möglichkeit dessen, was wir mit unserem inneren Sehvermögen im Erdinneren wahrnehmen können, als Arbeitshypothese in den Raum stellte und zum ersten Mal mit einer gut vorbereiteten Gruppe von etwa fünfzig Trainingsteilnehmern die Reise antrat, waren meine eigenen Erfahrungen und die der anderen so stark und überwältigend, daß für mich die Hypothese zur inneren Gewißheit wurde. Wir ließen zu, daß die Energien oder Wesenheiten der Erde durch uns sprachlich zum Ausdruck kamen, und wir erhielten eindringliche Botschaften. Sie besaßen eine Kraft und Wahrheit, die in einer solchen Form niemals allein unserer Phantasie entspringen konnten. Vielleicht wird es zu einem späteren Zeitpunkt möglich sein, derart »gechannelte« Durchgaben zu veröffentlichen. Ich möchte mich an dieser Stelle darauf beschränken, mitzuteilen, daß diese Elemente-Channelings für viele von uns zum unvergeßlichen Erlebnis wurden.

Die weiteren Phasen des Erderituals betreffen die Heilung der verletzten Erdaspekte unseres Lebens, das Aussenden von heilender Energie für unseren Planeten sowie das Feiern und den Dank für alle Erfahrungen und Geschenke mit Tanz und Gesang. Wenn Sie zu Hause etwas davon nachvollziehen wollen, prüfen Sie doch einmal, welche vielleicht problematischen Erdaspekte Ihres Lebens Sie der Heilung öffnen wollen. Um diese genau zu formulieren, kann Ihnen die Beantwortung der oben aufgeführten Fragen zum Erdelement behilflich sein. Verbinden Sie sich dazu auf Ihre eigene Weise mit dem Herzen der Erde, und machen Sie deutlich, welche persönlichen Bereiche der Heilung bedürfen. Wenn Sie das von Herzen vollziehen, werden Sie mit Sicherheit wertvolle Erfahrungen machen. Wenn Sie jetzt noch als Ausdruck des Dankes der Erde heilende Energie zurücksenden wollen, lassen Sie zunächst Bilder auftauchen, die zeigen, auf welche Weise unsere Erde durch Zerstörung, Ausbeutung und Verunreinigung leidet. Senden Sie nun Ihre Liebe in Form von Bildern der Harmonie, Schönheit und Freude. Das ist es, was unser Planet am dringendsten braucht. Er braucht nicht unser Klagen und Lamentieren. Er braucht ganz einfach unsere Liebe und unser Bewußtsein. Letztlich ist unsere eigene Bewußtwerdung und Heilung die stärkste Kraft zur Heilung und Transformation unseres Planeten.

Die Wasser-Trancereise – Vom Tropfen zum Ozean

Nach dem Element Erde öffnen wir uns dem Element Wasser. Es repräsentiert unsere fundamentalen Gefühle, Antriebe, Sehnsüchte, Leidenschaften, Instinkte. In seiner transformierten Form wird es zur Erfahrung von Hingabe, Vertrauen, tantrischer Sexualität und bedingungsloser Liebe.

In der Wasser-Trancereise folgen die Teilnehmer dem Weg eines Tropfens zum Ozean. Ihre Verwandlung führt dabei über zahlreiche Stationen, die vom Bewußtsein eines einzelnen Regentropfens bis hin zur überwältigenden Fülle und Unbegrenztheit des Ozeans reichen. Die Erfahrungen, die dabei gemacht werden können, sind wieder sehr vielfältig. Sie umfassen alle Polaritäten: die Freude am Fließen und der ständigen Wandlung, ebenso wie die Angst vor dem Verlust von Identität und Kontrolle; die Ekstase des Loslassens, der totalen Hingabe, ebenso wie die widerstrebenden und mißtrauischen Versuche des Festhaltens und Anklammerns.

Die Intensität des inneren Erlebens kommt für viele zum Höhepunkt, wenn der Strom, zu dem der Trancereisende geworden ist, sich dem Ozean nähert und sich schließlich in diesen ergießt und auflöst. Je nach der inneren Bereitschaft und Fähigkeit, sich dem Ganzen zu überlassen und hinzugeben, berichten die Teilnehmer von den letzten, verzweifelten Versuchen, sich an Formen der Begrenztheit zu klammern, in der Regel jedoch schließlich von einer oftmals noch nie zuvor erlebten Öffnung für die Unbegrenztheit und Formlosigkeit des Seins. Diese im wahrsten Sinne des Wortes entgrenzende Erfahrung kann wiederum für viele ein Tor zum *Sein* öffnen, eine Begegnung mit inneren Räumen jenseits unseres oberflächlichen Tagesbewußtseins.

Wenn du bereit bist, begib dich wieder an einen Platz im Raum, an dem du dich wohl fühlst und der dir genügend Bewegungsfreiheit gewährt. Strecke und dehne deinen Körper einige Male nach allen Seiten, atme tief durch. Achte darauf, daß deine Füße fest auf dem Boden stehen, und schließe die Augen. Mache dich innerlich bereit, dich dem Wasserbewußtsein zu öffnen.

Das Element Wasser verkörpert in besonderer Weise die Fähigkeit, jede beliebige Form anzunehmen, und hält doch an keiner fest. Es hat keinen Eigenwillen, sondern ist in jedem Moment bereit, dorthin zu fließen, wo das Leben es hinführt. Sein Wesen ist das Fließen, das Loslassen, das Mitgehen, das Geschehenlassen, das Sich-Ergießen, Sich-Schenken, also ein bedingungsloses Ja. Im Wasserbewußtsein werden wir zur totalen Hingabe, zur vollständigen Offenheit für den Willen des Ganzen. Kannst du wahrnehmen, daß allein schon diese Gedanken etwas in dir fühlbar verändern?

Mit dieser inneren Bereitschaft laß nun zu, daß du kleiner wirst, immer kleiner, und eine erste Form annimmst, die Form eines Wassertropfens. Der Tropfen ist begrenzt und trägt doch die gesamte Ursubstanz des Wassers in sich. Du bist klein und gleichzeitig groß, begrenzt und doch vollständig.

In deiner Form ist alles enthalten. Was erlebt der Regentropfen, der du jetzt bist? Sagt er: »Ich bin zu klein, zu wenig, zu unbedeutend?« Nein! Er akzeptiert selbstverständlich seine Größe und Einfachheit. Wie erlebst du dich nun als Wassertropfen? Wie fühlt es sich an, ein Tropfen zu sein?

Stelle dir nun vor, wie sich viele solcher Tropfen in dir vereinen. Immer mehr treffen sich, verbinden sich, unendlich viele. In dir beginnt es zu pulsieren und zu sprudeln. Du wirst zur Quelle. Eine klare, reine, frische Quelle in den Bergen. Achte auf das sanfte Murmeln, das von deinen Bewegungen verursacht wird, laß dich sprudeln, laß dich fließen, laß dich zum Bach werden. Du fließt jetzt als kleiner, munterer Gebirgsbach, plätscherst über Steine und Abhänge. Pflanzen wachsen an deinen schmalen Ufern und nähren sich von deinem Wasser. Tiere kommen und stillen ihren Durst. Menschen sitzen in deiner Nähe und lauschen deinem unaufhörlichen Lied, halten ihre müden Füße in deine erfrischende Kühle und trinken aus dir. Erlebe, wie es ist, ein Gebirgsbach zu sein!

Während du weiterfließt, begegnen dir auch andere Bäche, größere und kleinere. Wann immer ihr euch begegnet, schließt ihr euch ohne zu zögern zusammen, vereint euch und fließt gemeinsam weiter. So wirst du zu einem größeren, stärkeren Bach, der immer schneller, kraftvoller und mitreißender dem Tal entgegenrauscht. Du erlebst jetzt Stromschnellen, Strudel und Wasserfälle. Deine Stimme ist lauter und kraftvoller geworden. Wie erlebst du dich als großer reißender Gebirgsbach? Laß dir so viel Zeit, wie du möchtest, um diese Erfahrung auszukosten, bevor du weitergehst und wieder deine Form veränderst.

Der Gebirgsbach erreicht das Tal. Deine Bewegungen werden langsamer und ruhiger. Deine Ufer weiten sich aus, und du wirst zum See. Ein schöner, großer See in einer idyllischen Umgebung. Zum ersten Mal erlebst du Weite, Tiefe und Ausdehnung. Du beherbergst zahlreiche Lebewesen. Deine Ufer sind mit Schilf bewachsen, in denen Wasservögel nisten, in deinen Tiefen tummeln sich Fische. Du ziehst viele Menschen magisch an, die in dir baden und mit Booten auf dir fahren. Du erlebst den Wechsel der Tages- und Jahreszeiten, wirst gespeist von ständig neu zuströmendem Wasser, das sich sachte in dir bewegt, sich ausruht, um an deinem anderen Ende seinen Weg wieder fortzusetzen.

Begib dich dann, nachdem du dich lange genug im Bewußtsein des Sees aufgehalten hast, zu der Stelle deines großen Körpers, an der das Wasser, das du bist, seinen Weg in einer

veränderten Form fortsetzt. Spüre ganz genau den Übergang,
an dem der See, der du jetzt bist, zum Fluß wird. Du beginnst,
wieder schneller zu fließen, setzt deinen Lauf jetzt als Fluß
fort, der sich unentwegt zum Tiefland hinbewegt.

Dein Weg ist lang, und du hast es nicht eilig. Du bist dir
noch nicht einmal bewußt, daß es so etwas wie ein Ziel, eine
Mündung gibt! Tatsächlich existiert so etwas nicht in deinem
Bewußtsein. Du lebst stets für den Augenblick. Du bewertest
weder die Landschaften, durch die du fließt, noch bestimmst
du eigenwillig das Tempo deiner Vorwärtsbewegung. Du bist
bereit, Gebirge zu umfließen und Ebenen zu durchqueren,
Schiffe auf dir zu tragen und auch Abwässer aufzunehmen.
Menschen verbinden deine Ufer mit Brücken und Fähren. Du
läßt alles geschehen, sagst immer nur ja.

Zahlreiche andere Flüsse begegnen dir auf deinem langen
Weg durch viele Länder, du wirst größer, breiter, voller. Du
wirst zum Strom, der nun große Mengen von Wasser in sich
vereinigt hat. Du prägst ganze Landschaften, und deine Fülle
bestimmt das Leben der Gegenden, durch die du strömst.
Immer ruhiger werden deine Bewegungen. Du näherst dich
dem Ozean.

Laß dich in deinem Bewußtsein die Nähe des Ozeans spü-
ren und erlebe ganz genau diesen Moment des endgültigen
Übergangs. Wo bist du noch Strom, wo beginnt der Ozean?
Wann immer du bereit bist, laß alle begrenzenden Vorstellun-
gen los. Werde ganz zum Ozean. Dehne dein Bewußtsein zu
dessen unvergeßlicher Tiefe, unendlicher Fülle, schier gren-
zenloser Weite aus. Erlebe das Verschwinden von Raum und
Zeit, kehre in den ozeanischen Zustand der Ureinheit zurück.

Du bist zum Ursprung zurückgekehrt, aus dem alles Leben
hervorgegangen ist, trägst jetzt diese unendliche Weite in dir.
Deine Oberfläche bewegt sich, wird manchmal durch Stürme
aufgewühlt, doch in deiner Tiefe herrscht immerwährende
Stille. Du ruhst in dir selbst und atmest die Ewigkeit.

Du bist am Ziel, du bist das Ziel. Du warst es während der
ganzen Reise vom Tropfen zum Ozean. Der Tropfen ist zum
Ozean geworden und hat erfahren, daß der Ozean schon im-
mer in ihm enthalten war.

Laß dir wieder genügend Zeit, um die Eindrücke der Reise in dir nachklingen zu lassen. Achte sorgfältig auf die unterschiedlichen Gefühle, die, ausgelöst durch die Bilder der sich wandelnden Formen des Wassers, aufgetaucht sind. Gib allen Gemütsregungen Raum, und schreibe und/oder male das Wichtigste auf. Halte dein Bewußtsein geöffnet für alles, was das Element Wasser dir zeigen und dich lehren will.

Das Spektrum der Themen, die im Rahmen des Wasserelements berührt werden, ist vielfältig. Es umfaßt Übungen zur Stärkung des Vertrauens, der Hingabe, des Loslassens, die Klärung von Beziehungen, die Heilung alter emotionaler Wunden sowie die Transformation sexueller Blockaden. Das Wasserelement erlaubt uns eine emotionale Öffnung jenseits von Bewertungen, Anschuldigungen, Verurteilungen oder Moralität. Wir zeigen offener als bisher unsere Bedürfnisse nach emotionalem Genährtwerden durch Körperkontakt, Zärtlichkeit, Zuneigung, Mitgefühl und Liebe. Vom Wasser lernen wir, ja zu sagen, mitzufließen, unsere weichen und verletzlichen Seiten zu zeigen. Wir erlauben uns, einmal ohne Kampf und Eigenwilligkeit in Frieden mit uns selbst und dem Leben zu sein. Wir fließen einfach mit dem, was unsere Aufmerksamkeit beansprucht.

Die »Wassertage« unseres Trainings werden von streßgeplagten Teilnehmern als ganz besonders erholsam erlebt. Man fühlt sich endlich so richtig wie in den Ferien, gibt sich einmal die Erlaubnis, ohne ständige innere Kontrolle zu fühlen und zu erleben. Dies wirkt auf alle Beteiligten entspannend, befreiend, erlösend.

Wenn unsere emotionalen Blockaden schmelzen, werden wir natürlich auch verletzlicher, denn wir verlieren dabei auch unseren gewohnten Schutz aus Mißtrauen und Distanz. In solchen Phasen ist der Rahmen einer miteinander vertrauten Gruppe, die so etwas wie eine Wahlfamilie geworden ist, von großer Bedeutung! Denn wo sonst, wenn nicht im Schutz eines in Bewußtheit gewachsenen Energiefeldes, sollten wir die Möglichkeit erhalten, uns so zu öffnen? Nach meiner langjährigen Erfahrung können emotionale Wunden, die durch Verletzungen in Beziehungen entstanden sind, am leichtesten wieder im

Kontakt mit anderen Menschen geklärt und geheilt werden. Wann immer ein Teilnehmer sich in seiner Verletzlichkeit zu zeigen beginnt und das Verständnis und die Liebe der anderen annehmen kann, hat er einen wesentlichen Schritt zur Selbstheilung eingeleitet.

Die Fragen zum Wasserelement lauten:

– Lebe ich im Einklang mit dem, was ich fühle?
– Welche Gefühle und/oder Bedürfnisse fallen mir schwer, anzunehmen und zu zeigen?
– Welchen Menschen möchte ich offener und ehrlicher als bisher meine Gefühle mitteilen?
– Ist mein Sexualleben befriedigend und erfüllend?
– Wenn nein, was fehlt mir? Was wünsche ich mir?
– Lebe ich in einer Beziehung mit einem Partner, den ich liebe?
– Wenn ja, gibt es etwas, was ich in dieser Beziehung verändern oder entwickeln möchte?
– Wenn nein, bin ich mit meinem Alleinsein zufrieden und glücklich?
– Sehne ich mich nach einem Menschen, mit dem ich Nähe und Intimität leben möchte?
– Wenn ja, wäre ich bereit, ihm tatsächlich zu begegnen?
– Was möchte ich vorher noch entwickeln oder loslassen?
– Habe ich Angst vor Nähe und/oder Distanz?
– Habe ich die Wasserqualitäten wie Hingabe, Loslassen, Mitfließen, Rezeptivität, Einfühlungsvermögen, Vertrauen, ausreichend entwickelt?
– Welche Wasserqualitäten möchte ich mehr als bisher leben?

Auch das Wasserelement wird zum Abschluß durch ein Ritual verehrt. Wir verbinden uns erneut mit den Energien und Wesenheiten, die dieses Element auf der geistigen Ebene vertreten, lassen ihre Botschaft zum Ausdruck kommen und öffnen unser Bewußtsein für ihre liebevolle, weise Präsenz.

Analog zum Aspekt der Heilung beim Erdelement benutzen wir das Wasser zum Loslassen. Wir lassen los, was wir als nicht wirklich zu uns gehörig erkannt haben, wie zum Beispiel Gefühle der Trennung, der Lebensverneinung, des Mißtrauens und der Angst. Mit einer solchen Absichtserklärung treffen wir eine bewußte Entscheidung und leiten einen inneren Prozeß ein, der auch dann weiterwirkt, wenn wir nicht mehr bewußt an die einzelnen Punkte denken. Wir verbinden uns in Form eines meditativen Gebets mit den geistigen Kräften des Wasserelements zur Transformation unserer Beziehungen, zu uns selbst und anderen Menschen, zum Leben.

Die Luft-Trancereise – Auf den Schwingen der Klarheit

Mit dem Luftelement öffnen wir uns dem Potential mentaler Klarheit, der Fähigkeit, von höherer Warte aus zu sehen. In einem Zustand von Freiheit betrachten wir unser Leben im rechten Licht und treffen die richtigen Entscheidungen. Mit den klaren und unbestechlichen Augen des Luftelements können wir in dem Reservoir unseres unbegrenzten intuitiven Wissens forschen und uns zeigen lassen, was immer gerade jetzt für unser Leben an Hinweisen und Impulsen benötigt wird. Wenn in unserem Leben Entscheidungen anstehen, können diese mit Hilfe des Luftelements getroffen werden. Wenn es unbeantwortete Lebensfragen gibt, können wir sie jetzt stellen und uns die Antwort wissen lassen.

Dabei ist es ganz besonders wichtig, guten Kontakt mit dem Boden herzustellen. Je sicherer wir stehen, je besser wir mit der Erde verwurzelt sind, desto unbeschwerter können wir unsere geistigen Flügel benutzen.

Du stehst wieder an deinem Platz, dehnst und streckst deinen Körper nach allen Seiten, atmest tief durch und schließt die Augen. Stelle dir jetzt vor, du stehst auf dem Gipfel eines hohen, alles überragenden Berges. Von hier oben hast du eine wunderbare Aussicht über die Landschaft, die deinen Berg umgibt. Du fühlst die Kraft des Berges unter deinen Füßen und atmest die Frische und Weite des Raumes, der dich hier oben umgibt. Lange Zeit stehst du dort oben und läßt deinen Blick in alle Richtungen schweifen. Du fühlst dich erhoben, frei von Begrenzungen, weit und leicht. Genieße diesen Zustand solange du möchtest.

Wenn du dann bereit bist, laß zu, daß mit deinem Körper eine Wandlung geschieht. Dort, wo deine Arme sind, wachsen dir große, mächtige Flügel. Dein ganzer Körper verwandelt sich nach und nach zu dem Körper eines majestätischen Vogels. Deine Augen werden auf einmal noch schärfer, deine Sinne noch wacher. Du fühlst, wie dich ein unbändiger Drang nach Freiheit erfüllt, eine ungebrochene, kraftvoll-kühne Wildheit. Dein Körper erbebt, du breitest deine mächtigen Schwingen aus und erhebst dich mit einem Schrei deines emporstrebenden Geistes in die Luft, steigst majestätisch empor. Deine Flügel tragen dich in mühelosem Flug immer höher. Du bewegst dich ohne jede Einschränkung in der Leichtigkeit und Weite des Luftelements. Du läßt die Erde weit unter dir zurück. Dein Blick und Streben sind nur noch himmelwärts gerichtet. Koste diese Freiheit aus, genieße diese schier unbegrenzte Möglichkeit der Fortbewegung im freien Flug.

Dann kommt Wind auf, und du nimmst die Herausforderung des Windes an. Dein Flug wird wild und turbulent. Du spielst mit dem Wind, wirst zum Sturmvogel, der hoch oben seine Kraft und Kühnheit erfährt.

Dann aber geht dein wilder Flug wieder in ein sanftes Gleiten über. Mit einem Blick nach unten stellst du fest, daß die Erde, der Berg und die Landschaft in weite Ferne gerückt sind. Von hier oben aus gesehen wirkt alles klein und unbedeutend – und dennoch kannst du alle Einzelheiten präzise wahrnehmen. Du hast eine größere Distanz zu den Dingen gewonnen. Doch von dieser höheren Warte aus vermagst du, alles noch klarer zu erkennen.

Noch während dir dies bewußt wird, geschieht mit deinem Körper eine weitere Verwandlung. Dein Flugkörper wird immer leichter, durchlässiger, durchsichtiger, ja gasförmig. Du wirst selbst zur Luft! Leichter als eine Feder dehnst du dich aus in die Unendlichkeit des Himmels. Dein Bewußtsein verbindet sich mit dem Geist der Luft. Wie ein gasförmiger Mantel breitest du dich aus und umschließt die Erde. Du bist vollkommen frei und doch gleichzeitig verbunden mit allem. Du betrachtest diesen wunderschönen Planeten, den das lichte Blau deines Körpers wie ein zarter Schleier umgibt. Du erblickst das Universum mit seiner unendlichen Ausdehnung, mit seinen unzähligen Galaxien.

Dabei erkennst du, daß auch du immer noch ein Gewicht, eine Masse besitzt, die von der Anziehungskraft der Erde festgehalten wird. Zärtlich umhüllst du diesen Planeten und bemerkst, wie dein Atem, die Bewegungen und Ströme deines Körpers von den Menschen als Winde und Stürme wahrgenommen werden. Du bringst das Wetter in Form von Regen und Trockenheit, Kälte und Hitze. In dir fliegen Insekten, Vögel und Flugzeuge. Du bist die Atemluft in den Lungen von Menschen und Tieren. Du bist im Atem von allem, was lebt. Dein Körper ist die Substanz, die die Schallwellen transportiert, und du machst auf diese Weise Verständigung und Kommunikation möglich. Du bist ein Wesen vollkommener Klarheit. Du verbindest alles.

Laß dir wiederum Zeit, die Wesenheit, zu der du jetzt geworden bist, deutlich zu spüren. Fühle die Durchlässigkeit, Schwerelosigkeit, Flexibilität und Freiheit deiner nahezu unbegrenzten Möglichkeiten. Mit dem scharfen Blick eines Adlers kannst du jetzt alles anschauen, was in dein Bewußtsein tritt; kannst deinen Geist auf alles richten, was für dich von Bedeutung ist. Wenn du dich bereit fühlst, kannst du jetzt auch die Wahrnehmung auf dein eigenes Leben lenken und dir erlauben, von hier oben aus die alltäglichen Dinge zu betrachten.

Laß dich jenes Wesen auf der Erde sehen, das deinen Namen trägt! Wie sieht dein Leben von hier oben aus? Was ist aus dieser Perspektive gesehen wichtig, was unbedeutend? Wie erscheinen dir jetzt die Bereiche deines Lebens, die du als problematisch bezeichnest? Kannst du erkennen, was dich unfrei macht und bindet? Was engt dich ein?

Vielleicht ist es dir möglich, aus dieser Perspektive die Nichtigkeit und Bedeutungslosigkeit zahlreicher Anstrengungen zu erkennen. Und ebenso treten vielleicht andere Aspekte, die du aus deiner üblichen Froschperspektive kaum beachtet hast, von hier oben aus in den Vordergrund und zeigen sich in ihrer wahren Bedeutung für deinen Lebensweg. Wenn in deinem Leben Entscheidungen anstehen, kannst du sie jetzt treffen. Wenn es unbeantwortete Lebensfragen gibt, kannst du sie jetzt erneut stellen und dich die Antwort wissen lassen.

Nachdem du diesen geistigen Höhenflug lange genug auf dich hast wirken lassen, bereite dich achtsam und vorsichtig auf die Rückverwandlung vor. Die abrupte Rückkehr in einen festen, an die Erde gebundenen Körper kann mitunter einen kleinen Schock auslösen, in dem die Erfahrungen der Weite und Übersicht verlorengehen.

Deshalb erinnere dich zunächst wieder an deinen Flugkörper, der dich hinaufgetragen hat. Erlaube dir, noch mal in diesen Körper einzutreten. In ruhigen Kreisen kannst du dich jetzt langsam herabschrauben bis zum Moment der Landung auf dem Berggipfel. Dabei laß dich zuerst wieder deine Füße und Beine wahrnehmen, die immer noch fest auf dem Boden stehen. Kehre ganz zurück in dein Körperbewußtsein, und bevor du die Augen öffnest, um diese Trancereise abzuschließen, versichere dich, daß du freiwillig und vollständig zurückgekehrt bist, um die Lehren des Luftelements in deinem Leben anzuwenden. Dann öffne wieder die Augen und schreibe und/oder male zur Integration deiner Erfahrung wieder alles auf, was für dich von Bedeutung war.

Nach der behutsamen Rückkehr in das Hier und Jetzt, diesen Raum und diesen Körper, geht es wieder darum, die durchlebten Erfahrungen zu integrieren. Dazu können uns folgende Fragen behilflich sein:

- Welches war die wichtigste Botschaft aus der Erfahrung der Luft-Trancereise?
- Wo fühle ich mich in meinem Alltag eingeengt und unfrei?
- Wovon sollte ich mich befreien oder trennen?
- In welche Lebensbereiche möchte ich mehr Flexibilität und Leichtigkeit, mehr Ordnung, Klarheit und Übersicht bringen? Wie könnte dies konkret aussehen?

- Gibt es Entscheidungen, denen ich nicht länger ausweichen möchte?
- Gibt es Beziehungen, deren Klärung ich jetzt in Angriff nehmen will?
- Mit welchen Menschen sollte ich mehr (oder weniger) als bisher in Kontakt treten?
- Habe ich die Luftqualitäten wie Freiheit, Flexibilität, Offenheit, Leichtigkeit, Kontaktfreude, Kommunikationsbereitschaft, Klarheit oder Übersicht ausreichend entwickelt?
- Welche Luftqualitäten möchte ich mehr als bisher entwickeln?

Während der »Lufttage« beschäftigen wir uns in besonderer Weise mit der Kraft unserer Gedanken. So durchleuchten wir in unserem Training beispielsweise unsere Herzenswünsche oder formulieren Affirmationen zu jenen Lebensbereichen, die wir insbesondere mit Hilfe des Luftelements klären wollen. Wir erforschen die Qualität unserer Denk- und Sprechgewohnheiten und werden uns der schöpferischen Kraft unserer Gedanken bewußt.

Ebenfalls zur Erfahrung des Luftelements gehört eine Morgenmeditation an einem nahe gelegenen Aussichtspunkt sowie eine Atemübung mit dem Ziel: »Ich atme mich frei!«

Im abschließenden Ritual zur Verehrung des Luftelements begeben wir uns feinstofflich in einen Lufttempel, in dem wir die Kräfte und Wesenheiten der Luft aufsuchen und unsere Wahrnehmungen und empfangenen Botschaften mitteilen. Wir lassen uns nochmals von Klarheit und Transparenz erfüllen. Entsprechend der Heilung bei der Erde und dem Loslassen beim Wasser, benutzen wir die Luft zur Klärung von problematischen, verwirrenden oder chaotischen Lebensumständen.

Die Feuer-Trancereise – Feuer und Flamme sein

Wofür brenne ich? Auch beim Element Feuer geht es wieder darum, selbst zum Feuer zu werden. Wir entfachen zunächst die Hitze im Beckenraum und lassen die Flammen mit Hilfe von

Visualisierungen, Bewegung, Atem und Stimme hoch auflodern und unseren ganzen Körper erfassen. Wir erlauben dem Feuerelement, von uns Besitz zu ergreifen und uns mit seiner Wesensart zu erfüllen. Dies ermöglicht die Erfahrungen flammender Begeisterung, purer Energie, unbegrenzten Muts, ungebrochenen Willens, die in der Lage sind, alle Ursachen für Gespaltenheit, Halbherzigkeit, Trägheit und Feigheit aus dem Weg zu räumen.

Mir ist bewußt, daß heute viele Menschen große Angst haben vor ihrer Lebendigkeit, ihren vitalen Regungen, ihren expressiven und lustvollen Impulsen. Durch jahre- und jahrzehntelange Konditionierung sind wir eingeschüchtert worden und haben gelernt, uns von der Unbekümmertheit unseres körperlichen und emotionalen Ausdrucks abzuschneiden. Damit bringen wir uns aber um einen wesentlichen Teil unserer Lebensfreude!

In der Arbeit mit Hunderten von Menschen habe ich im Laufe der Jahre festgestellt, daß ein Mensch erst dann zu seinem vollen Potential erblühen kann, wenn er die Angst vor seinen aggressiven Impulsen überwindet. Für gewöhnlich setzen wir Aggressivität mit Gewalt und Zerstörung gleich. Wir sollten jedoch erkennen, daß solche Auswüchse lediglich die Folge der langen Unterdrückung unserer vitalen Impulse sind. Diese werden immer destruktiver und richten sich in der Regel schließlich gegen uns selbst. Ich kenne viele Menschen, die vor ihrer eigenen Kraft mehr Angst haben als vor ihrer Schwäche. Sie fühlen sich oft müde, denn ihre gesamte Energie wird durch die ständige Unterdrückung ihres natürlichen Lebensausdrucks verbraucht.

Ein Hund, den man an die Kette legt und vernachlässigt, wird bissig. Hätte derselbe Hund Bewegungsfreiheit und würde er unsere liebevolle Zuwendung erhalten, könnte er ein wunderschöner, verspielter, treuer Gefährte werden. Wir hätten große Freude am kraftvollen Ausdruck seiner Lebendigkeit. Ebenso verhält es sich mit den animalischen Aspekten in jedem Menschen. Durch Angst, Selbstbestrafung und Unterdrückung kreieren wir Krankheiten, destruktives Verhalten und Unglück; durch liebevolle Bejahung und lustvollen Ausdruck geben wir ihnen Raum, drücken unsere Kraft und Lebensfreude aus und erlauben unserer Kreativität, ungehindert zu blühen. Mit der

Zeit lernen wir, dieser Energie immer höhere Ausdrucksformen zu verleihen. Ohne die Wurzeln unserer Vitalität können wir die Flügel unseres Geistes niemals vollständig entfalten. Unser geistiger Ausdruck bleibt dann abstrakt, trocken und blutleer, wenn unsere Visionen nicht auch »Hand und Fuß« haben, das heißt auch auf den irdischen Ebenen unseres Menschseins gelebt und verankert werden. Die Befreiung der natürlichen Feuerimpulse, das Inbesitznehmen unserer ursprünglichen Kraft, ist für viele Menschen ein notwendiger Schritt zum vollen Erblühen ihres kreativen Potentials, ein Schlüssel zur Wiedergewinnung ihrer vollen Lebensfreude.

Auch bei der Erfahrung des Feuerelements ist eine Grenzüberschreitung möglich. Indem wir uns für die Kraft des Feuers transparent machen und seine Wesenheit zulassen, können wir für eine gewisse Zeit so etwas wie Körperlosigkeit erfahren. Nicht wir tanzen, singen, bewegen uns dann, sondern *Es* tanzt, singt, bewegt sich in uns und durch uns. Die zur Verfügung stehende Energie erscheint unbegrenzt, während wir nur entspannen, zulassen und vertrauensvoll ja sagen.

Sobald die Angst vor der vielleicht ungewohnten Dynamik und Intensität überwunden ist, sobald wir einen Geschmack von diesem ekstatischen Seinszustand erhalten haben und die Erweiterung unserer Wahrnehmung akzeptieren, werden wir geführt, mitgerissen und erhoben. Keines der Elemente ist gewalttätig oder überfordert uns! Jedes heilt auf seine Art, zeigt uns unsere Vollkommenheit, unser innewohnendes Potential.

Um leichter in das Feuerbewußtsein zu kommen, können wir uns von rhythmischer Musik, am besten von afrikanischen Trommeln, unterstützen lassen. Wer solche Musik zu Hause hat, kann sie zur Vorbereitung für diese Trancereise abspielen und mindestens zehn Minuten lang dazu tanzen. Falls keine Musik vorhanden ist, helfen zur körperlichen Vorbereitung und zum Aufwärmen dynamische, stampfende kriegerische Bewegungen (mit der dazugehörenden Stimme). Bewegungen, die Stärke, Entschlossenheit und Willenskraft ausdrücken.

Wenn der ganze Körper voller Energie und Lebendigkeit sprüht, schließe die Augen und wende deine Aufmerksamkeit

der Energie in dir zu. Ist dir eine solche kraftvolle Lebendig-
keit und Vitalität vertraut, oder hast du sie seit den Tagen
deiner Kindheit aus deinem Erleben und Verhalten gestri-
chen? Kannst du deine Wildheit und überschäumende Stärke
genießen, oder hast du sie aus Angst schon längst eingeschlos-
sen und abgetötet? Wenn du vom Feuer lernen willst, gehe
ruhig, achtsam und vorsichtig an deine üblichen Grenzen –
und vielleicht ein kleines Stück über sie hinaus.

Nimm jetzt wieder den sicheren Kontakt der Füße mit dem
Boden wahr, gehe etwas hinunter in die Knie, und beginne mit
einer Wippbewegung, die von den Knien ausgeht. Laß diese
Bewegung nach und nach schneller und dynamischer werden.
Dein Oberkörper ist locker und läßt sich durch die Impulse
von unten bewegen. Atme dabei frei und tief. Wenn es für dich
stimmt, laß auch die Stimme los und forme zu den Bewegun-
gen einen Ton.

Stelle dir nun vor, in deinem Beckenraum brennt ein Feuer.
Die Bewegungen aus deinen Beinen wirken wie ein Blase-
balg, der das Feuer mehr und mehr entfacht, indem er es von
unten anheizt. Bleibe in deiner Bewegung, und halte dieses
Bild so lange fest, bis du eine spürbare Intensivierung erlebst.
Das Feuer in deinem Beckenraum beginnt, stärker zu bren-
nen, lodert hoch auf, und seine Flammen ergreifen deinen
gesamten Oberkörper. Dein ganzer Innenraum wird Feuer
und Flamme! Dein Körper bewegt sich wild, unkoordiniert
wie heiß züngelnde Flammen. Laß dich vom Feuerelement
ergreifen, ausfüllen und mitreißen! Entspanne, laß geschehen,
was geschehen will. Bleibe dabei hellwach, völlig präsent und
gegenwärtig, verpasse keine Sekunde dieser außergewöhnli-
chen Erfahrung.

Anfangs mag dir dies alles sehr fremd oder gar lächerlich
erscheinen. Sobald du jedoch bestimmte innere Barrieren
überschritten hast, wirst du mit Sicherheit ungewohnte Erfah-
rungen mit dir und deiner Energie machen. Vielleicht kannst
du sogar einen Geschmack von jenem ekstatischen Zustand
bekommen, in dem du gar nichts mehr zu tun brauchst und
die Feuerkraft dich mühelos bewegt. Dies ist ein Zustand, der
unter anderem von den Sufis oder Schamanen durch Trance-

techniken ausgelöst wird, um in erhöhtem Bewußtsein energetische Potentiale zu erkunden und zu nutzen, die uns normalerweise verschlossen bleiben. In diesen Zuständen werden wir nicht müde und erleben, wie sich Kraft endlos durch uns ausdrückt. Je mehr wir uns dabei entspannen, durchlässig werden, geschehen lassen, desto größere Energiemengen stehen uns zur Verfügung. Dies kann wahrhaft ekstatische, überwältigende Erfahrungen auslösen!

Wenn du diese Übung allein bei dir zu Hause machst, wirst du möglicherweise nicht wagen, so weit zu gehen. Wichtig ist dabei, keinerlei Ansprüche zu stellen oder dich unter Druck zu setzen. Verurteile deine eigenen Grenzen nicht. Gehe einfach so weit, wie es dir jetzt Freude macht, wie es sich für dich gut anfühlt. Vielleicht kannst du bei Wiederholungen jedesmal ein kleines Stück weitergehen.

Wenn sich das Gefühl einstellt, du hast für dieses Mal den Höhepunkt von Bewegung und Empfindung erreicht, laß die Bewegungen langsam kleiner werden, und stelle dir vor, wie das Feuer, das eben noch in dir hell auflodert, das Feuer, zu dem du eine Zeitlang geworden bist, zur Glut in deinem Beckenraum wird.

Laß dich deutlich die Wärme dieser Glut, die jederzeit neu entfacht werden könnte, spüren. Erlebe, wie sie allmählich deinen ganzen Beckenraum durchstrahlt und zum Glühen bringt. Wenn du dann bereit bist, laß diese Glut auch deinen Brustraum und dein Herz erreichen. Erlebe so deutlich wie möglich, wie dein Herzzentrum zu glühen beginnt.

Stelle dir jetzt die Frage: »Wofür brenne ich?« Laß dein glühendes Herz antworten, auf eine Weise, die du nicht mißverstehen kannst. Wofür brennst du in deinem Leben? Laß Bilder und Gefühle auftauchen! Laß dich mit der äußersten Intensität deines Herzens sehen und wissen, wofür du brennst, wofür du bereit bist, durchs Feuer zu gehen, wofür du bereit bist, alles einzusetzen und schließlich auch dich selbst zu geben!

Vielleicht kannst du es sofort sehen, sofort erkennen. Dann verbinde es mit der Offenheit und Intensität deines Herzens. Vielleicht aber sind dir solche Fragen und Vorstellungen *fremd. Dann prüfe mit der größten Ehrlichkeit, die dir jetzt möglich ist, ob du nicht etwas Wesentliches in deinem Leben vermißt. Bist du bereit, danach zu suchen? Bist du bereit, mehr als bisher den Kontakt zu deinem Herzen herzustellen, so lange, bis du seine Stimme hören und seine Impulse hören kannst? Bist du bereit, dein inneres Feuer als Antrieb und Lebensimpuls anzunehmen und mit seiner Hilfe das zu entdecken und wiederzugewinnen, wofür du in dieses Leben gekommen bist? Ich stelle diese Fragen mit der Intensität meines eigenen brennenden Herzens! Die Flamme könnte überspringen, wenn du den Mut hast, diese Nähe und Intimität zu ertragen und dich berühren zu lassen.*

Wenn für dich der richtige Moment gekommen ist, löse dich langsam aus deiner Begegnung mit dem Feuerelement, und laß die Eindrücke nachklingen. Vielleicht möchtest du wieder alles für dich Wichtige aufschreiben und/oder malen. Erkenne, ob das wärmende, innere Leuchten dich noch eine Zeitlang begleiten will.

Das Feuer weckt den Krieger, die Kriegerin in uns. Wir sind bereit, für das, was uns wichtig ist, offen und ehrlich einzustehen. Wir verleugnen nicht länger aus Angst oder falscher Rücksichtnahme unsere eigene Kraft, unsere wahre Größe. Wir hören auf, uns klein zu machen, uns zu verstecken, um wohlangepaßt von anderen in Ruhe gelassen zu werden. Wenn die Glut unseres inneren Feuers unser Herz berührt und entfacht, wissen wir mit jeder Faser unseres Seins, wofür wir wirklich brennen. Erst wenn wir etwas in uns gefunden haben, wofür wir bereit sind, durchs Feuer zu gehen, erhält unser Leben jene Ausrichtung und Intensität, die Transformation auf vielen Ebenen ermöglicht. Feuer reinigt und läutert uns, trennt das Wesentliche vom Vergänglichen. Feuer verwandelt kalte, tote Materie in Wärme und Licht, transformiert und belebt unsere innere Kälte und Dunkelheit.

Während unserer Gruppenarbeit erhält jeder Teilnehmer die Möglichkeit, sich auf einer Art Bühne in seinem Feuer darzustellen. Begleitet von Trommelmusik und unterstützt von Anfeuerungen der Gruppe gipfelt diese befreiende Selbstdarstellung in einem Ausruf, der mit den Worten beginnt: »Wenn ich in meinem Feuer bin, dann...« (Beispiel: »Wenn ich in meinem Feuer bin, dann erlebe ich unbegrenzte Kraft.«)

Ein solches Bekenntnis kann als Leitsatz für den Feueraspekt des Lebens gelten. Er entspringt nicht bloß einer distanzierten Überlegung, sondern einer unmittelbaren Erfahrung.

Zum weiteren Verständnis des Elements Feuer können folgende Fragen dienen:

– Wofür brenne ich?
– Was begeistert mich?
– Was erweckt mein inneres Feuer?
– Wofür möchte ich mich noch mehr als bisher einsetzen?
– Was möchte ich neu in Angriff nehmen?
– Gibt es Ängste, Vorstellungen oder Glaubenssätze, die mich bisher daran gehindert haben, meinem Feuer Ausdruck zu verleihen?
– Welche konkreten Schritte werde ich unternehmen, um mein inneres Feuer zu befreien?
– Habe ich die Feuerqualitäten wie Wille, Tatkraft, Temperament, Aktivität, Begeisterung, Neubeginn, Dynamik, Durchsetzungsvermögen oder Einsatzbereitschaft ausreichend entwickelt?
– Welche Feuerqualitäten möchte ich mehr als bisher zum Ausdruck bringen?

Das Ritual, das unsere Gruppenarbeit mit diesem Element abschließt, findet in der folgenden Nacht im Freien an einer Feuerstelle statt. Einige Stunden vorher trennen sich die Männer und Frauen und bilden ihre eigenen Gruppen. Da das Feuerelement unseren Yang-Aspekten zugehörig ist, sind es in diesem Ritual die Männer, die – begleitet von Trommelrhythmen – das Holz aus dem nahe gelegenen Wald herbeischaffen und den Feuerplatz schmücken.

Noch sind Frauen und Männer jeweils unter sich. Nachdem alle Vorbereitungen abgeschlossen sind und die Dämmerung schon fortgeschritten ist, werden Frauen und Männer, begleitet von den Trommeln, am Feuerplatz zusammengeführt. Erst dann wird das Feuer entfacht. Gesang und Tanz wechseln ab mit Momenten meditativer Stille, in denen nur noch das brennende Feuer zu uns spricht.

Analog zum Heilen bei der Erde, zum Loslassen beim Wasser und zum Klären bei der Luft kann das Feuerelement dazu genutzt werden, etwas Neues im Leben zu initiieren. Vernachlässigte Bereiche können neu belebt und vergessene Vorsätze kraftvoll aufgeladen werden. Ängste, Sorgen, Behinderungen, Blockaden werden mit der Bitte um Transformation den Flammen übergeben und verabschiedet. Wir öffnen uns damit für neue Erfahrungen durch eine Lebensausrichtung, die unserem jetzigen Bewußtsein entspricht. Das Wesen des Feuers reinigt und läutert alle Bereiche, die wir bereit sind, zur Transformation und Erleuchtung zu öffnen.

Auch Sie können sich, wenn Sie wollen, mit einer brennenden Kerze oder an einer offenen Feuerstelle hinsetzen und dem Feuerelement unmittelbar begegnen. Welche Bereiche Ihres Lebens wollen Sie neu beleben oder der Transformation öffnen? Was wollen Sie in Gang setzen, durchführen und zu einem guten Ende bringen? Wofür brennt Ihr Herz?

Das Elemente-Gebet (von Kurt Tepperwein)

Erde

Laß mich sein, wie die Erde ist. Von Anbeginn der Zeit ist alles gestorben und zur Erde geworden, und doch ist die Erde die Mutter allen Lebens. Die Erde fragt nicht, ob der, der sät, gerecht oder ungerecht ist. Sie nimmt an, gibt Kraft, sie läßt gedeihen und wachsen. Laß mich sein, wie die Erde ist, laß mich wie die Erde annehmen, wo man mir gibt und tausendfach zurückgeben, was ich bekommen habe. Die Erde ist verwandelbar, sie ändert sich Stunde um Stunde, Tag um Tag und bleibt doch gleich. Die Einsamkeit der Wüste und der Berge schafft Abstand zu den lärmenden und glitzernden Dingen dieser Welt und gibt Klarheit und Ruhe. Laß mich sein, wie die Erde ist – klar und ruhig. Laß mich verwandelbar sein, wie die Erde ist.

Wasser

Laß mich sein, wie das Wasser ist. Wasser ist völlig widerstands- los und überwindet doch den größten Widerstand. Wie immer die Gestalt eines Gewässers auch sein mag, das Wasser paßt sich dieser Form an, und doch formt nichts anderes so intensiv wie das Wasser, denn es war das Wasser, das den Kontinenten die Form gab. Wasser arbeitet, aber es strengt sich niemals an. Es kann eine Mühle antreiben oder eine Stadt erleuchten, aber es wird niemals müde. Wasser ist farblos. Aber was ist ein Regenbo- gen anderes als Wasser? Wasser ist geschmacklos, aber ohne Wasser würde nichts schmecken. Wasser lehrt, was Demut ist, denn es sammelt sich stets am niedrigsten Punkt, und doch beugt sich selbst der Mächtigste zu ihm herab, um zu trinken. Laß mich sein, wie das Wasser ist, so formbar und so formend.

Luft

Laß mich sein, wie die Luft ist. Laß mich so wie die Luft eine tragende Kraft sein. Die Kraft, die die Mücke so sicher trägt wie den Adler. Ohne Mühe erreicht sie den höchsten Berggipfel, bewegt die Zweige einer Linde als Abendwind oder verwandelt als Sturm die Erde. Und immer bleibt sie unsichtbar und voll- bringt doch stets ihr Werk. Die Luft gibt ohne Preis und versagt sich nie, ist niemals erschöpft und füllt doch jede Leere aus. Luft ist der Atem des Lebens, denn ohne sie ist kein Leben möglich. Laß mich sein, wie die Luft ist, die Luft, die durch nichts be- grenzt ist, laß mich überall sein, wo ich gebraucht werde, und mein Werk tun, ohne auf Dank zu achten.

Feuer

Laß mich sein, wie das Feuer ist. Feuer verwandelt alles, was es berührt. Laß mich wie das läuternde Feuer alles Unreine in mir verbrennen, damit das Reine hervorscheinen kann. Das Licht meines Denkens soll leuchten wie ein Feuer und die Liebe meines Herzens strahlen wie Feuer. Laß in mir das ewige Feuer der Liebe brennen, laß alles, was ich berühre, in Liebe leuchten. Laß mich mein Herz und die Herzen der anderen entzünden mit dem Feuer der Liebe, und laß dieses Feuer immer weiter um sich greifen und die ganze Welt erleuchten. Laß mich sein, wie das

Feuer ist, laß in mir den Wunsch brennen, zu mir zu finden. Laß mich leuchten im Feuer der Liebe, das alles entzündet und alles verwandelt in Liebe. Laß mich sein, wie das Feuer ist.

Transzendenz – Unser innerstes Sein

Transzendenz ist eigentlich kein Element wie die vier anderen. Sie geht aus ihnen allen hervor und ist in allen enthalten. Sie ist die eine Kraft, die alles durchdringt, die wir Gott nennen. Transzendenz meint das große Sein jenseits aller Formen und Gestalten, jenseits aller Worte und Begriffe.

Wie wir gesehen haben, kann jedes der vier Elemente für uns zu einem Tor zum Sein, zum Durchgang für Transzendenz werden. Alles, worauf wir uns vollständig einlassen, was wir intensiv und auch wach genug erleben, ist in der Lage, uns zu Freiheit, Stille, Harmonie und Frieden, zu Seinserfahrungen zu führen. Intensität und Hingabe sind die Meisterschlüssel, die uns jede Lebenssituation als Tor zum Sein erschließen können, sofern wir dazu bereit sind. Naturerlebnisse, Liebesbegegnungen, kreative Tätigkeiten, meditative Übungen bis hin zu unseren ganz alltäglichen Handlungen: Alles kann, wenn wir wach und offen genug sind, den Glanz und die Tiefe einer ganz anderen Dimension in uns aufleuchten lassen.

Alle mir bekannten Wege zur Entwicklung und Transformation des menschlichen Bewußtseins haben eine ganz bestimmte Elementekraft in den Mittelpunkt ihrer Lehre gestellt. Wenn Ernährungsrichtlinien das Herzstück eines Weges zur Transzendenz sind, so ist die Arbeit am Erdelement für die Menschen auf diesem Weg von besonderer Bedeutung. Dasselbe gilt für stark körperbetonte Meditationen wie Yoga oder für Tiefengewebemassagen wie zum Beispiel Rebalancing oder Rolfing.

Der Körper soll durch reinigende Nahrung und meditative Übungen transparent und durchlässig und damit zum Gefäß der Transzendenz werden. Erst wenn der Geist die Materie, den Körper, ungehindert durchdringen und erfüllen kann, ist der alte Konflikt zwischen Materie und Geist, Grobstofflichem und Feinstofflichem transzendiert, wird die Dualität überwunden, die Materie transformiert und befreit.

Schulen, die an der Transformation der Sexualkräfte arbeiten – wie Tantra, Tao Yoga oder Karezza – gehen den Weg über das Wasserelement. Tantra ist der Weg der letzten Hingabe, der Weg des Loslassens, der wertfreien Annahme aller Regungen und Impulse. Ziel ist die kosmische Vereinigung mit dem inneren Geliebten, die *Unio mystica*, die Vereinigung der Gegensätze, die Rückgewinnung der ozeanischen Einheit. Die Vereinigung mit dem Geliebten im Außen kann Sinnbild und Spiegel werden für die letztendliche Vereinigung, zum Tor zu Seinszuständen jenseits der Dualität.

Dem Luftelement gehören alle Wege an, die versuchen, sich über mentale Erkenntnisprozesse der Wahrheit anzunähern. Dazu gehören unter anderem das Studium von Philosophien und Weisheitslehren, der bewußte Umgang mit Gedankenkräften sowie alle Systeme, die kontemplativ und systematisch in ein höheres Verständnis vom Wesen der Welt vorstoßen wollen.

Den Weg des Luftelements beschreiten beispielsweise Systeme wie Astrologie, Numerologie, Tarot, Kabbala sowie alle Weisheitsschulen, die einen mentalen Zugang zur Wahrheit haben. Das Ziel besteht darin, von der Kontemplation, vom Nachdenken, Analysieren und Systematisieren zur Meditation und schließlich zur absoluten, ungetrübten Klarheit zu gelangen, vom Denken zum höchsten Wissen, zum Sein.

Dem Feuerelement gehören alle Wege der Kampfkunst an, Wege des Willens, die den inneren Krieger bis zur Makellosigkeit veredeln wollen. Auf diesem Weg strebt ein Mensch danach, fähig zu werden, immer mehr Kraft zu speichern und anzusammeln, bis die persönliche Macht schließlich identisch wird mit dem Willen des Ganzen und in diesen einmündet. Auch hier wird die Dualität überwunden; die Stärke des kristallisierten Egos löst sich auf und verbindet sich mit dem Licht des Ganzen.

Allen diesen hier angedeuteten Wegen ist eines gemeinsam: Am Ende steht eine kosmische Vereinigung, die Aufhebung der Dualität, des Getrenntseins. Das Ziel ist jener ekstatische, erhabene Zustand des Seins, in dem wir die uns innewohnende Göttlichkeit erkennen und mit ihr eins werden. Doch auch am Ziel wird sich die Erfahrung der Transzendenz in jedem Menschen ganz individuell ausdrücken, gemäß seines Weges, den er entsprechend seinem Naturell und seiner einzigartigen Struktur gewählt hat. Kein Weg ist besser oder schlechter als irgendein anderer! Die Aufgabe des Suchers besteht darin, seinen inneren Impulsen, der Stimme seines Herzens so lange in Offenheit zu folgen, bis er die seinem Wesen entsprechende Ausrichtung gefunden hat. Am Ende war jeder Weg, den wir gegangen sind, der richtige.

Soweit ich in meinem eigenen Leben zurückblenden kann, ging mein Bestreben immer dahin, von allen Schulen und Lehren das zu nehmen, was mir entsprach, was mein Herz öffnete und mir Freude bereitete, dann aber aus den vielen Möglichkeiten und Anregungen meinen eigenen Weg zu entwickeln, um mein Leben so vielseitig, reich und farbig wie möglich zu gestalten. Dabei machte ich oft die anfangs bestürzende Erfahrung, daß etwas, was für mich ein riesiges, wertvolles Geschenk war, von anderen als bedeutungslos angesehen wurde. Die Schlüssel, die bei mir Tore zur Transzendenz öffneten, schienen für andere nur Ablenkungen oder Fallen zu sein. Aufgrund dieser Beobachtungen fühlte ich mich häufig einsam, bis ich sehen lernte, daß andere Menschen unter ganz anderen Bedingungen lernten, ganz andere Wege gingen, mit ganz anderen Erfahrungen Schritte zu sich selbst machten. Ich lernte, die Schönheit der Andersartigkeit zu sehen und mich an ihr zu erfreuen. Dazu mußte ich hinter die Fassade und unter die Oberfläche sehen und lernen, den Schein vom Wesentlichen zu unterscheiden. Diese neue Art zu sehen verwandelte mich, mein Leben, meine Arbeit mit Menschen. Ich erlag nicht länger der Versuchung, andere überzeugen oder gar missionieren zu wollen. Es genügte, mit den Augen des Herzens das Göttliche, das Essentielle, das Eine in jedem zu erkennen und anzusprechen, ungeachtet des äußeren Scheins, der dem inneren Bild oftmals widersprach.

Die Pyramidenmeditation

Transzendenz steht zu den vier Elementen in Beziehung wie die Spitze einer Pyramide zu ihren vier Ecken. Sie führt zusammen, verbindet, vereint und erhöht. Sie erhebt sich in eine andere Dimension und kreiert dadurch eine neue Form, das Gebäude. Zum Verständnis der Transzendenz habe ich eine Pyramiden-meditation entwickelt, die ich in ihren wichtigsten Zügen für den Leser aufgezeichnet habe.

Ich setze mich bequem und aufrecht hin, schließe die Augen und gestatte meinem Körper, jetzt vollkommen bewegungslos zu sein. Das einzige, das den Körper jetzt noch bewegt, ist der ruhige Fluß meines Atems. Ich verbinde mich über die Wahr-nehmung meines Atems nach innen und löse mich von allem, was mich gerade eben noch beschäftigt hat. Ich werde mit jedem Atemzug ein Stück mehr eins mit mir selbst.

Ich öffne mich nach unten zum Boden, zur Erde, die das Gewicht meines Körpers trägt, und vertraue mich dem Getra-genwerden an. Ich öffne mich nach oben, trete in Verbindung mit den Energien des Kosmos, richte mich aus auf das höchste Licht. Ich erkenne und fühle mich als das, was ich in Wahr-heit bin: ein Begegnungsort von Erde und Kosmos. Ich lasse beide Aspekte bereitwillig zu: meinen begrenzten physischen Körper aus Erde, der durchdrungen wird von den Energien des Universums.

Nun stelle ich mir vor, daß ich in einer Pyramide sitze, die meinen Körper einschließt. Ich richte mein Bewußtsein auf die Spitze dieser Pyramide und lasse zu, daß der obere Teil meines Kopfes mit ihr verschmilzt. Die Spitze der Pyramide zentriert sich mehr und mehr im oberen Teil meines Kopfes. Ich sehe, wie an dieser Stelle ein sanftes Licht zu leuchten beginnt. Ich lasse mir Zeit, mein Bewußtsein mehr und mehr mit diesem Licht zu verbinden.

Von diesem Punkt der inneren Mitte und Zentriertheit wende ich mich jetzt nach und nach den einzelnen Ecken der Pyramide zu. Ich verbinde mich zunächst mit der Ecke, die das Element Erde für mein Leben repräsentiert. Ich schaue von der Spitze der Pyramide aus ohne jede Bewertung die Bereiche der Erde an: meinen physischen Körper, Gesundheit, Ernährung, Wohnung, Kleidung, Geld, Besitz...

Ich lasse mich alles sehen, wofür ich froh und dankbar sein kann, aber auch jene Bereiche, die verletzt oder unharmonisch sind. Ich sehe alles an mit der größten Liebe, die mir in diesem Moment möglich ist, und lasse von der Spitze der Pyramide Energie von Licht, Heilung und Harmonie in den Bereich meiner Erde fließen. Ich öffne damit meine Erdbereiche der Transformation. Diesen Vorgang setze ich so lange fort, bis ich fühlen kann, daß die »Erdecke« voller Licht ist.

Dann wende ich mich der Ecke der Pyramide zu, die das Element Wasser in meinem Leben repräsentiert. Ich schaue in die Bereiche meiner Beziehungen, Gefühle, Sexualität, familiären Angelegenheiten, Liebe...

Wieder lasse ich mir Zeit, alles Schöne, Erfreuliche in diesem Bereich zu sehen, aber ebenso öffne ich mich für die Wahrnehmung dessen, was in diesen Bereichen verletzt und in Disharmonie ist. Von meinem Wahrnehmungszentrum aus, das sich in der Spitze der Pyramide befindet, stelle ich nun die energetische Verbindung her zur Wasserecke. Ich lasse die Energie von Licht, Heilung und Liebe in die Wasserbereiche meines Lebens fließen. Damit öffne ich diese Bereiche der Transformation. Diesen Vorgang setze ich so lange fort, bis ich fühlen kann, daß die Wasserecke voller Licht ist.

Dann wende ich mich der Ecke der Pyramide zu, die das Element Luft in meinem Leben repräsentiert: Kommunikation, Kontakt, Entscheidungen, Klarheit, Freiheit, Leichtigkeit, Flexibilität.

Ohne zu bewerten, erlaube ich mir zu sehen, wie ich die Aspekte der Luft in meinem Leben ausdrücke. Wieder sehe ich beides: jene Bereiche, in denen ich bereits mein Luftpotential berühre, aber auch jene, in denen ich noch viel entwickeln kann. Ich sehe, wo Beziehungen und Situationen noch einengend und unfrei sind oder wo ich unter Mißverständnissen und mangelnder Kommunikation leide. Ich sehe alles an mit der größten Liebe, die mir in diesem Moment möglich ist und lasse von der Spitze der Pyramide Energien von Licht, Heilung und Harmonie in den Bereich meiner Luft fließen. Ich öffne damit meine Luftbereiche der Transformation. Diesen Vorgang setze ich so lange fort, bis ich fühlen kann, daß die Luftecke voller Licht ist.

Dann wende ich mich der Ecke der Pyramide zu, die das Element Feuer in meinem Leben repräsentiert: Tatkraft, Handeln, Durchsetzungsfähigkeit, Begeisterung, Einsatz, Intensität, Freude...

Ich lasse mich alles sehen, was ich bereits verwirklicht habe, aber auch jene Bereiche, die noch unterdrückt sind und sich noch nicht in Harmonie befinden. Ohne zu bewerten, betrachte ich wieder alles mit der größten Liebe und lasse von der Spitze der Pyramide Energien von Licht, Heilung und Harmonie in den Bereich meines Feuers fließen. Ich öffne damit meine Feuerbereiche der Transformation. Diesen Vorgang setze ich so lange fort, bis ich fühlen kann, daß die Feuerecke voller Licht ist.

Ich nehme abschließend alle vier Ecken meiner Pyramide gleichzeitig wahr. Sie befinden sich jetzt in Balance, in Harmonie. Ich vereinige und zentriere mein Bewußtsein der Wahrheit in der Spitze der Pyramide, in dem Licht, das ich bin. Ich mache mir in diesem Moment bewußt, wer ich in Wirklichkeit bin. Ich bin nicht nur dieser erdhafte Körper. Ich bin nicht nur meine fließenden Gefühle und Empfindungen. Ich bin nicht nur meine luftigen Ideen und Gedanken. Ich bin nicht nur meine feurigen Willensimpulse und meine persönlichen Ziele. In meiner Essenz bin ich vollkommenes unsterbliches Bewußtsein. Ich war schon immer und werde immer sein. ICH BIN. Dieses mein Sein ist unsterblich, unverletzlich, unbegrenzt, ewig. Ich entspanne mehr und mehr in die Fülle dieses Seins, werde eins mit mir selbst.

Ich erkenne mich in meiner wahren Größe und Herrlichkeit. Ich erkenne mich in meiner Göttlichkeit. In diesem Erkennen beginnen unendliche Liebe und unendliche Freude zu strömen und zu pulsieren. In meinem Zentrum ist alles still und gleichzeitig vibriert mein ganzes Sein in Wellen aus Licht und in Ekstase. Mit jedem Einatmen strömt die Fülle des Lebens in mich hinein, mit jedem Ausatmen strömen Licht und Freude aus mir heraus. Ich habe mich in meiner Vollständigkeit wiedergefunden, habe bedingungslos ja gesagt zu meinem Sein. Dieses Ja ist uneingeschränkt. Meine Liebe ist bedingungslos. Ich feiere mein Selbst in der Fülle meines Seins.

*Im Bewußtsein dieser Hingabe gehe ich von nun an durch
mein Leben, erfülle ich meine Aufgaben. Ich habe den größten
Schatz, den es gibt, wiedergefunden: mich selbst. Nun bin ich
auf dem Weg der Freude, und dafür bin ich aus tiefstem Herzen froh und dankbar.*

*Mit dieser Dankbarkeit und Freude kehre ich nun langsam
wieder zurück an die Oberfläche des Seins, zurück in das Hier
und Jetzt. Wann immer ich bereit bin, öffne ich meine Augen
und gestatte meinem Körper, sich wieder frei zu bewegen. Ich
bin vollkommen präsent und gegenwärtig.*

Wie schon mehrfach betont, können wir Probleme einer Ebene
niemals auf derselben Ebene lösen, auf welcher sie in Erscheinung treten. Bevor wir nicht lernen, die Ebenen zu wechseln
und unsere Problembereiche einem höheren Verständnis zu
öffnen, ist wirkliche Heilung nicht möglich. Probleme, die in
unserem äußeren Leben in Erscheinung treten, haben ihre Entsprechung in geistigen, feinstofflichen Ebenen. Erst wenn uns
diese »Wurzeln« zugänglich werden, können wir aus eigener
Kraft unser Leben mit Licht erfüllen und verwandeln oder,
genauer gesagt, zulassen, daß Heilung und Transformation geschehen. Haben wir die Lektion eines schwierigen Lebens-
aspekts verstanden und ihn dem Licht geöffnet, so können wir
ihn hinter uns lassen, wie die Schlange ihre alte Haut.

Die Sehnsucht nach der transzendenten Einheit, der Erleuchtung, der vollkommenen Befreiung ist das, was alle Menschen
verbindet, auch dann, wenn dies den meisten noch nicht bewußt ist. An das duale Denken gewöhnt, stellen wir uns dieses
Ziel außerhalb oder getrennt von uns vor. Alle Erwachten stimmen jedoch darin überein, daß wir das Göttliche nur *IN* uns
finden und realisieren können. Die Tür zur Transzendenz geht
nach innen auf. Und nachdem wir durch sie hindurchgegangen
sind – oder sogar schon in den Momenten, in denen wir auf ihrer
Schwelle stehen und einen Blick in die andere Wirklichkeit
werfen können –, erkennen wir, daß wir nie von unserer Essenz
getrennt waren, daß die Trennung eine Illusion war, die uns
unser Ego, unsere Angst und unser Verstand vorgegaukelt haben. Wir waren und sind in jedem Augenblick am Ziel! Alles,

was wir suchen, liegt bereits in uns wie eine versunkene Schatztruhe, die nur darauf wartet, entdeckt und in Besitz genommen zu werden.

Der Weg der Freude ist nicht ein Weg des Kämpfens, der Überwindung von Hindernissen, sondern ein Weg des Erinnerns und Entdeckens. Wir nehmen das in Besitz, was uns immer schon gehörte. Wir betrachten das Leben immer weniger als ein Problem, das es zu lösen gilt, sondern vielmehr als ein Geschenk, das darauf wartet, von uns ausgepackt zu werden, ein Mysterium, das nur durch gelebtes Leben ergründet werden kann. Staunend erleben wir die Wunder, die uns an jeder neuen Ecke überraschen, die unser Vertrauen stärken und uns darauf hinweisen, nicht erst in ferner Zukunft, sondern hier und jetzt die Göttlichkeit in uns und um uns herum zu feiern.

Begegnung mit dem Schatten – Durchgang zum Licht

Stelle dir eine Situation vor, in der ein Mensch aus einer ihm vertrauten Umgebung aufbricht, um auf eine Reise in ein unbekanntes Land zu gehen. Wenn du ein Mann bist, stell dir einen Mann vor; wenn du eine Frau bist, eine Frau. (Dies gilt für die gesamte Reise, auch wenn ich der Einfachheit halber die männliche Bezeichnung wähle.) Es handelt sich um einen Menschen von besonderer Schönheit, Kraft, Intelligenz und Ausstrahlung. Laß vor deinem inneren Auge die Gestalt eines wahrhaften Helden entstehen. Er bereitet sich auf eine Reise vor, deren Ziel er nur in seinem Inneren kennt. Er bricht auf, um etwas ganz besonders Wertvolles zu finden. Nie zuvor hat er eine solch wichtige Reise unternommen.

Nun laß zu, daß dein Bild des Helden langsam mit dir selbst verschmilzt. Schließe für einen Moment die Augen und fühle, wie du mit der Energie des Helden erfüllt wirst. Du selbst bist der Mensch, der diese abenteuerliche Reise unternimmt.

Du weißt um die Bedeutung deines Auftrags! Etwas in dir fühlt, daß du lieber unterwegs sterben würdest, als zurückzu-

kehren, ohne dein Ziel erreicht zu haben. Laß vor deinem inneren Auge ganz deutlich auftauchen, was das so Unvergleichliche und Wertvolle ist, das du unbedingt finden möchtest. Kannst du ein Symbol erkennen? Ist es ein Gefühl, ein Seinszustand? Was ist das wahre Ziel deines Lebens? Was möchtest du unter allen Umständen finden, bevor du diese Inkarnation abschließt? Laß dir auch wieder etwas Zeit, um in deinem Inneren eine Antwort auf diese entscheidenden Fragen zu erhalten, zu hören, zu sehen, zu fühlen.

Drei magische Kräfte stehen dem Helden auf seiner Reise zur Verfügung: ein rassiges Pferd mit dem Namen »Willenskraft«, ein magisches Schwert mit dem Namen »Klarheit«, ein leicht zu transportierendes Gefäß mit einem Getränk, dessen Wirkung auch die größten Gegensätze überwindet. Sein Name ist »Liebe«. Du magst diese drei Kräfte auf deiner abenteuerlichen Reise vergessen oder dich in den entscheidenden Momenten wieder an sie erinnern. Achte so genau wie möglich darauf, auf welche Weise du in extremen Situationen von deiner Willenskraft, Klarheit und Liebe Gebrauch machst.

Du hast nun die letzten Vorbereitungen getroffen, steigst auf dein Pferd und reitest los. Schau noch einmal zurück, was und wen du zurückläßt! Was fühlt dein innerer Held beim Abschied? Auf welche Weise möchtest du zurückkehren? Was willst du bei deiner Rückkehr bei dir haben oder in dir tragen? Konzentriere dich jetzt auf dieses innere Wissen und reite unbeirrbar weiter.

Dein Weg führt dich durch unterschiedliche Landschaften. Lange Strecken legst du auf dem Rücken deines Pferdes »Willenskraft« zurück. Die Ruhepausen sind nur kurz. Es drängt dich, rasch vorwärts zu kommen. Du fühlst deutlich, daß du keine Zeit vergeuden solltest.

Außerdem ist das Land, durch das du reitest, nicht sicher. Überall lauern unbekannte Gefahren. Male dir aus, auf welche Weise diese Gefahren dich bedrohen könnten. Wie sehen sie aus? Was ist deine größte Befürchtung? Welche unverhofften Hindernisse könnten auftauchen und dich von der Fortsetzung deiner Reise abhalten? Welche Verführungen oder Verlockungen erwarten dich? Wer sind deine gefährlichen

Feinde? Laß dir wiederum etwas Zeit, dir alle möglichen Ge-
fahren auszumalen und auch zu entscheiden, auf welche
Weise du deine drei magischen Kräfte »Willenskraft«, »Klar-
heit« und »Liebe« erfolgreich einsetzen wirst.

Lange bist du schon unterwegs. Vielen Gefahren hast du
erfolgreich getrotzt, viele Hindernisse und Schwierigkeiten
überwunden. Die Landschaft, die du schließlich erreichst,
wird nun immer schöner, lieblicher, friedvoller. Ein geradezu
paradiesisches Land breitet sich vor dir aus, sonnendurchflu-
tet und voller wunderbarer Farben, Formen und Klänge. Ganz
deutlich fühlst du, daß du dich nun deinem Ziel näherst. Du
atmest erleichtert auf, dein Pferd trabt leicht und mühelos. Du
genießt den Augenblick der Schönheit, die dich hier umgibt.
Erleichtert weitet sich dein Herz voller Frieden und Dankbar-
keit. Du fühlst dich so glücklich und erfüllt wie noch nie zuvor
in deinem Leben. Fast glaubst du, du seist schon am Ziel.

Doch in deinem Inneren leuchtet die Vision dessen auf,
wofür du auf die Reise gegangen bist. Dir wird bewußt: Die
Reise beinhaltet noch viel mehr, als in dieser Landschaft zu
finden ist. So richtest du deinen Blick wieder nach vorne, setzt
deinen Ritt nach einer kurzen Ruhepause fort. Und tatsächlich
siehst du nun deutlich, daß der Horizont von einem überirdi-
schen Licht erleuchtet ist. Etwas in dir weiß: »Dort will ich hin,
dort finde ich das Gesuchte.«

Aufatmend reitest du weiter. Das Leuchten wird immer
deutlicher, und dann, nachdem du einen weiteren Hügel hin-
aufgeritten bist, siehst du es vor dir: das goldene Tor!

Alles in dir jubelt. Du hast es gefunden! Nur noch ein kurzes
Stück – und alle Härten und Mühen des Weges haben sich
tausendfach gelohnt. Das Licht wird immer stärker und be-
ginnt bereits, deinen ganzen Körper zu durchpulsen. Mehr
schwebend als reitend legst du das letzte Stück zurück, in der
Gewißheit, jetzt endlich das wertvollste Geschenk deines Le-
bens empfangen zu können. Du reitest direkt auf das strah-
lende Tor zu ... Da, kurz vor der Schwelle siehst du plötzlich
etwas, was dir für einen Moment das Blut in den Adern gefrie-
ren läßt. Ein schrecklicher, furchterregender Dämon erhebt
sich und versperrt dir drohend den Weg. Dein Pferd bäumt sich

auf. »Nur jetzt nicht aufgeben, nicht zurückweichen!« durch-
fährt es dich. Doch was tun? Achte jetzt genau auf alles, was
in dieser dramatischen Situation geschieht. Schau genau hin,
wie der Dämon in deiner Vorstellung aussieht. Wie ist er
beschaffen? Was macht ihn so gefährlich? Was sind deine
Haupteigenschaften? Auf welche Weise bedroht er dich? Hat
er einen Namen? Was sagt er zu dir?

Und achte ebenso genau auf deine spontanen Reaktionen.
Hast du die Tendenz, in Panik zu geraten, wegreiten und
aufgeben zu wollen? Glaubst du, der Dämon sei unbesiegbar,
oder hältst du es für möglich, ihn zu bezwingen? Zweifelst du,
verlierst du deine Vision aus den Augen, oder glaubst du
unbeirrt daran, dein Ziel doch noch erreichen zu können?
Läßt du dich in einen Kampf verwickeln, oder durchschaust
du das Ungeheuer? Bist du dir in diesem Moment deiner drei
magischen Kräfte bewußt? Auf welche Weise machst du von
ihnen Gebrauch? Erreichst du dein Ziel, überschreitest du die
Schwelle, oder bleibst du vor dem Tor stehen?

Folge den ersten Impulsen deiner Wahrnehmung, und präge
dir die Szenen genau ein. Vielleicht ist dein Erleben jetzt klar
und eindeutig, vielleicht möchtest du aber auch unterschiedliche Möglichkeiten durchspielen.

Beende diese Trancereise auf deine eigene Weise, so wie es
sich für dich stimmig anfühlt.

Es ist vielleicht sinnvoll, die wichtigsten Erfahrungen und
Botschaften aufzuschreiben. Wenn Fragen unbeantwortet
bleiben, schreibe auch sie auf. Du wirst in den nächsten Tagen
oder beim Lesen dieses Kapitels vielleicht erstaunliche Antworten erhalten.

Diese Trancereise konfrontiert uns mit einem existentiellen
Aspekt unseres Lebens. Jeder von uns trägt bewußt oder unbewußt, klar oder verschwommen ein Wissen von seinem Lebens-
ziel in sich. In den Momenten unserer größten Sehnsucht oder
in jenen Lebensbereichen, in denen wir uns besonders engagie-
ren, finden wir ein Echo unserer inneren Vision. Diese mag uns
mitunter kaum bewußt oder völlig unfaßbar sein. Und doch
werden wir aus keinem anderen Grund inkarniert.

In der Regel können wir erst im Rückblick erkennen, wozu eine gewisse Erfahrung nötig und wichtig war. Doch einen tieferen Sinn erhält jeder Moment unseres Lebens nur in dem Maße, wie er von uns in einem größeren, übergeordneten Zusammenhang gesehen und verstanden werden kann. Deshalb legen wir in unserem Transformationstraining so viel Wert darauf, daß jeder Teilnehmer nach und nach ein Gefühl für seine einzigartige Lebensausrichtung und Vision entwickelt.

Auf unserer Reise treffen wir ständig auf unsere Schattenaspekte. Auf der Suche nach dem Licht müssen wir notwendigerweise allem begegnen, was diesem Licht im Weg steht. Wer der Auseinandersetzung mit dem inneren (und den nach außen projizierten) Dämonen ausweicht, wird sich mit weniger als dem Ganzen zufriedengeben müssen. Er wird immer weit unter seinen Möglichkeiten leben und die ganze Fülle seiner Kraft, Klarheit und Liebe nie voll entwickeln.

Die Bearbeitung des Schattens bedeutet, unsere Wurzeln zu reinigen und zu stärken, ohne die wir unsere Flügel nicht wirklich gebrauchen können. Mir sind viele Menschen bekannt, die glauben, auf ihrem Weg ins Licht ohne echte Begegnungen mit ihren Schatten auskommen zu können. Sie befassen sich mit Esoterik oder bedienen sich eines New-Age-Jargons und wirken dabei oft so blutleer, so kraft- und saftlos. Sie strahlen und blühen nicht wirklich, weil sie genau diesen Aspekt der Transformationsarbeit ausklammern. Sie wollen hochfliegen, ohne wirklich fundiert zu sein, ohne irdischen Rückbezug, ohne materiellen Anker, ohne kraftvolle Wurzeln. Sie wünschen sich Harmonie, Schönheit und Frieden, ohne die tieferen Gesetzmäßigkeiten zu erforschen und zu erfahren, die für echte Befreiung eine Voraussetzung sind. Solange sich wichtige Aspekte unseres Lebens in der Dualität abspielen, werden wir mit Licht und Schatten konfrontiert. Erst mit wachsendem Bewußtsein wird sich unser Umgang mit den Schattenseiten unseres Lebens verändern. Ob wir weise mit ihnen umgehen oder ihnen lediglich ausweichen, wird daran zu erkennen sein, wieviel Liebe, Klarheit und Kraft durch uns zum Ausdruck kommt.

Wir können versuchen, unsere Schatten zu ignorieren oder uns im Kampf mit ihnen zu verstricken – in beiden Fällen wären wir unfrei und würden ständig viel Kraft verlieren. Es gibt eine dritte Möglichkeit, an die wir uns jetzt langsam herantasten. Wir brauchen unsere Schatten weder zu verleugnen noch zu bekämpfen, wenn wir nur bereit sind, uns offen und ehrlich zu ihnen zu bekennen. Sie sind ausnahmslos unsere eigenen Schöpfungen und erfüllen als solche eine wichtige Funktion. Sie verdienen unsere Liebe! Wenden wir uns ihnen liebevoll zu, verlieren sie bereits einen großen Teil ihrer Bedrohlichkeit. Erst dann können wir genauer hinsehen und erkennen, daß wir sie möglicherweise in dieser alten Form nicht mehr brauchen. Problembereiche, die uns in der Vergangenheit wichtige Lehren erteilten, sind aufgrund unseres veränderten Bewußtseins unnötig geworden. Wir können ihre Schattengestalten verwandeln oder ganz auflösen, um die in ihnen gebundene Energie an anderen Stellen kreativer einzusetzen.

Formen und Wesen des Schattens

Zunächst geht es erst einmal darum, die Erscheinungsformen und das Wesen des Schattens etwas genauer zu betrachten. Als Schatten bezeichnen wir jene tieferen Teile unseres Unbewußten, denen wir aufgrund schmerzhafter Erfahrungen und Prägungen den Zugang zu unserem bewußten Denken und Handeln verwehrt haben. Daher gehören – wie schon betont – echte Schattenbegegnungen in einem geschützten Rahmen unverzichtbar zu einer tiefgreifenden und ganzheitlichen Transformation.

Es ist wichtig, einen aktuellen Bezug zu uns selbst und unseren gegenwärtigen Lebenserfahrungen herzustellen. Dazu beantworten Sie sich zunächst folgende Fragen:

– Gibt es gegenwärtig (gab es in den vergangenen Tagen/Wochen/Monaten) Bereiche in Ihrem Leben, in denen Sie sich mit Schwierigkeiten konfrontiert sehen?
– Gibt es Situationen und/oder Personen, die Ihnen das Leben schwermachen?
– Wenn ja, versuchen Sie alle problematischen Aspekte Ihres

Lebens beim Namen zu nennen. Wenn nötig, setzen Sie eine Liste auf. Können Sie einen gemeinsamen Nenner erkennen?

– Auf welche Weise verhindern diese Probleme Ihr Glück, Ihre Lebendigkeit, den freien Ausdruck Ihrer Kreativität und Liebe?
– Mit welchen Ängsten kommen Sie dabei in Berührung? Welche Sorgen und Befürchtungen werden durch die Schwierigkeiten hervorgerufen?
– Wie gehen Sie mit diesen Problemen um? Was ist Ihre spezielle Überlebensstrategie?
– Welcher negative Glaubenssatz, welche lebensverneinende Überzeugung, liegt Ihren Ängsten und Problemen zugrunde?

Einen wesentlichen Aspekt unserer Schatten finden wir immer in jenen Bereichen unseres Lebens, die uns Furcht einflößen, Sorgen bereiten und damit veranlassen, uns ängstlich statt liebevoll, defensiv statt kreativ zu verhalten. Erst wenn wir vorhandene Schatten erkennen und annehmen, werden wir nicht mehr von ihnen tyrannisiert. Wir akzeptieren dann bereitwillig die Herausforderungen unseres Lebens, gehen mit Konflikten und Auseinandersetzungen konstruktiv und angstfrei um.

Wenn wir unsere Schatten kennenlernen und befreien wollen, sollten wir bereit sein, uns unseren tiefsten und oft auch unbewußten Ängsten zu stellen, um diese durch unsere Liebe und unser Verständnis mit Licht zu erfüllen und damit zu erlösen. Wir öffnen uns in der Beschäftigung mit den Schattenaspekten erneut für Klarheit und Kraft, der Fähigkeit zu lieben und zu vergeben – gerade in jenen Bereichen, in denen uns dies besonders schwerfällt und die am meisten in der Lage sind, uns von unserem inneren Licht zu trennen.

Bevor Sie nun weiterlesen, vergegenwärtigen Sie sich bitte nochmals die aktuellen Probleme Ihres Lebens und die Ängste, die durch sie ausgelöst werden.

Gehen Sie nun einen Schritt weiter, und machen Sie sich bewußt, welche Glaubenssätze oder Mentalprogramme Ihren Ängsten zugrunde liegen. Zum Beispiel könnte hinter der Angst zu versagen die Überzeugung stehen: »Ich schaffe es nicht!« Oder hinter der Angst vor Liebesverlust: »Ich bin nichts Besonderes«, »Ich bin wertlos«, »Ich kann allein – ohne diesen Partner – nicht glücklich sein.« Hinter der Angst vor Zwang und Fremdbestimmung verstecken sich vielleicht die Glaubensmuster: »Wenn ich mich auf einen Menschen (eine Situation) einlasse, kann ich nicht mehr ich selbst sein.« Oder »Bindung und Nähe bedeuten Unfreiheit.«

Falls Sie gegenwärtig mit keinen nennenswerten Ängsten oder Problemen konfrontiert sind, erinnern Sie sich daran, wann es so etwas zum letzten Mal in Ihrem Leben gab. Was hat sich seither bei Ihnen gewandelt? Was haben Sie damals gelernt, begriffen und verändert? Fühlen Sie sich ohne diese Probleme lebendig und glücklich?

Die Schattenarbeit gibt uns noch einmal die Gelegenheit, ausführlich und gründlich jene Glaubenssätze zu untersuchen, die nach wie vor die Kraft besitzen, unsere Angst zu schüren und damit unsere Lebendigkeit und Kreativität einzuschränken. Letztlich geht es aber darum, die tiefste Wurzel für die Existenz all unserer Schatten zu erkennen: die Illusion, die im Bewußtsein von Trennung und Dualität liegt. Nur dadurch gelingt es uns wirklich, uns zum Licht hinter unserem Schatten, zur Freiheit hinter unserer Angst durchzuringen.

Schatten und Angst

In diesem Zusammenhang sei nochmals zusammengefaßt: Hinter jedem Problem unseres Lebens finden wir einen Schatten. Hinter jedem Schatten versteckt sich eine Angst. Jeder Angst liegt eine Überzeugung, ein Glaubenssatz zugrunde. Jeder lebenseinschränkende Glaubenssatz basiert auf einer Unbewußtheit, einer Illusion, einer Lüge. Jede Unbewußtheit ist eine Form der Trennung, ein Herausfallen aus dem Bewußtsein der Einheit. Dies ist unsere »Vertreibung aus dem Paradies«. Wir haben uns in die Dualität begeben, die die Illusion des existentiellen Getrenntseins und damit die Erfahrung von Licht und Schatten mit sich brachte.

Unser Transformationstraining soll das Verständnis dafür öffnen, daß jede Unbewußtheit und ihre Folgen die Abtrennung aus der Einheit zeigen und den Verlust der Verbindung zu unserer tiefsten Wahrheit, zu unserem göttlichen Wesenskern dokumentieren. Finden wir nach und nach zu diesem Bewußtsein unserer Einheit zurück, so lösen sich Unbewußtheiten, Ängste und Schatten in unserem Leben wie von selbst auf. Wir schlagen uns nicht mehr defensiv mit Problemen herum, sondern können nun Aufgaben, Lektionen und Herausforderungen bereitwillig annehmen. Die ganze Energie, die in der Unterdrückung oder im Kampf mit den Schatten gebunden war, wird frei für ein kreatives und glückliches Leben.

Die Schattenarbeit ist unter anderem deshalb so wichtig, weil wir durch sie viel Kraft zurückgewinnen können. Schatten rauben uns auf zweierlei Weise Energie. Zum einen brauchen wir viel Kraft, um sie zu unterdrücken oder uns mit ihnen herumzuschlagen, zum anderen bergen sie selbst erhebliche Potentiale an Vitalität, Stärke, Liebe und Lebensfreude.

Mit jedem Schattenaspekt, den wir in unser Bewußtsein zurückholen und durch unsere Liebe erlösen, eröffnet sich uns eine neue Quelle aus dem Urstrom unserer göttlichen Macht. Und wenn wir schließlich aufhören, uns mit dem oberflächlichen Schein zu identifizieren, wenn wir uns auf den Weg machen, unser geistiges Erbe anzutreten, wird jeder Schritt eine wundervolle Entdeckung, wird jeder Tag ein neues Geschenk des Lernens und Wachsens.

Dieses Ziel, dieses grundlegende Verständnis sollten wir uns gleich zu Anfang vor Augen führen. Dann erhält unsere freiwillige Begegnung mit den Schattenkräften von vornherein eine besondere Qualität. Wir können sie dann in unmittelbarem Erleben durchleuchten, sie von innen her kennenlernen, ohne uns restlos mit ihnen identifizieren zu müssen. Wir erlauben ihnen, sich deutlich in ihrem Wesen und ihrer Wirkung zu zeigen, um sie dann mit all dem Mut und der Liebe, zu der wir fähig sind, als Teile unseres Selbst anzuerkennen, anzunehmen, zu erlösen, zu er-lieben. Wir holen sie damit als verlorene Wesensteile zurück. Wir durchschauen sie als unsere eigenen Schöpfungen, die uns mehr oder weniger gut dienten, doch unserem wachsenden Bewußtsein nicht länger entsprechen. Wie der Vater, der nach der Heimkehr seines verlorenen Sohnes

ein großes Fest veranstaltet, so feiern auch wir unsere zurückge-
wonnene Ganzheit.

Lichte und dunkle Schatten

Wir unterscheiden bei unserer Arbeit zwei Hauptkategorien von
Schatten: lichte Schatten und dunkle Schatten.

Lichte Schatten sind Potentiale der Kraft, Freude, Lebendigkeit, Liebe, die aufgrund von Erziehung, Umwelteinflüssen,
Konditionierungen und schmerzhaften Erfahrungen unterdrückt wurden und auf die Erlaubnis warten, angstfrei gelebt
und ausgedrückt zu werden. Es handelt sich dabei um Teile, die
noch unentwickelt leben und dadurch zu unserer Ganzwerdung
fehlen. Die Wirkung solcher Schatten sind ein nichtgelebtes
Leben und damit einhergehend ungestillte Sehnsüchte, gekün-
steltes Verhalten, unterschwellige Traurigkeit, geringe Lebendigkeit und Ausstrahlung, Mangel an Vitalität und Lebensfreude. Die lichten Schatten sind auch häufig die Folge von
Tabus, die wir aufgrund unserer Erziehung übernommen haben,
die jedoch nicht unserem wahren Wesen, unserer tiefsten Wahrheit entsprechen. Betroffen sind meistens die Bereiche von Sexualität, Sinnlichkeit und Lust, aber auch Aspekte wie Durchsetzungsfähigkeit, Willenskraft, Selbstbehauptung oder ganz
allgemein Freude und Lebendigkeit.

Eine Begegnung mit solchen Schatten bringt oft eine verborgene Traurigkeit an die Oberfläche, die sich in einer Flut von
Tränen endlich ausdrücken und entladen möchte. Hinter der
Traurigkeit zeigen sich dann auch häufig bislang versteckte und
unterdrückte Schichten von Wut, Zorn und unausgelebter Aggressivität. Wann immer wir den Mut aufbringen, diesem Spektrum »negativer« Gefühle Ausdruck zu verleihen, mündet der
Prozeß schließlich in ein meist lustvolles und ekstatisches Gefühl der Befreiung, einen großen Zuwachs an Kraft und Lebendigkeit, ein überwältigendes Gefühl von Freude und Dankbarkeit. Es ist, als ob wir das Licht nach einer endlos erscheinenden
Nacht, die Wärme nach einem langen Winter endlich wieder
begrüßen und feiern dürfen. Die Tränen trocknen schnell, und

man fühlt sich wie neugeboren. Je nachdem, wie wesentlich das verschüttete Potential war und wie tief es vergraben lag, kann dieser Prozeß spielerisch leicht oder höchst dramatisch ablaufen. In jedem Fall überwiegen am Ende die Dankbarkeit und Freude über den zurückgewonnenen inneren Reichtum, das Gefühl wiedergefundener Ganzheit.

Die Begegnung mit den dunklen Schatten ist eine Konfrontation mit dem, was wir »das Böse« nennen. Eine solche Schattenbegegnung ist immer erschütternd, schockierend. Sie macht uns betroffen, unsicher, verlegen. Wir werden mit etwas konfrontiert, was unserer Meinung nach nicht sein darf, was wir auf keinen Fall sehen wollen. Jeder Mensch zuckt bei einer solchen Begegnung erst einmal zusammen, schreckt zurück, will weglaufen oder sich in panischer Angst verteidigen.

Eine solche Schattenbegegnung bedroht die eigene Identität, erschüttert unsere heile Welt. In der Regel stoßen wir dabei auf mit hoher Angstladung versiegelte Tabus. Begegnen wir ihnen nicht freiwillig, verfolgen sie uns lebenslänglich. Sie behindern unsere Bewußtseinsentwicklung und versperren uns den Zugang zu freieren Räumen des Seins. Wir leben ständig auf der Flucht oder müssen mit Entsetzen zusehen, wie sie uns früher oder später doch einholen – in Form von Unfällen, Krankheiten, Beziehungstragödien, dramatischen beruflichen Fehlschlägen oder auch zunehmend destruktivem Verhalten gegenüber uns selbst, unserer Gesundheit, unseren Mitmenschen oder dem, was wir in langer, mühevoller Arbeit aufgebaut haben.

So unangenehm und schockierend auch die freiwilligen Schattenbegegnungen in unserer Arbeit sein können, so sind sie doch jedesmal für den Betroffenen ein Geschenk. Es handelt sich dabei immer um jene Teile, die unserem Tagesbewußtsein nicht oder noch nicht zugänglich sind. Die Tiefe der Dimensionen, die wir damit erreichen, hängt ab von der persönlichen Kraft und der Reife jedes einzelnen Teilnehmers. Wir forcieren daher nichts, sondern ermutigen lediglich, in Offenheit und Wachsamkeit präsent zu sein, bereit, alles zuzulassen, alles anzuschauen, allem zu begegnen.

In der »Schattengruppe« begeben wir uns auf eine Jagd nach unserer Kraft. Wenn wir gelernt haben, mit Intensität umzugehen, ohne uns in ihr zu verlieren, können wir uns auch unseren größeren Dämonen stellen. Wie bei allen transformatorischen Grenzüberschreitungen bestimmt auch hier das Maß unserer persönlichen Reife, welchen Energiezuwachs wir in unser Leben integrieren können. Sich vormals unterdrückte Energien anzueignen und nutzbar zu machen, ist ein Akt der Befreiung.

Über den Umgang mit Projektionen

In der Schattenarbeit kommen wir nicht umhin, uns mit dem Wesen von Projektionen auseinanderzusetzen. Projektionen sind jene Filter oder Raster unserer Wahrnehmung, die sich, ohne daß wir uns dessen bewußt sind, aufgrund der gesamten Erinnerungen und Erfahrungen unserer Seele zwischen uns und die Realität schieben.

Für gewöhnlich betrachten wir die Sinne, mit denen wir unsere Welt wahrnehmen, als Öffnungen – Fenster oder Türen –, durch die wir mit unserer Umgebung in Kontakt treten. Psychologen haben jedoch seit langem erkannt, daß unsere fünf Sinne weniger Öffnungen, als vielmehr Filter darstellen, die uns nur jenen Teil der Realität wahrnehmen lassen, der unser beschränktes Weltbild nicht erschüttert. Uns ist jeweils nur ein winziger Ausschnitt des Ganzen bewußt. Und auch dieser kleine Teil wird durch unsere individuellen Filter gefärbt. Auf diese Weise lebt jeder in seiner eigenen Welt, die exakt seinem gegenwärtigen Bewußtsein entspricht.

Um das wirklich zu begreifen, ist es notwendig zu sehen, daß kein Mensch wie ein leeres, unbeschriebenes Blatt auf die Welt kommt. Jede Seele bringt ein ganzes Paket von zum Teil unverarbeiteten Erfahrungen aus früheren Existenzformen mit. Die Geburt, der Eintritt in eine neue Inkarnation, ist lediglich so etwas wie ein relativer Neuanfang. Doch wie wir gesehen haben, sind bereits Schwangerschaft und Geburt prägende Situationen, die unsere spätere Wahrnehmung und Einstellung zum Leben nachhaltig beeinflussen. Ausgehend von diesen ersten Grunderfahrungen sammeln sich beim heranwachsenden Kind immer neue, differenziertere Wahrnehmungsfilter an, die schließlich die Brille ausmachen, durch die wir die Welt von unseren Vorstellungen getönt erleben und interpretieren.

Das ursprüngliche Licht, mit dem wir ins Leben kamen, erhält zahlreiche Färbungen und wird mehr oder weniger getrübt. Jede Erfahrung, jede Prägung ist wie eine neue Farbe, deren Filter die persönliche Sichtweise von der Welt ausmacht. Wir verlieren die Fähigkeit unmittelbarer Wahrnehmung. Aus den vielen Schichten von Filtern entsteht mit der Zeit so etwas wie ein eigenständiges Bild, eine Gestalt, ein Muster, das anfängt, ein Eigenleben zu führen. Diese Gestalt ist die Grundhaltung, aus der heraus wir unser Leben in Angriff nehmen. Diese Art, das Leben wahrzunehmen und zu gestalten, ist das Grundmuster unserer Projektion. Es ist sehr wichtig, es kennenzulernen, denn es bestimmt und erschafft die Welt, in der wir leben. Erst wenn wir unsere Sehstörung erkannt haben, können wir sie auch korrigieren.

Projektionsübung

Mache einen Spaziergang, wenn möglich in der Natur. (Es kann natürlich auch ein Gang durch die eigene Wohnung sein.) Sei offen, und laß dich von einem tragbaren Gegenstand anziehen. Nimm ihn mit nach Hause. Dort setze dich mit deinem Tagebuch oder mit etwas anderem zum Schreiben hin, und nimm dir etwa eine Stunde Zeit, mit diesem Gegenstand in eine innige Verbindung zu treten.

Betrachte ihn zunächst eingehend. Dann beschreibe ihn so ausführlich wie möglich, und halte alles Wichtige schriftlich fest. Gehe dabei vor allem auf das ein, was du an ihm schön findest, liebst und bewunderst, aber ebenso auf das, was dir nicht gefällt, wo du Mängel oder Schwächen entdeckst.

Wenn du damit fertig bist, laß deinen Gegenstand zu einem fühlenden, beseelten Wesen werden. Fühle dich ganz ein, sprich aus und schreibe auf, wie es deinem Gegenstand geht, was er fühlt, wovon er träumt. Gehe im nächsten Schritt dann nochmals besonders ein auf seine größten Wünsche, Bedürf-

nisse, Hoffnungen und Sehnsüchte und ebenso auf seine größten Ängste und Befürchtungen. Was wäre das Schönste, was das Schlimmste, was deinem Gegenstand widerfahren könnte? Erforsche ausführlich das gesamte Seelenleben deines Gegenstandes.

Wenn diese Phase beendet ist, eröffne einen Dialog. Hast du Fragen, die du ihm stellen möchtest? Was antwortet er dir? Was möchte dein Gegenstand dir erklären, dir mitteilen? Was antwortest du ihm? Laß dir Zeit, in Verbindung zu treten und dich ganz nahe berühren zu lassen.

Vielleicht findest du auch einen besonderen Namen, den du deinem Gegenstand geben möchtest. Schreibe wiederum alles Wesentliche auf. Vor dem folgenden Schritt laß einige Stunden oder einen ganzen Tag vergehen.

Nimm dann wieder deine Aufzeichnungen zur Hand, und lies die Beschreibung des Gegenstandes laut in der Ich-Form vor. Immer, wenn du ihn nennst, sage statt dessen »ich«. Beispiel: Anstatt »Mein Stein ist schön und rund«, sage: »Ich bin schön und rund.« Lies ganz langsam, und achte auf alle Gefühle. Erlaube deinem Gegenstand, dir etwas Wichtiges über dich mitzuteilen. Laß dich berühren.

Du kannst diese Übung selbstverständlich auch gemeinsam mit einem Partner oder mit Freunden teilen. Es sollten allerdings nur Menschen sein, mit denen du vertraut bist, denen du dich gerne öffnest und zeigst.

In unserem Training nehmen wir uns viel Zeit, um von den Projektionserlebnissen jedes einzelnen zu erfahren. Gerade die größten Sehnsüchte, Hoffnungen und Befürchtungen eröffnen einen faszinierenden Einstieg in die Welt der persönlichen Schatten.

Wenn wir erleben, wie die Teilnehmer in ähnlichen oder sogar gleichen Gegenständen ganz unterschiedliche Aspekte sehen, erahnen wir, daß viele Menschen in ein und demselben Raum doch gleichzeitig in völlig unterschiedlichen Welten leben können – entsprechend den Mustern ihrer Projektionen.

Die Botschaften, die sie im Dialog mit dem Gegenstand erhalten, sind oft von faszinierender Weisheit und geben wertvolle Anstöße für aktuelle Entwicklungsschritte. Die Projektion auf den Gegenstand zeigt uns etwas von unserem Selbstbild, von dem Umfang unserer Selbstannahme und Selbstliebe. Wir spüren genau, welche Aspekte wir an uns bewerten, welche uns unangenehm sind, wo wir am liebsten wegschauen. Überall, wo starke Bewertungen oder gar Verurteilungen vorhanden sind, liegen negative Projektionen zugrunde. Dasselbe gilt natürlich auch für eine einseitig rosa gefärbte Selbsteinschätzung, für das Ignorieren von Schwächen und Ängsten, für Eigendünkel und Größenwahn. In beiden Fällen liegt eine Angst zugrunde, die sich in Glaubenssätzen äußert: »So wie ich bin, bin ich nicht richtig.« »Ich darf nicht einfach so sein, wie ich bin.« »So wie ich bin, habe ich keine Existenzberechtigung.« »Ich kann nur leben, wenn ich so bin, wie es andere von mir erwarten.«

Hinter den Bewertungen unserer selbst versteckt sich immer auch unser Bedürfnis nach Anerkennung und Liebe. Dadurch waren wir als Kinder abhängig und manipulierbar. Um in unserer Gemeinschaft überleben zu können, mußten wir ihre Maßstäbe von Gut und Böse anerkennen und übernehmen. Diese tragen wir oft bis in das Erwachsenenalter unbewußt mit uns herum. Sie bleiben fremdbestimmte Richtlinien, die uns behindern und einschränken.

Das Ausmaß unserer Bewertungen von uns selbst und unserer Umgebung spiegelt den Umfang und die Dichte unserer Projektionsfilter. Erst wenn wir beginnen uns zu entspannen, um die Dinge ohne Tadel oder Lob, ohne Anklage oder Verteidigung anzuschauen und beim Namen zu nennen, nähern wir uns Räumen echter Wahrnehmung. In diesen Seinszuständen wächst ein uneingeschränktes Ja zu allem, was wir sind; zu allem, was ist; zu allem, was gerade in das Feld unserer bewußten Wahrnehmung tritt. Unser Bewußtsein wird dadurch weiter. Wir erlauben uns, mehr zu sehen, mehr zuzulassen als bisher und nennen auch solche Aspekte der Realität beim Namen, die für uns bislang tabu waren.

Indem wir unsere Bewertungen gegenüber uns selbst und anderen loslassen, verschwindet auch die Angst vor Liebesverlust. Wir zeigen uns in einer neuen Selbstverständlichkeit mit allem, was wir sind, und beenden damit die Tyrannei von starren Idealen und einengenden Vorstellungen. Wir machen uns bereit, alles, was nicht wirklich zu uns gehört, freiwillig loszulassen und befreien uns damit auch von Schuldgefühlen, Minderwertigkeitskomplexen, Eigendünkel und den verfälschten Formen unseres selbstgebastelten Images. Unsere fremdbestimmte Identität wird durchleuchtet, und wir erkennen hinter den vielen Masken, Schutzpanzern und Verkleidungen, wer wir in Wirklichkeit sind! In einem Raum des Seins, in dem keine Bewertungen existieren, sehen wir uns zum ersten Mal so, wie Gott uns sieht.

Wir erkennen, daß es keinen Grund gibt, uns zu rechtfertigen oder gar anders sein zu wollen, als wir sind. Wir sind genauso, wie wir sein sollten. Hätte der »allmächtige Schöpfer« sich andere Wesen gewünscht, wäre es ihm ein Leichtes gewesen, diese zu erschaffen. Tatsächlich jedoch sind wir selbst, und niemand sonst, die Schöpfer aller Aspekte unseres Lebens. Wir haben diese Form, diese Eigenschaften gewählt, um bestimmte Erfahrungen zu machen.

Wenn die Bewertungen wegfallen, löst sich gleichzeitig ein gewaltiger Komplex von Angst und Schuld auf. Damit dringt Licht in unser Bewußtsein, und wir hören auf, uns ausschließlich mit unserer Oberfläche zu identifizieren. Die energetische Ladung unserer Projektionen auf unsere Umgebung, auf andere Menschen und auf uns selbst zeigt uns lediglich das Ausmaß unserer Unbewußtheit, der Ignoranz gegenüber dem, was wir in Wahrheit sind. Wir schlafen noch und identifizieren uns mit unseren Träumen. Es ist Zeit zu erwachen und die Größe und die Grenzenlosigkeit unseres *ICH BIN* zu erkennen. Dies zieht einen radikalen Wandel unseres ganzen Lebens nach sich.

In unserem Transformationstraining bemühen wir uns zunächst um das Erkennen und das Verstehen unserer Projektionen, das heißt unserer Identifikationen mit der Oberfläche. Nachdem wir uns in der ersten Projektionsübung eingehend mit den Gegenständen beschäftigt haben, projizieren wir im nächsten Schritt auf Personen. Dazu sucht sich jeder Teilnehmer einen Partner aus der Gruppe, zu dem eine besondere Spannung in Form von unausgedrückter Anziehung oder Ablehnung vor-

handen ist. Im nun folgenden Projektionsritual nimmt wechsel-
seitig der eine die Rolle des Projizierenden, der andere die Rolle
der Projektionsfläche ein.

Ein Projektionsritual

Diese rituelle Übung besteht aus mehreren Phasen. In den ersten Schritten geht es zunächst einmal für den aktiven, projizierenden Partner darum, alle vorhandenen Projektionen unver-
blümt auszusprechen. Dabei dürfen die Projizierenden bis an
die Grenze des Absurden gehen. Alle Verurteilungen sollen
ausgedrückt, alle Beschimpfungen entladen werden. Der Teilnehmer, auf den projiziert wird, kann in dieser Zeit beobachten,
was die möglicherweise verletzenden Angriffe des Gegenübers
bei ihm auslösen. Trifft ihn etwas besonders tief, so kann er
sicher sein, daß die Projektion des Partners tatsächlich einen
wunden Punkt berührt hat, der von ihm selbst noch nicht erlöst
wurde. Alles, was uns schmerzhaft berührt, zeigt uns einen
Schattenaspekt, der noch auf Heilung wartet. Um Überforde-
rungen zu vermeiden, werden in diesem Ritual beide Partner
durch neutrale Beobachter und Helfer unterstützt.

Die scheinbare Härte dieser ersten Phase wird im folgenden
relativiert.

In einem weiteren Schritt erhalten beide die Gelegenheit,
ohne Worte, durch Körperausdruck und Stimme die vorhandene energetische Anspannung auszudrücken und zu entladen.
Das Einbeziehen des Körpers hat in allen unseren Gruppen
einen besonderen Stellenwert. Das mental Erfahrene erhält dadurch »Fleisch und Blut« und kann somit leichter und vollständiger integriert werden.

Nach einer gewissen Zeit werden die Agierenden gefragt:
»Welche Personen aus deinem bisherigen Leben fallen dir dazu
ein? Welche Teile deiner selbst siehst du im Partner gespiegelt?«
In der Regel können die Teilnehmer den Bezug zu unerledigten
früheren Beziehungen oder zu Aspekten, die sie bei sich selbst
bekämpfen, bereits in den Phasen des Agierens überdeutlich
sehen.

Wenn wir anderen Menschen etwas mit Vehemenz vorwerfen, werden wir mit etwas Abstand sehr leicht Parallelen zu eigenen früheren Erfahrungen oder zu Eigenschaften von uns selbst erkennen können. An dieser Stelle im Projektionsritual haben die Teilnehmer die Möglichkeit, all dies offen und angstfrei mitzuteilen. Die offene Beantwortung dieser Fragen macht allen Anwesenden schlagartig die Anteile von Projektionen in ihren Lebensdramen bewußt. Die Energie der nach außen gerichteten Projektionen wird auf diese Weise als Selbsterkenntnis zurückgenommen. Die Situation entspannt sich unmittelbar. Der ausgedrückte Haß, die vernichtenden Verurteilungen oder die verzweifelte Verteidigung verwandeln sich in Betroffenheit oder Lachen. Dankbarkeit für die gewonnene Erkenntnis überbrückt die Kluft der trennenden Projektionen. Das Ritual endet schließlich in einer gegenseitigen Verneigung mit den Worten »Ich erkenne dich als Teil meiner selbst und danke dir.«

Diese Übung, die sich in unterschiedlichen Konstellationen über einen ganzen Tag erstreckt, wird von unseren Teilnehmern oft als eine der stärksten und intensivsten Erfahrungen des gesamten bisherigen Trainings beschrieben. Sie bringt bei allen Beteiligten eine große Menge psychischen Materials an die Oberfläche, für deren Bearbeitung wir uns viel Zeit nehmen. Sie zeigt uns, daß jede Erscheinung im Außen nichts anderes als eine Reflektion von uns selbst darstellt. Wenn wir beginnen, dieses Bewußtsein in unsere Beziehungen zu tragen, hören wir auf, unsere Partner zu bekämpfen oder sie verändern zu wollen. Wir erkennen das, was wir in anderen bewundern oder verachten, lieben oder hassen, als Spiegel für unsere Einstellung zu uns selbst. Wir übernehmen dann Verantwortung für unsere Gefühle und geben nicht länger anderen Menschen oder den Umständen die Schuld für unser Unglück. Gerade die Menschen, die uns das Leben besonders schwermachen, können dadurch zu unseren größten und wichtigsten Lehrmeistern werden. Die Auseinandersetzung mit ihnen ist deshalb so wichtig, weil sie einen Test für unsere Kraft, Klarheit und Liebe darstellt.

Sind wir in der Lage, unsere größten Widersacher als Teile von uns selbst zu erkennen, anzunehmen und zu verehren, gibt es auch keinen Schattenbereich im Inneren, dem wir uns nicht stellen könnten. Solange es Tyrannen in unserem Leben gibt, die uns manipulieren und dominieren, zeigt dies lediglich, daß wir noch nicht voll und ganz zu uns stehen, daß wir uns kleiner und schwächer machen, als wir sind. Wir betrachten uns immer noch als Opfer und gestatten äußeren Mächten, unser eigenes Licht zu verdunkeln, unsere innere Quelle zu trüben. In der Auseinandersetzung mit Widerständen jedoch wächst unsere Fähigkeit, zu unserer eigenen Wahrheit zu stehen.

Damit das Licht, das wir sind, voll und ungehindert durch uns erstrahlen kann, brauchen wir zwei Grundeigenschaften: Wir müssen einerseits durchlässig werden, müssen lernen, Leiter und Kanal für diese hochschwingende Energie zu werden. Andererseits müssen wir aber auch widerstandsfähig werden, indem wir lernen, Unsicherheiten und Intensität auszuhalten. Ebenso wie die Lichtstärke einer Glühbirne aus dem Zusammenspiel von Leitfähigkeit und Widerstand entsteht, brauchen auch wir nicht nur Durchlässigkeit, sondern auch persönliche Kraft, um zum Träger von Lichtenergie zu werden.

Herausforderungen sind Geschenke

Um diese Qualitäten zu entwickeln, sind die Herausforderungen unseres Lebens wertvolle Geschenke. Sobald Widerstand und Durchlässigkeit in Balance sind, verwandeln sich gerade die schwierigsten Situationen in wertvolle Wachstumshilfen. Wir nehmen dann die Lektionen, die uns das Leben erteilt, immer bereitwilliger entgegen und bewältigen auch unangenehme Prüfungen mit wachsender Leichtigkeit.

Solange wir andere Menschen oder Aspekte unseres Lebens und uns selbst bekämpfen, werden wir uns immer als Opfer der Umstände fühlen, unfrei und ständig unter Druck handeln. Wir leben dann überwiegend aus der Defensive. Sobald wir jedoch beginnen, uns unseren Schatten freiwillig zu stellen, erkennen wir, daß niemand anderes als wir selbst sie geschaffen und ihnen die Erlaubnis erteilt haben, uns zu tyrannisieren und die Harmonie unseres Lebens zu stören. Und damit wird klar, daß niemand anders als wir selbst uns von ihnen erlösen können. Indem wir sehen, wie wir sie erschaffen haben, können wir sie auch wieder auflösen und das in ihnen liegende Potential in Besitz nehmen. Erst dann hören wir auf, uns wie von unbekannten Mächten dirigierte Marionetten zu bewegen; erst dann sind wir in der Lage, bewußt wir selbst zu sein. Nur durch einen solchen Schritt werden wir das, was wir sein sollten, was wir aus der Sicht unseren wahren Selbst bereits sind.

Um dies noch umfassender zu realisieren, dient unter anderem ein Abschlußritual, das wir gegen Ende dieser »Schatten-tage« durchführen. Dazu finden sich nochmals dieselben Teil-nehmer in einer Kleingruppe zusammen, die noch vor wenigen Tagen ihre Schatten aufeinander projiziert haben. Jetzt geht es darum, jeden einzelnen in seinem Potential wahrzunehmen. Es handelt sich hierbei um eine Übung, einen anderen Menschen durch alle oberflächlichen Erscheinungen hindurch in einem Zustand seines vollständigen Erblühens zu sehen.

Vor Beginn des Prozesses treten alle Teilnehmer mit Hilfe von Tiefenentspannung in einen Zustand erweiterter Wahrneh-mung. Dabei kommen sie mit der Präsenz ihres *ICH BIN* in Kontakt, also mit der Allgegenwart ihrer eigenen Essenz. Dabei empfangen sie unter anderem einen Satz, der als Affirmation die Kraft besitzt, alle in den vorangegangenen Tagen entdeckten Negativprogramme zu neutralisieren.

Im Verlauf des nun folgenden Rituals erhält jeder Teilnehmer für eine gewisse Zeit die volle Aufmerksamkeit aller anderen Mitglieder seiner Kleingruppe. Ohne den Kontakt zu seiner meditativen Mitte aufzugeben, erlaubt er seinem Körper, eine Haltung zu finden, welche die energetische Ausstrahlung seiner Affirmation am treffendsten ausdrückt. Als diese »Statue« spricht er den zwar empfangenen Satz, der mit »Ich bin…« (zum Beispiel: »Ich bin die strahlende Sonne meines Lebens«) beginnt, mehrere Male aus.

Die Wirkung einer solchen rituellen Handlung ist immer wie-der erstaunlich. Die Energie im gesamten Umfeld verdichtet sich augenblicklich. Es ist, als ob durch die Körperhaltung und die Macht des gesprochenen Wortes sich deutlich spürbar die Prä-senz einer transzendenten Wahrheit einstellt. Die »Beobachter« werden an dieser Stelle aufgefordert, all ihre Bilder und Wahrnehmungen mitzuteilen, die etwas vom Potential der in seiner symbolischen Körperhaltung verharrenden Person offenbaren.

Der vorgegebene Rahmen macht es dabei möglich, Qualitäten zu sehen und auszusprechen, die wir in der Regel nur auf Helden oder Heilige projizieren. Doch in diesen Momenten weiß jeder, daß diese göttlichen Aspekte nicht unserem Ego angehören, das sich damit aufblähen könnte. Wir verneigen uns damit vielmehr in Dankbarkeit vor der Realität unseres inneren Selbst, mit der sich unser oberflächlicher Verstand niemals brüsten könnte.

Im Erkennen und Zulassen unserer tiefsten Wahrheit werden wir nicht größenwahnsinnig. Vielmehr wird allen nach Macht, Ansehen und Einfluß strebenden Teilen unseres Egos der Wind aus den Segeln genommen.

Das, was wir bereits sind, brauchen wir nicht herauszustellen; wir brauchen auch nicht mehr zu versuchen, es zu erreichen. In den Momenten unseres Erwachens sehen und erkennen wir uns als untrennbaren Teil des Ganzen. Wir sind alles, was unsere Wahrnehmung erfassen kann und noch viel mehr – in Worten nicht ausdrückbar. *WIR SIND ES!*

Mann und Frau –
Auf der Suche nach dem inneren Geliebten

»Jedes Individuum kommt als eine Einheit, die sich dann teilt. Es ist wie ein Lichtstrahl, der auf ein Prisma fällt und sich in sieben Farben aufspaltet. Die Empfängnis fungiert wie ein Prisma. Das Eine Tao spaltet sich in zwei gegensätzliche Pole: Mann und Frau. Daher ist kein Mann einzig und allein nur Mann, das Weibliche verbirgt sich innen. Und das gleiche gilt für die Frau. Eine der geheimen Botschaften des Tao besagt, daß ein Mann seiner inneren Frau (und eine Frau ihrem inneren Mann) dort begegnen kann, wo sich Bewußtes und Unbewußtes, Licht und Dunkelheit, Erde und Himmel, Positiv und Negativ treffen. Nur in dieser inneren Begegnung wird ein Mensch vollständig.«

(Osho)

»Tantra ist für mich das Zusammentreffen von weiblicher und männlicher Energie im Inneren eines Menschen. In diesem Zusammenfließen entsteht Ganzheit, Fülle und das Gefühl, von innen heraus erfüllt zu werden. Diese Erfüllung läßt uns mit anderen Kontakt aufnehmen – aus einem inneren Reichtum und nicht mehr aus einem Bedürfnis heraus.« *(Waduda)*

»Mein Hauptanliegen war und ist, die Menschen wissen zu lassen, daß sie sich jederzeit und überall orgastisch oder ekstatisch fühlen können, wenn sie nur wollen. Ich frage: Was möchtest du? Möchtest du Freude am Sein empfinden, selbst wenn dies anfangs überhaupt nichts mit Sex zu tun hat, ja vielleicht niemals?« *(Julie Henderson)*

»Die größte Kraft im psychischen Universum ist das Verlangen nach Vollständigkeit, nach Ganzheit, nach Ausgleichung.«
(C. G. Jung)

Mit der Mann-Frau-Thematik setzen wir uns auf einer neuen Ebene mit unserem Streben nach Glück, Ganzheit und Vollständigkeit auseinander. Nirgends tritt dieses Verlangen deutlicher in Erscheinung als in der magischen Anziehung der Geschlechter. Höchstes Glück und bitterste Frustration, größtes Sehnen und tiefsitzende Angst und Abwehr können hier dicht aufeinandertreffen. In kaum einem anderen Bereich sind wir so verletzbar. Immer wieder aufs neue erhoffen wir das Ende von Trennung und Einsamkeit und werden doch jedesmal wieder auf uns selbst zurückgeworfen.

Weltweit befindet sich die traditionelle Zweierbeziehung in einer tiefen Krise. Glückliche, »funktionierende« Beziehungen scheinen eher eine Ausnahme zu sein. Selbst Paare, die wir lange als »Traumpaare« bewunderten, gehen plötzlich auseinander oder öffnen sich einer tiefgreifenden und oftmals schmerzhaften Besinnung und Neuorientierung.

Die Begegnung mit unserem geschlechtlichen Gegenpol konfrontiert uns gleichzeitig mit zahlreichen Gegensätzen in uns selbst: Dem Bedürfnis nach Nähe steht der Drang nach Freiheit gegenüber, dem Wunsch nach Verbundenheit das Streben nach

Unabhängigkeit, dem Verlangen nach emotionaler und sexueller Erfüllung die Angst vor Zurückweisung, der Sucht nach Romantik die Gefahr emotionaler Verletzung und Liebesverlust, der Lust auf Sinnlichkeit und Erotik die Sorge um Ansteckung durch Aids.

Es gibt wohl nur wenige Lebensbereiche, die ähnlich stark belastet sind mit Ängsten, Schuldgefühlen, Unfreiheiten und irrationalen Denk- und Verhaltensweisen. Tiefsitzende Moralvorstellungen und Tabus sowie jahrhundertelange sexualfeindliche Konditionierungen haben ihren machtvollen Einfluß noch lange nicht verloren und widersetzen sich hartnäckig dem Streben nach mehr Natürlichkeit, Offenheit und Akzeptanz. Die neuen Freiheiten scheinen viele Menschen eher zu überfordern, schaffen oftmals Verunsicherung und Verwirrung.

In unserem eigenen Prozeß einer ganzheitlichen Transformation und Bewußtseinserweiterung kommen wir nicht umhin, uns auch diesem Thema zu stellen. Wenn wir versuchen, es beiseite zu schieben oder zu verdrängen, laufen wir Gefahr, hinterrücks doch immer wieder von den machtvollen Kräften unseres Unterbewußten eingeholt zu werden. Ich gehe sogar so weit zu sagen, daß die Verwirklichung der eigenen Vision der Freude nicht gelingen kann, wenn der Bereich von Sexualität und Beziehung nicht intensiv und wahrhaftig durchleuchtet und geheilt wird. Dies kann nur dann gelingen, wenn wir ihn zu einem Teil unseres meditativen Gewahrseins werden lassen.

In unserem Transformationstraining geben wir den Teilnehmern einige Orientierungshilfen, mit denen sie in ihrem eigenen Leben weiterarbeiten und experimentieren können. Es handelt sich dabei um Erfahrungen, die für Vatika und mich in unserem eigenen Leben und in unserer Beziehung bedeutsam wurden und immer noch sind. Wir vermitteln Schlüssel, die für unser Verständnis von uns selbst als Mann und Frau sowie für die Schritte unseres gemeinsamen Weges zu bedingungsloser Liebe unentbehrlich geworden sind. Darüber hinaus beziehen wir die wertvolle Vorarbeit anderer mit ein, die in den Bereichen von Tantra, Karezza, Tao Yoga, Tiefenpsychologie und Schamanismus geleistet wurde.

Wir wenden uns unter anderem Fragen zu wie:
- Was bedeutet es für mich, Mann beziehungsweise Frau zu sein?
- Welche einengenden Konditionierungen, welche Verletzungen gibt es zu heilen oder zu befreien?
- Welches Verhältnis habe ich zu meinem Körper, meiner Sexualität?
- Mit welchen Schwierigkeiten und Herausforderungen werde ich immer wieder in meinen Beziehungen konfrontiert?
- Wie finde ich den Partner, der zu mir paßt und mich optimal ergänzt?
- Wie kann ich mit meinem Partner umfassender kommunizieren und tiefer in Verbindung treten?
- Wie kann ich meine Sexualität lustvoller und ganzheitlich erleben?
- Wie erhöhe, verfeinere und lenke ich meine sexuelle Energie?
- Wie erkenne und lebe ich die Beziehungsform, die meiner Individualität, meinem persönlichen Wesen am tiefsten entspricht?
- Wie verbinde ich Sex, Liebe und Meditation?
- Wie lerne ich, meine Projektionen auf meine Partner zu unterscheiden von deren menschlicher Realität?
- Wie finde ich Zugang zu meinem inneren Mann, meiner inneren Frau, um zu einer größeren Vollständigkeit in mir selbst zu gelangen?
- Auf welche Weise kann ich meine sexuelle Kraft, meine Sehnsüchte und mein auf den anderen gerichtetes Verlangen zur Bewußtseinserweiterung und kreativen Arbeit einsetzen?
- Wie verbinde ich meinen Wunsch nach Nähe, Intimität und Verbindlichkeit mit dem Wunsch nach Freiheit, Eigenständigkeit und Selbstverwirklichung?

Wie in allen anderen Bereichen unserer Selbstverwirklichung, geht es wieder darum, die Ursachen für Glück und Erfüllung nicht nur im Außen, sondern in erster Linie in uns selbst zu erkennen. Was uns im Außen so magisch anzieht, ist etwas, das dieser Partner in uns erwecken, entzünden und zum Vorschein bringen soll. Solange wir diese Eigenschaften nur in anderen

Menschen bewundern, anbeten und verehren und nicht den Schritt machen, diese in uns selbst zu erkennen, anzunehmen und zu entwickeln, suchen wir, wie bei der Geschichte der Sufi-Meisterin Rabia, das Verlorene an der falschen Stelle. Und da wir es dort nie finden werden, muß die Suche jedesmal früher oder später in Enttäuschung und Frustration enden. Jede Unzufriedenheit in unseren Beziehungen und unserem Sexualleben – wie auch in allen anderen Lebensbereichen – zeigt uns die Notwendigkeit einer tieferen Selbstbegegnung.

Für gewöhnlich sucht jeder Mensch im Partner das, was ihm fehlt. Begegnen sich nun zwei Menschen, die sich beide im Defizit befinden und vom anderen die Erlösung erwarten, so ist die Enttäuschung vorprogrammiert. Jeder erwartet vom anderen die Erfüllung, und beide degradieren sich damit unversehens zu Bettlern: »Bitte liebe mich, bitte erhöre mich, ohne dich kann ich nicht sein...« Diese aus innerem Mangel entspringende Armutshaltung ist Ursache für enormes Leid in der gesamten Menschheit.

In der anfänglichen Vereinigung, im Rausch des Verliebtseins, können wir tatsächlich eine Verbundenheit erfahren, die uns einen Geschmack von Einssein vermittelt. Wir glauben, daß wir die erfahrene Glückseligkeit nur durch das Zusammensein mit diesem Partner bekommen können. Voller Idealismus stürzen wir uns dann immer wieder in jenes Durcheinander, das wir »Beziehung« nennen. Und wie oft machen Liebende die Erfahrung, daß sich das Zusammensein, nachdem das anfängliche Feuer erloschen ist, in ein mehr oder weniger gelangweiltes Nebeneinander verwandelt, das überwiegend aus materiellen Pflichten und einengenden Emotionalverträgen besteht. Die ursprüngliche Begeisterung und Inspiration verblassen zu einer Erinnerung an schöne Träume. Streit, Eifersucht und ökonomische Abhängigkeiten schaffen unversehens starre, enge Grenzen, innerhalb derer man sich entweder zähneknirschend oder zunehmend abgestumpft arrangiert. Die Nähe des anderen und das Miteinander verlieren im Alltag den anfänglichen Glanz und verkommen zur Routine.

Die Teile in uns, die dagegen zu rebellieren beginnen, die nach anderen Beziehungsformen suchen und eingefahrene Vorstellungen in Frage stellen, sind wertvolle Kräfte für jede Form der Transformation und Erneuerung. Mit ihnen wagen wir den Ausblick über die gewohnten Grenzen hinaus auf ein Land neuer Möglichkeiten, auf eine Begegnungsweise mit uns selbst und dem Geliebten, die sich immer wieder neu vom abgestandenen Muff eingefahrener Gewohnheiten zu reinigen vermag.

Wieder wird von uns eine Haltung nichtbewertender Offenheit, Mut und Hingabe verlangt. Wieder helfen uns nicht Theorien oder Ideale, sondern unmittelbare Erfahrungen, die ein Erwachen für unsere innere Wahrheit einleiten.

Tatsächlich ist es ja nicht allein der Partner im Außen, der uns beglückt und erfüllt, sondern in erster Linie die Kraft unserer eigenen projizierenden Seelenkräfte, die uns so aufblühen läßt. Der andere fungiert lediglich als Auslöser, um uns diese in unserem Inneren plötzlich erwachende Kraft erfahren zu lassen. Könnten wir diesen Vorgang durchschauen und würden wir die innere Erfahrung nicht einfach an den Partner im Außen binden, so könnten wir in jenen Zeiten des Verliebtseins etwas Bleibendes über uns und unsere Potentiale entdecken.

Die spirituelle Dimension des Verliebtseins

Daß Liebe blind macht, ist so lange zutreffend, wie wir die erweiternde Erfahrung ausschließlich nach außen projizieren und von unserem Partner abhängig machen. Unser Energieniveau fällt wieder ab, sobald die Projektion in der Auseinandersetzung mit der »Realität« zusammenbricht.

In Wirklichkeit sind wir im Zustand des Verliebtseins vorübergehend in einem höheren, erweiterten Bewußtseinszustand, der uns einen Geschmack geben kann von der Großartigkeit eines Daseins, in dem wir in ständiger Liebe mit uns selbst und der ganzen Existenz sind. Die ekstatischen, ja vielleicht sogar entrückten Momente, in denen wir, ausgelöst durch eine Begegnung mit dem geliebten Menschen, mit den Seelenkräften unseres inneren Mannes (Animus) beziehungsweise unserer inneren Frau (Anima) in Berührung kommen, sollten von uns dankbar anerkannt werden als Schlüsselerlebnisse. Sie zeigen uns unser großartiges ekstatisches Potential. »Liebende sind Blinde für Leute, die kalkulieren, und Sehende für Menschen, die nicht berechnend sind. Für die letzteren ist Liebe das einzig wahre Auge, die einzig wirklichkeitsgetreue Sehweise. (...) Liebe öffnet die Tür zur Ewigkeit des Daseins. Wenn du je erfahren hast, was Liebe ist, kannst du deine Liebe als Meditationstechnik benutzen« *(Osho)*.

Indem es uns gelingt, die machtvolle Energie des Verliebtseins mit meditativer Zentriertheit und Gegenwärtigkeit zu verbinden, öffnet sich ein Tor zu umfassender Einheit. Wenn wir nicht gelernt haben, derartige Gipfelerlebnisse mit den tieferen Ebenen unseres Wesens in Verbindung zu bringen, werden wir immer abschätzig und womöglich peinlich berührt von den Erfahrungen romantischer Liebe reden. Wir werden sie als hormonellen Rausch belächeln, als ausgeflippte Episoden, in denen wir nicht ganz bei Sinnen waren. Wir verkennen und verlieren jedoch mit solchen Urteilen die ungeheure Chance einer buchstäblich grenzüberschreitenden Erfahrung, die uns verwandeln und unsere Sicht von uns selbst, dem Leben und der Welt erheblich erweitern kann.

Natürlich ist eine gewisse Reife Voraussetzung zu einem solchen Verständnis. Wahrscheinlich ist nur ein Mensch, der auch mit Meditation vertraut ist, dazu in der Lage. Die Verwurzelung unseres Seins in Dankbarkeit und Freude ist jedoch nichts anderes als jenes bedingungslose, allumfassende In-Liebe-Sein mit dem Leben, mit allem, was uns umgibt.

Unsere Fähigkeit, in Liebe mit einem Menschen zu verschmelzen, kann somit zum Schlüssel werden zu einer Verbundenheit mit dem Ganzen. Die Erfahrung des Verliebtseins übernimmt eine Zeitlang Katalysatorfunktion für eine transformatorisch wertvolle Öffnung der Grenzen unseres Egos. Indem wir lernen, über die erhebenden Gefühle hinaus gleichzeitig auch die überpersönliche Ebene zu erfassen, sind wir nicht mehr vom Partner abhängig, indem wir nicht mehr ausschließlich von ihm unsere Erfüllung erwarten. Wir hören auf, den anderen für unser Glück oder für unsere Frustration verantwortlich zu machen. Immer klarer sehen wir, daß der andere nicht mehr – aber auch nicht weniger! –, als ein guter Auslöser war, um uns wertvolle und wesentliche Aspekte unseres Selbst bewußt erfahren zu lassen.

Diese Erkenntnis nimmt keinesfalls etwas von der Schönheit und dem Wunder einer solchen Begegnung. Ganz im Gegenteil! Denn nun sind beide frei zu entscheiden, ob sie dieser bereichernden Erfahrung weitere folgen lassen wollen oder nicht. Nicht immer ist der Mensch, der in uns eine Animus/Anima-Projektion auslöst, auch der ideale Partner für ein alltägliches, irdisches Zusammenleben. Dies sind zwei völlig unterschiedliche Begegnungsebenen, die oft genug zum Leidwesen der Beteiligten durcheinandergebracht werden. Vergleichsweise selten gibt es jenen »Glücksfall«, nach dem sich wohl jeder Mensch sehnt, daß der Partner, der das anfängliche Feuer in uns entfachte, auch weiterhin eine Quelle von emotionaler Nahrung und geistiger Inspiration bleibt. Der »richtige« Partner ist jedoch immer der, mit dem wir am meisten wachsen, nicht unbedingt der, mit dem es sich am einfachsten und bequemsten leben läßt.

Die inneren Geliebten

Der Titel des Trainingsabschnitts »Auf der Suche nach dem inneren Geliebten« zeigt auf, wohin uns das Thema »Mann-Frau« letztlich führt. Der oder die innere Geliebte sind göttliche Aspekte unseres Wesenskerns, denen wir bereits in anderem Zusammenhang als die »innere Führung«, das »hohe Selbst«, die »innere Quelle« begegnet sind. Das Einswerden mit dem inneren Geliebten ist gleichbedeutend mit der bedingungslosen Hingabe an die Energie des Lebens. Oder wie *Julie Henderson* es ausdrückt: »Für mich ist nichts so erregend wie die Vorstellung, daß das Leben mein Geliebter ist und daß es immer um mich wirbt. Mich in dieser Weise mit dem Leben zu verbinden, ist Herausforderung und Hingabe, und auf diese Weise werde ich in jedem Augenblick, in dem ich dazu bereit bin, tiefer ins Lebendigsein hineingeführt.«

Im Zusammenhang mit dem Thema »Mann-Frau« erhält der Begriff des/der inneren Geliebten einen weiteren tiefenpsychologischen Aspekt. Die innere Frau eines Mannes (Anima) und der innere Mann einer Frau (Animus) sind Realitäten, die erstmals in der westlichen Psychologie von C. G. Jung aufgezeigt wurden. Sie reichen weit hinein in die tiefsten Schichten unseres Unterbewußtseins. Sicherlich stellen alle Versuche, sie unserer bewußten Vorstellung zugänglich zu machen, eine starke Vereinfachung dar. Ich ahne zutiefst, auf welche unermeßlichen, nicht mehr beschreibbaren Räume die Mystiker aller Zeiten hinweisen, wenn sie vom »kosmischen Orgasmus«, der »mystischen Hochzeit« oder der »letztendlichen Vereinigung« sprechen. *Osho*, der größte tantrische Meister, dem ich in diesem Leben persönlich begegnen durfte, sagte dazu: »Der innere Mann oder die innere Frau kann nicht gefunden werden, bevor ihr nicht den höchsten Gipfel erreicht. Bevor ihr nicht eurem Überbewußtsein begegnet, werdet ihr nicht in der Lage sein, sie zu erkennen; erst auf diesem Gipfel treffen sich die Gegenpole, und ihr werdet die orgiastische Erfahrung des Verschmelzens erfahren.«

Anima und Animus sind Aspekte unserer Seele, denen wir in der Regel nur durch die Projektion auf Partner des anderen Geschlechts begegnen. Wenn wir anfangen, uns unseren Traummann oder unsere Traumfrau vorzustellen und zu beschreiben, zeichnen wir damit ein Bild unserer inneren Männer und Frauen. Diese sind seelische Kräfte, die uns dazu drängen, ganz und vollständig zu werden, indem wir nach und nach alle Aspekte des menschlichen Potentials verwirklichen. Sie veranlassen uns, alle archetypischen Rollen im kollektiven Drama auszuleben. Jedesmal, wenn wir uns verlieben, erleben wir die machtvolle Wirkung einer Anima/Animus-Projektion. Das aufregende, prickelnde Gefühl des Fremden und doch so Vertrauten, das uns in der Nähe des Geliebten überkommt, schreiben wir automatisch seiner Ausstrahlung, Schönheit und seinen Fähigkeiten zu. Die emotionale Ladung und Intensität, mit der es uns zum anderen zieht, zeigt uns die Dringlichkeit der Entwicklung und Integration jener Aspekte, die wir als Besonderheit und Schönheit im Geliebten wahrnehmen. Wir brauchen den anderen als Spiegel für unsere inneren männlichen und weiblichen Kräfte, die in uns nach Vereinigung drängen. Deshalb sind Begegnungen und Beziehungen so wichtig für die Erfahrung unserer selbst!

Früher oder später sind wir jedoch aufgefordert, das, was wir über die Projektion im Außen gelebt haben, zu uns selbst zurückzunehmen. Dies ist um so leichter möglich, wenn wir lernen, den Vorgang der Projektion zu verstehen. Was geschieht wirklich, wenn wir uns verlieben? Die meisten Menschen identifizieren sich mit ihrem Körper – und der ist entweder männlich oder weiblich. Der andere, verborgene Teil wird ignoriert und bleibt weitgehend ungelebt. Ein Mann hat dann Mühe, seine inneren weiblichen Anteile, seine Weichheit, Verletzlichkeit, Hingabefähigkeit, Emotionalität und Empfindsamkeit zu leben. Eine Frau wiederum wird ihre männlichen Anteile unterdrücken, die sich äußern könnten in intellektueller Klarheit, Stärke, Unabhängigkeit, Handlungsfähigkeit und Willen.

Die unterdrückten und nicht gelebten gegengeschlechtlichen Anteile müssen dann zwangsläufig nach außen projiziert werden. Wir verlieben uns somit immer wieder in neue Aspekte von uns selbst und haben dann das Gefühl, den schönsten und großartigsten, den idealen Partner gefunden zu haben. Solange dieser Mensch die Projektion unserer eigenen Energie aufrechterhält, paßt er natürlich perfekt zu uns.

Damit haben wir jedoch gleichzeitig einen erheblichen Teil unserer eigenen psychischen Kraft und Lebensenergie abgegeben und die uns fehlenden Eigenschaften an den anderen delegiert. Als Individuum fühlen wir uns erneut unvollständig. Dies soll nun für immer anders sein, denn wir haben ja den Partner gefunden, der endlich alles besitzt und verkörpert, was wir sonst vermissen. Wir sind überzeugt, daß seine Nähe und Zuwendung uns von dem unerträglichen Zustand der inneren Leere und Unvollständigkeit erlösen werden.

Tatsächlich machen wir anfangs oft die Erfahrung des Einsseins und der All-Verbundenheit. Gewaltige Energiemengen werden frei, und die Intensität des Erlebens erreicht Dimensionen, die – wie bereits ausgeführt – als spirituell bezeichnet werden können. Hier liegt das wertvollste Geschenk einer solchen Erfahrung.

Eine Gefahr entsteht jedoch immer dann, wenn dieses innere

Erleben ausschließlich an den Partner gebunden bleibt und von diesem abhängig wird. Dies ist leider bei den meisten Liebesbeziehungen der Fall. Wenn wir die schönsten Aspekte unseres inneren Geliebten auf einen anderen Menschen übertragen, so verleihen wir dieser Person enorme psychische Energie und Macht. Solange wir in unserer Projektion gefangen bleiben und nicht erkennen, daß der Partner lediglich ein Auslöser für die gesteigerte Erfahrung unserer eigenen Lebensenergie war, laufen wir Gefahr, von den Hochgefühlen, die wir anscheinend nur in seiner Nähe erleben können, abhängig zu werden.

Die durch den anderen gesteigerte innere Urkraft ist in der Tat lebensnotwendig, und so sind die Gefühle, ohne den anderen nicht mehr leben zu können, in gewissem Sinn berechtigt. Das Zusammensein mit dem Geliebten wird zur Droge, zur Sucht. Ohne ihn scheint das Leben sinnentleert, grau und öde zu sein. Uns fehlt jeder Antrieb, jede Motivation weiterzuleben.

Tatsächlich können wir nicht erfüllt und vollständig sein, ohne unsere ganze Energie, ohne die spirituelle Dimension unseres inneren Geliebten! Daher ist es für unsere Selbsterfahrung so wichtig zu lernen, unsere auf andere Menschen gerichteten Projektionen zu erkennen und sie nach und nach zurückzunehmen.

Das Geschenk, das uns durch diesen Akt der Bewußtheit und Reife zuteil wird, ist ein doppeltes: Zum einen wird jede aufregende, prickelnde Begegnung mit einem anziehenden Menschen für uns zu einer bewußten Begegnung mit unserem inneren Geliebten, das heißt auch mit unserer eigenen Schönheit, Ausstrahlung, Weisheit, Inspiration und überströmenden, ekstatischen Lebensfreude. Wir fühlen uns immer seltener von anderen abhängig, sondern teilen aus der Fülle unseres inneren Reichtums. Die Quelle unserer Freude am Dasein kann verstärkt sprudeln. Wir erlauben der Lebensenergie, uns in Räume erweiterter Wahrnehmung zu tragen. Denn in den Momenten innigster Verbundenheit bekommen wir einen Geschmack von Zeit- und Grenzenlosigkeit. Wir brauchen den anderen dann nicht mehr festzuhalten oder in Besitz zu nehmen, denn wir erkennen, lieben und verehren seine Qualitäten auch in uns selbst und unseren Geliebten als Teil von uns selbst.

Die andere Seite des Geschenks, das in dem Vorgang der Rücknahme von Projektionen liegt, besteht darin, daß wir – vielleicht zum ersten Mal – wirklich liebes- und beziehungsfähig werden. Wir verlangen dann nicht mehr von unseren Partnern, daß sie unsere Projektionen bestätigen, sondern wir können sie als die menschlichen Wesen wahrnehmen, die sie sind. Das ist eine ungeheure Entlastung und Befreiung für beide Seiten.

Liebe ist ihrem Wesen nach bedingungslos. Indem wir uns selbst (und ebenso unsere Partner) so annehmen und lieben lernen, wie wir sind, können wir uns entspannen und ganz neu die Schönheit im sogenannten normalen Alltag erfahren. Wir öffnen unsere Augen und sind bereit herauszufinden, wer der andere nun wirklich ist. Wir beginnen, vorurteilslos zu untersuchen, mit welchem Menschen uns das Leben zusammengeführt hat – und damit nehmen wir gleichzeitig unsere eigene Menschlichkeit an. Auch das ist eine aufregende Entdeckungsreise, aus der die zarte Blume tiefer Dankbarkeit und aufrichtiger Liebe erblühen kann. Sind wir dem Partner in der anfänglichen Projektion vorwiegend auf überpersönlicher Ebene begegnet, so kommen jetzt auch noch persönliche Intimität und Vertrautheit hinzu. Dies kann erneut intensiv und beglückend erlebt werden.

Für mich haben beide Aspekte, die persönliche und überpersönliche Begegnung mit unseren Geliebten, eine gleichwertige Bedeutung. Andere Menschen werden sich mehr zu der einen oder anderen Beziehungsform hingezogen fühlen. Am erfülltesten und reichsten erscheinen mir diejenigen, die gelernt haben, sich auf beiden Ebenen offen und angstfrei zu bewegen.

Lernen und wachsen in Beziehungen

Für mich gibt es keine »richtigen« oder »falschen«, »guten« oder »schlechten« Beziehungsformen. Nur das, was aus unserem eigenen, authentischen Erleben und Verstehen hervorgeht, kann als Grundlage für unsere persönlichen Beziehungen dienen. Immer wieder aufs neue sollten wir uns von allen herkömmlichen Vorstellungen lösen, wie Menschen – insbesondere Mann und Frau – miteinander umgehen und zu leben haben. Je aufrichtiger ein Mensch sich selbst in seiner tiefsten Wahrheit zu begegnen und zu erkennen bereit ist, desto sicherer schenkt ihm das Leben auch in der Begegnung mit den richtigen Partnern die Lern- und Wachstumsimpulse, nach denen er sich sehnt. Jeder der vielen unterschiedlichen Beziehungsformen ist dazu da, uns unserer eigenen Vollständigkeit näherzubringen. Gerade dann, wenn unsere Art, wie wir mit anderen in Kontakt treten, sich verändert, können wir sicher sein, daß wir uns in einem wünschenswerten Lern- und Wandlungsprozeß befinden.

Wenn wir unser bisheriges Leben betrachten, können wir leicht erkennen, daß es mehrere Menschen gab, die für eine Zeitspanne für uns von äußerster Wichtigkeit waren, die jedoch jetzt – verglichen mit aktuellen Verbindungen – ihre vordringliche Bedeutung verloren haben. Vielleicht erinnern wir uns noch an den Abschiedsschmerz und daran, wie wir versuchten, den betreffenden Menschen in unserem Leben zu behalten. Aus einiger Distanz konnten wir später erkennen, wie wichtig die Trennung damals war, um dem Größeren und Besseren in unserem Leben Platz zu machen.

Keine Beziehung geht auseinander, wenn nicht gleichzeitig etwas anderes, Wichtigeres auf uns wartet. Natürlich können wir aus unserer jeweils beschränkten Perspektive dies nicht immer gleich erkennen. Solche Situationen werden uns geschenkt, damit wir eine größere Liebe erfahren können, von der jede Liebesäußerung zwischen Menschen lediglich ein Gleichnis darstellt.

Wenn wir einen Menschen sehr lieben und auch von ihm geliebt werden, kommen nach einer gewissen Zeit alle persönlichen Bereiche ans Licht, die dieser hohen Liebesenergie nicht entsprechen. Wir werden deutlicher als jemals zuvor mit den Schattenseiten unserer Persönlichkeit konfrontiert, mit allen Eigenschaften, die wir unterdrücken oder verbergen. Dann erscheinen die hohen Erwartungen und Ideale, mit denen wir unserem Partner begegnet sind, illusionär. Dies kann uns in Angst und Verzweiflung stürzen. Wir erzittern vor der verwandelnden Macht der Liebe, die uns nicht mehr in rosaroter Romantik wiegt, sondern alles an die Oberfläche bringt, was unser wahres Wesen verdeckt. An diesem Punkt brauchen wir viel Mut und Hingabe, uns dem Reinigungs- und Heilungsprozeß zu stellen, für den wir jetzt reif geworden sind. In diesem Prozeß werden wir immer wieder unerbittlich darauf hingewiesen, daß letztlich alles, was wir im Außen zu finden hoffen, nur in uns selbst verwirklicht werden kann. Unsere Fähigkeit, uns in Beziehungen einzulassen, hängt ab von unserer Bereitschaft, gerade die unangenehmsten Teile in uns, die wir am meisten verstecken wollen, zu erkennen und zu klären. Nur in dem Maße, in dem wir uns auf uns selbst eingelassen haben, können wir uns für andere Menschen öffnen und Nähe zulassen.

Es gibt keine wirkliche Hingabe an einen anderen Menschen ohne ein gleichzeitiges tiefes Einlassen auf sich selbst. Ohne einen solchen Akt der Selbstverantwortung wird die Beziehung zum anderen nur dazu benutzt, von sich selbst abzulenken, um den Mangel im eigenen Inneren zu überdecken.

Wir können dieses Phänomen überall in unseren »Liebesbeziehungen« beobachten; es scheint das Normale zu sein. Und genau daran kranken so viele Beziehungen. In dem Maße, in dem wir uns nicht mehr mit Oberflächlichkeiten zufriedengeben können und wollen, werden wir reif für eine tiefere Begegnung mit uns selbst und dem anderen. Wir erkennen und lieben dann unsere Partner als Teile unserer selbst, als Weggefährten und Lehrmeister, die sich in Freiheit entschlossen haben, ein Stück des Weges gemeinsam zu gehen. Unsere zwischenmenschlichen Beziehungen werden mehr und mehr zu Reflektionen einer größeren Beziehung, die dem Sehnen nach der kosmischen Einheit, aus der wir gekommen sind, entspringt. Denn dieses Verlangen ist es schließlich, das uns auf der Suche nach dem Geliebten antreibt.

Die natürliche Sehnsucht nach Einheit kann auf Dauer nicht in der Beziehung zu einem anderen Menschen gestillt werden!

Je intelligenter ein Mensch ist, desto schneller wird er sich bewußt, daß die Verbindung zum Ganzen nicht bei einem anderen Teil zu finden ist. Unreife Menschen beschuldigen an dieser Stelle ihre Partner für deren angebliche Unzulänglichkeiten. Sie überhäufen sie mit Anklagen und Vorwürfen, um dieselbe Erfahrung beim nächsten Partner zu wiederholen.

Was wir suchen, ist die Verbindung zu unserem göttlichen Kern, zu unserem inneren Geliebten. Wir werden immer wieder auf uns selbst zurückgeworfen, bis wir erkennen, daß nur in uns selbst die Quelle der Einheit mit allem zu finden ist. Nur Menschen, die sich in diesem Wissen begegnen und miteinander eine Verbindung eingehen, sind wahrhaft beziehungsfähig. Die Qualität einer solchen Paarbeziehung wird eher den Charakter einer liebevollen Freundschaft haben, als die einer durch Treueschwüre und gesetzliche Verträge gesicherten Ehe.

Wenn wir lernen, unsere Beziehungen als Tore und Initiationen in die Erfahrung der kosmischen Einheit zu sehen, erhält das Leben, das wir miteinander teilen, etwas Wirkliches und Tiefes. Wir erleben eine neue Art von Freiheit, indem wir erkennen, daß wir auch ohne den anderen die Verbundenheit mit dem Ganzen erfahren können. Unsere persönliche Liebe ist vielleicht so etwas wie ein Schlüssel, eine wertvolle Hilfe; sie ist jedoch kein Ziel an sich. Wenn wir das zutiefst begreifen, können alle unsere Beziehungen eine große Bereicherung darstellen, denn sie sind im Einklang mit dem Ganzen.

Auch das Thema Beziehung bleibt für mich ein Wunder und Mysterium, das gelebt werden will, kein Problem, das wir »lösen« sollten oder könnten. Liebe in all ihren Erscheinungsformen und Äußerungen gehört sicher zu den intensivsten und machtvollsten Erfahrungen, welche die Dualität für unsere Bewußtwerdung bereithält. Wir sind hier, um uns dieser Energie zu stellen und sie zur Erfahrung von Vollständigkeit, Freiheit und Transzendenz zu nutzen.

Sexualität

In unserer konkreten Trainingsarbeit nehmen Übungen zur Heilung und Befreiung der Sexualenergie sowie zu deren Erhöhung und bewußten Lenkung einen großen Raum ein. Lustvoll und achtsam zugleich, erlauben wir der Kraft und dem Ausdruck unserer Sexualität, Teil eines ganzheitlichen Transformationsprozesses zu werden. Anstatt diesen unmittelbaren Ausdruck unserer Lebensenergie zu verleugnen, betrachten wir ihn als eine Urquelle von transformatorischer Energie, die es kennenzulernen und zu verfeinern gilt. Indem wir Möglichkeiten erforschen und einüben, die energetische Ladung im Körper aufzubauen, zu halten und bewußt zu lenken, verbinden wir die Lust des Beckens mit der Offenheit des Herzens. Dort, wo sich sexuelle Energie mit der Liebe zu sich selbst und innerer Stille verbindet, öffnen sich Grenzen und Gegensätze. Verbundenheit und Einssein werden unmittelbar erfahren.

Wir können die vielfältigen Aspekte unserer Sexualität nur dann wirklich betrachten und ergründen, wenn wir bereit sind, uns gleichzeitig meditativ einzustimmen. Sonst analysieren wir nur, werfen mit Begriffen um uns, aber begreifen diese wichtige, naturgegebene Basiskraft nicht mit unserem ganzen Wesen. Dazu bedarf es der Befreiung von Schuldgefühlen und negativen Glaubenssätzen sowie der Verfeinerung aller Sinne, der Erweiterung unserer Wahrnehmung und Intuition. Nur daraus erwächst jene wahrhaft beseelte Sexualität, in der wir eine Fähigkeit zu Genuß und Hingabe an alle Erscheinungsformen der Existenz entwickeln.

Da diese Arbeit im Rahmen einer fortgeschrittenen, seit Monaten miteinander vertrauten Gruppe geschieht und in sehr zarte und intime Bereiche führt, beschreibe ich sie an dieser Stelle nicht im einzelnen. Außerdem steht eine ganze Anzahl guter Bücher mit praktischen Übungen zur Verfügung, vor allem von Julie Henderson, Mantak Chia, Margo Anand sowie Michael Plesse, Gabrielle St. Clair.

Männer- und Frauenkreise

Eine weitere besondere Form der Selbsterfahrung ergibt sich, wenn sich die Frauen und Männer unserer Trainingsgruppen drei Tage lang trennen und in eigenen Räumen weiterarbeiten, um sich in eine vertiefte Erfahrung des Mann- beziehungsweise Frauseins zu begeben.

Wenn wir in getrennten Gruppen zu Beginn Raum geben für den spontanen Ausdruck von Empfindungen und ersten Eindrücken, sind diese in der Regel durchaus gegensätzlich. Das

Spektrum reicht von Euphorie und Begeisterung, der Erfahrung einer neuen Art von Verbundenheit, Vertrautheit und Nähe einerseits, bis hin zu schmerzvollen Erinnerungen an Verletzungen durch Konkurrenz, Rangordnungen, Grobheiten und Machtkämpfe andererseits.

Ganz allgemein besteht bei vielen Frauen und Männern ein erhebliches Maß an Verunsicherung, was die Identität des eigenen Geschlechts betrifft. Sie spüren, daß das gesellschaftlich gültige, oberflächliche Rollenverhalten nicht den tieferen, wahren Empfindungen entspricht. Viele können und wollen nicht einfach die Rollen ihrer Väter und Mütter übernehmen. Immer wieder wird deutlich, wie sehr in Kindheit und Jugend positive Leitbilder für Männlichkeit und Weiblichkeit fehlten. Zahlreiche Männer wie Frauen leiden unter einem erheblichen Defizit an Orientierungsmöglichkeiten, was ihre eigene Geschlechterrolle betrifft. Daraus resultiert eine häufig anzutreffende innere Leere, wenn es um Fragen unserer Aufgaben als Mann oder Frau in dieser Welt geht. Die Angst vor Nähe im Kontakt mit gleich- und gegengeschlechtlichen Partnern wurzelt letztendlich auch in einem mangelnden Kontakt mit sich selbst.

Nach unserer Erfahrung können Männer durch andere Männer und Frauen durch andere Frauen zu einer tiefen Bejahung und Heilung ihrer eigenen Männlichkeit beziehungsweise Weiblichkeit finden. Und damit geschieht immer auch ein wesentlicher Schritt zu einer weiteren Dimension ihrer Selbstannahme und Selbstliebe. Wir sind jedesmal tief beeindruckt von der Achtsamkeit und Würde, mit der sich nach kurzer Zeit der Umorientierung Männer und Frauen in ihren eigenen Gruppen begegnen. Allein dadurch wird ein Prozeß der Heilung vieler alter Verletzungen in Gang gesetzt. Indem wir einmal bewußt unsere zwanghaften und einengenden Vorstellungen von klischeehaften Verhaltensmustern loslassen und uns für ganz neue Erfahrungen öffnen, erleben wir erstaunt, wie reich die oftmals vernachlässigte Begegnung mit Menschen des eigenen Geschlechts sein kann. In ihr liegen erhebliche, doch vielfach ungenutzte Potentiale zur Selbstfindung und Heilung.

Für mich selbst wurde es zu einer unvergeßlichen Erfahrung, als mich die Teilnehmer gegen Ende einer mehrtägigen Männergruppe spontan in ihre Mitte holten und mich einluden, mich einfach »fallenzulassen«. Ich hatte ihnen zuvor von meinen eigenen seelischen Verletzungen erzählt, die ich als Junge durch Gleichaltrige erlebt hatte. Ich nahm diese Einladung also gerne an und wurde von ihnen aufgefangen, hochgehoben und minutenlang liebevoll und zärtlich gewiegt. Dabei stimmten sie spontan einen Heilgesang an, der mich so tief berührte, daß mir die Tränen kamen. In Sekundenschnelle tauchten Bilder früherer Enttäuschungen und Kränkungen vor meinem inneren Auge auf und verwandelten sich in Szenen der Verbundenheit einer liebenden Gemeinschaft. In diesen Augenblicken geschah für mich eine tiefe Heilung, die noch lange in mir nachklang. Mein Grundgefühl Männern gegenüber wandelte sich spürbar und anhaltend.

Als mich ihre kräftigen Arme wiegten, wurde mir augenblicklich bewußt, daß ich tatsächlich seit einiger Zeit mit dem Gefühl lebte, vom Leben liebevoll unterstützt und getragen zu werden. Neu und beglückend war für mich die Erfahrung, daß das Leben dazu auch Männerhände benutzen kann.

An dieser Stelle soll Vatika, die den Kreis der Frauen leitet, zu Wort kommen. Eine ihrer ersten Erfahrungen beschrieb sie wie folgt: »Ich erlebe es immer als ein spannendes Ereignis, wenn für längere Zeit alle Frauen – ohne die Männer – Stunden und Tage gemeinsam nur unter »Schwestern« verbringen. Wenn ich zu Beginn die Treppe zum Gruppenraum hochsteige, sind in mir recht intensive und unterschiedliche Gefühle vorhanden: Auf der einen Seite die Vorfreude, mit all den verschiedenen Frauen gemeinsam zu spielen, zu erforschen, zu experimentieren und dabei Heilung zu erfahren. Auf der anderen Seite spüre ich die Angst vor Konkurrenz unter den Frauen, auch die Angst vor Chaos. Ich schwinge mich innerlich auf das große Potential all dieser einzigartigen Frauen ein, die viel Erfahrung, intuitives Wissen, Heilkraft, Mitgefühl und Solidarität in sich tragen. Augenblicklich breitet sich ein viel leichteres Gefühl in mir aus, obwohl die Aufregung gleichzeitig immer noch spürbar ist. Ich betrete den Gruppenraum, und eine Woge von Leichtigkeit, Freude und Lachen kommt mir von den tanzenden Frauen entgegen. Ich weiß im voraus: Es werden schöne und intensive Tage für uns alle werden!

In einem Resonanzkreis fassen wir unsere individuellen Energien zu einem einzigen Kraftfeld zusammen und nehmen auch die besondere, veränderte, rein weibliche Energie wahr. Wir lassen Worte, Symbole und Bilder in uns auftauchen, welche die Qualität unseres Miteinanders ausdrücken: ›Schule der weisen Frauen; zarte Blüten, die sich öffnen wollen; sanfte Ausdehnung, Neugierde und Nicht-Wissen; fließende Kraft des Wassers...‹ Dieses spontane Teilen unserer Empfindungen bringt vieles in uns zum Schwingen. Die alten und weisen Schamaninnen in uns werden wachgerufen, berührt – und wir wünschen uns alle, daß in den kommenden Tagen viel Heilung auf verschiedenen Ebenen geschehen wird. Ein kleines Reinigungsritual mit dem Rauch von Salbei sowie die Einladung unterstützender Kräfte machen uns für eine offene und ehrliche Bestandsaufnahme bereit: Wo stehe ich zur Zeit als Frau?

Bei den dreiunddreißig verschiedenen Frauen kristallisieren sich drei Hauptthemen heraus, mit denen wir uns besonders beschäftigen wollen:

– Meine Identität als Frau. Wie drücke ich mein ganz individuelles Frausein, meine Weiblichkeit aus? Wie lerne ich, mich von alten, übergestülpten Idealvorstellungen und Normen zu lösen und meine innere Wahrheit auszudrücken?

– Meine Unabhängigkeit von Männern. Wie stärke ich meine Selbstliebe, meine Selbstachtung und mein Selbstwertgefühl? Wie lerne ich, meine Sexualität selbstverantwortlich zu entwickeln und zu leben?

– Meine Heilung von Verletzungen in bezug auf mein Frausein. Wie transformiere ich Gefühle von Wertlosigkeit, Konkurrenz oder Mißtrauen?

Wer bin ich als Frau? Was ist meine besondere weibliche Kraft? Wie will sich meine Weiblichkeit ausdrücken? Dies sind Fragen, die bei vielen Verwirrung, Ängste, Sehnsüchte und auch Verweigerung auslösen. Viele Frauen haben Schwierigkeiten, ein positives und erfüllendes Frauenbild für sich zu entwickeln, waren doch die Mütter oftmals nicht in der Lage, ihre Töchter zu unterstützen, Frau zu werden. Vielfach wurde seit Generationen die Vorstellung weitergegeben, daß Frauen Opfer, minderwertig, schwach und leidend sind. Trotz dieser Erfahrungen ist es für uns Frauen wichtig, immer wieder nach Möglichkeiten zu suchen, in uns das eigene starke Selbst zu finden.

Eine intensive und meditative Auseinandersetzung mit den vier weiblichen Archetypen hilft uns, genau hinzuspüren, welche Facetten des Frauseins wir bereits schon leben und welche noch weit mehr entwickelt werden wollen. Diese Archetypen verhelfen uns zu mehr Klarheit und Bewußtheit. Wenn wir den Mut haben, immer mehr mit ihnen Kontakt aufzunehmen, beginnen wir, uns mit ihren Energien zu verbinden. Damit gelingt es uns zunehmend, unser körperliches, emotionales, geistiges, kreatives und spirituelles Potential zu verwirklichen. Wir vermögen, viel zielgerichteter unsere Kraft als Frau zu entwickeln und auszurichten.

Die vielen verschiedenen Facetten der archetypischen Frauengestalten nehmen wir dann mit in eine Begegnung mit unserer inneren Frau. In einer Trancereise kristallisiert sich das Wesen unserer inneren Frau zu ganz konkreten Bildern, Gefühlen, Symbolen, Farben und Formen. Für einige ist es ein erstes Herantasten an ihr ureigenes Frausein, für andere zeigt sich ihre innere Frau sehr deutlich und klar in vielen Details und Ausdrucksformen. Lebhafte Gespräche finden im Anschluß daran statt, und die Suche nach der eigenen Weiblichkeit klärt und intensiviert sich.

In dem Maße, wie Frauen ihre Weiblichkeit annehmen und zelebrieren, werden sie auch fähig, ihre männlichen Seiten zu entwickeln und angstfrei auszudrücken. Ebenso wichtig wie die Begegnung mit unserer inneren Frau ist die Auseinandersetzung und lebendige Kontaktaufnahme mit unserem inneren Mann. Seine Eigenschaften und Qualitäten ergänzen und vervollständigen die Wesenszüge der inneren Frau. Auch dabei helfen uns die vier Archetypen des Mannseins und eine Trancereise, der Kraft unseres inneren Mannes näherzukommen. Die intensiven Begegnungen mit unseren inneren Anima/Animus-Gestalten verhelfen uns zu mehr Vollständigkeit, Klarheit und Selbstbewußtsein.

Ich glaube, daß diese existentielle Suche entscheidende Erlebnisse und eine tiefe Selbsterkenntnis auslöst. Und in den nächsten Tagen und Wochen wird dieser Prozeß der Selbstfindung andauern – gerade auch in ganz alltäglichen Angelegenheiten. Manche Frau wird vielleicht in einer bestimmten Alltagssituation überrascht feststellen, wie sie ihren inneren Mann zu Rate zieht. Das Erforschen und Aufspüren unserer männlichen und weiblichen Anteile bringt uns ein großes Stück näher zu uns selbst, zu unserem ganz persönlichen Ausdruck.

Einen weiteren wichtigen Raum nimmt die Auseinandersetzung mit Körperlichkeit und Sexualität ein. Es ist erstaunlich und mitunter auch erschütternd, wie viele Frauen ihren Körper nicht voll und ganz annehmen und sich oftmals sehr kritisch und hart mit den anderen vergleichen. Voraussetzung für eine beglückende und erfüllte Sexualität ist jedoch vor allem, sich mit seinem eigenen Körper zu versöhnen, ihn auch in seinen Schwächen anzunehmen, seine Schönheit und Einzigartigkeit zu entdecken. Ein Zitat von Osho erinnert uns daran: ›Tantra lehrt als erstes: Liebe deinen Körper, freunde dich mit deinem Körper an, sei andächtig ihm gegenüber, respektiere deinen Körper, sorge dich um ihn. Er ist ein Geschenk Gottes. Behandle ihn wohl, und er wird dir große Mysterien enthüllen.‹

Wir nehmen uns deshalb viel Zeit, uns in unserer Nacktheit zu zeigen. Indem wir den äußeren Schutz der Kleider aufgeben, kommen wir in Kontakt mit unserem erotischen Selbstbild. Wir beginnen, über alle Prägungen und Verletzungen unseres erotischen Selbstbildes zu sprechen. Erst nachdem alle Negativprogramme in bezug auf den Körper angeschaut und ausgedrückt wurden, kann ein Umlernprozeß beginnen. Dieser geschieht nicht nur auf mentaler Ebene, sondern er wird auch durch Kontakt und Berührungen unterstützt.

Ein Raum für Ehrlichkeit, Natürlichkeit, Akzeptanz und auch Zärtlichkeit öffnet sich dadurch für uns alle, und unser Vertrauen wächst zunehmend. Für viele ist es ein besonderes Erlebnis, wie einfach sich Geborgenheit und Konkurrenzlosigkeit unter Frauen entfalten können. Immer wieder nehmen wir uns auch Zeit für tantrische Körperarbeit, die uns hilft, unsere sexuelle Energie freier und lustvoller zu erleben – auch unabhängig von Männern. Durch Tanzen, Zentrierungsübungen, Selbst-liebe-Rituale und einfach alles, was uns guttut und auch Spaß macht, erhöhen wir mehr und mehr unsere Lebendigkeit und Sinnlichkeit.

Ein Höhepunkt unseres Zusammenseins ist der Frauenheilkreis. Jede Frau, die besondere Aufmerksamkeit von allen anderen braucht und sich Heilung in einem bestimmten Bereich wünscht, darf sich in die Mitte setzen und teilen, was sie beschäftigt. Sie erhält liebevolle Unterstützung in Form von klärenden Gesprächen, Körperkontakt und Energieaustausch, zum Beispiel in Form von Gesängen oder Reiki. Die Offenheit und Ehrlichkeit all dieser Frauen schafft eine Atmosphäre von ›Schwesternschaft‹. Vieles, was die Frau in der Mitte bekümmert, berührt uns alle und bringt Erinnerungen an eigene Erfahrungen und Verletzungen ins Schwingen. Es ist einfach wohltuend, diese Offenheit zu teilen. Wie entlastend und bereichernd wäre es doch für viele Partnerbeziehungen, wenn solche Frauenkreise in unserem alltäglichen Leben viel mehr erprobt und gepflegt würden. Gemeinsam an Grundthemen des weiblichen Wachstumsprozesses zu arbeiten, sich gegenseitig zu lehren und zu heilen, ist für mich das Schönste und Spannendste, was in einem solchen Frauenkreis geschehen kann.

Ich danke von Herzen allen Frauen für ihre Bereitschaft und Offenheit!«

Die Begegnung mit Animus und Anima, dem inneren Mann und der inneren Frau, vollziehen wir in den getrennten Gruppen in Form von Trancereisen, in denen die Teilnehmer Schritt für Schritt mit diesen inneren Seelenteilen in Kontakt treten können. Ich möchte sie an dieser Stelle nicht im einzelnen ausführen, da sie jeweils allzusehr auf die spezielle Gruppe zugeschnitten sind. Die Teilnehmer werden in innere Szenarien geführt, in denen eine tiefe Begegnung mit ihren Animus/Anima-Gestalten stattfindet. Viele Männer und Frauen erleben diese Entdeckungsreisen als eine Art Einweihung in das eigene Mann- beziehungsweise Frausein sowie als Beginn einer neuen Einstellung zum anderen Geschlecht. Der Abschluß und gleichzeitige Höhepunkt dieser zwei Tage ist die rituelle Zusammenführung der beiden Gruppen. Es läßt sich kaum beschreiben, welch erhöhte Präsenz und Wachheit allein die Vorgänge von Abschied, Trennung und Wiedervereinigung bei allen Beteiligten auslösen. Das Miteinander verliert alle Routine und Selbstverständlichkeit. Nach den Tagen getrennter Erfahrungsprozesse begegnen sich Männer und Frauen mit neuem Bewußtsein und erweitertem Verständnis. Die Wiederbegegnung wird als ein feierliches Ritual vollzogen. Alle kleiden sich festlich. Der Gruppenraum ist wie ein Tempel mit Kerzen, Düften, Tüchern und Ritualgegenständen geschmückt. Begleitet von Gesängen, Musik und meditativer Stille, begrüßen und beschenken sich Männer und Frauen in der Freude einer zarten oder auch ekstatischen Wiederbegegnung. Viele entdecken eine ganz neue Ebene der Begegnung, des Zusammenschwingens und freudigen Genießens.

Am nächsten Morgen setzen sich Frauen und Männer im Plenum nochmals getrennt gegenüber. Beide Gruppen erhalten Zeit und Raum, sich gegenseitig ihre wichtigsten Erfahrungsprozesse mitzuteilen. Immer wieder aufs neue berührt es mich, wieviel Achtung, Anerkennung, Vergebung, Respekt und Liebe dabei ausgedrückt und geschenkt werden. Der Prozeß der Heilung und Versöhnung, den Frauen und Männer in ihren Gruppen jeweils unter sich erfahren haben, wird nun fortgesetzt. Sie treten sich wahrhaft gleichberechtigt gegenüber und teilen bedingungslose Akzeptanz und Verehrung.

Die männlichen und weiblichen Archetypen

Als Hilfe zur Selbstfindung beschäftigen wir uns in den getrennten Männer- und Frauengruppen unter anderem mit den männlichen und weiblichen Archetypen. Als Archetypen bezeichnen wir jene Urformen männlicher oder weiblicher Ausdrucksweisen, die in uns als Leitbilder menschlicher Erfahrungen lebendig sind. Als urbildlich-göttliche Erscheinungsformen sind sie in jedem von uns angelegt. Die Grundzüge seiner eigenen Archetypenbetonung kennenzulernen und sich mit ihrem ursprünglichen, unverfälschten Ausdruck vertraut zu machen, kann in der Tat eine befreiende, bewußtseinserweiternde Erfahrung sein.

Im folgenden werde ich einige Merkmale der Archetypen skizzieren, ohne jedoch Anspruch auf Vollständigkeit zu erheben. Diese Ausführungen orientieren sich im wesentlichen an den vier Jungschen Hauptkategorien des *Vaters*, des *Helden*, des *Ewigen Jünglings*, und des *weisen Mannes* für Männer sowie der *Mutter*, der *Amazone*, der *Hetäre* und des *Mediums* für Frauen.

Die vier männlichen Archetypen

Der Vater

Ein Mann mit dem Archetypus des *Vaters* findet seine Erfüllung im Umsorgen, Schützen und Unterstützen seiner Familie, Freunde und Untergebenen oder seines Stammes, Volkes, Landes. Er ist der Hüter von Tradition, Familie und Gemeinschaft. Je nach der Größe seines Einflußbereichs kann er als treusorgendes Familienoberhaupt, Vereinsvorsitzender, Chef eines Unternehmens, Bürgermeister, Bundespräsident oder in den eher archetypischen Formen des Königs oder Stammeshäuptlings in Erscheinung treten. Er besitzt in jedem Fall eine gewisse Autorität, die er für die ihm zugehörige Gemeinschaft einsetzt.

Die Beziehungen des Vater-Archetyps sind gekennzeichnet durch seine Fähigkeit, Schutz, Stärke und Stabilität zu gewähren. Einer Partnerin bietet er Treue und Beständigkeit, und er ist ein verläßlicher Ehemann. Er liebt Kinder und sorgt gut und gerne für sie.

Jeder dieser Archetypen besitzt eine dunkle und eine helle Erscheinungsform. Die dunkle Seite des Vaters ist geprägt von Starrheit und autoritärem Verhalten. Er widersetzt sich Veränderungen und hält auf sture Weise an Althergebrachtem fest. Da es ihm schwerfällt, empfänglich zu sein und sich selbst zu nähren, kann er hart und bitter werden. Mit seiner unflexiblen Haltung verhindert er dann Wachstum, Entwicklung und Selbstentfaltung bei sich selbst und anderen. Er ist überkontrolliert und kann eigene menschliche Schwächen weder zugeben noch zeigen.

Die helle Seite des Vaters beruht auf seiner natürlichen Stärke und Autorität, durch die er seiner Frau, seinen Kindern oder seinen Untergebenen ein Gefühl von Sicherheit, Stabilität und Schutz gewährt. Durch seine warmherzige Ausstrahlung fühlen sich Menschen in seiner Nähe wohl und geborgen. Er hat die Gabe, Menschen zusammenzubringen und ihnen einen Rahmen zu schenken, in dem sie sich aufgehoben fühlen und sich entfalten können. Voller Würde und väterlicher Weisheit ist er Maßstab und Vorbild für ein geordnetes und liebevolles Miteinander. Ein guter König sorgt für das Recht der Schwachen und verkörpert die Seele des Volkes. Die Menschen lieben ihn in dankbarer Achtung und würdigen seine machtvollen Eigenschaften.

Der Held

Der zweite Männer-Archetypus wird von C. G. Jung als der *Held* bezeichnet. Er findet Erfüllung durch das Erreichen von Machtpositionen, Einfluß, Ansehen, Geltung und hohen Zielen. Der Held wird angetrieben von heroischen Träumen und strebt danach, diese zu verwirklichen. Er ist ein Abenteurer, Soldat oder Krieger, erfolgreicher Unternehmer oder Manager, charismatischer Politiker oder Staatsmann. Ehrgeizig und unermüdlich verfolgt er seine Ziele, liebt Herausforderungen und die Überwindung von Hindernissen. Er kommt nie zur Ruhe, strebt stets neuen und größeren Taten, Projekten oder Wagnissen entgegen.

Seine Beziehungen zu anderen Menschen sind bestimmt durch das gemeinsame Verfolgen und Verwirklichen von Zielen. Er sucht Verbündete und Nachfolger, die sich ihm anschließen. Von Frauen läßt er sich gerne bewundern, oder er erwählt sie zu seinen Vertrauten, die er dann an seinem Erfolg teilhaben läßt.

Der dunkle Aspekt des Helden zeigt einen despotischen Tyrannen, der seine Macht zur Unterdrückung anderer mißbraucht. Er ist bereit zu manipulieren und zu betrügen, um seine ehrgeizigen Ziele zu erreichen. Menschen, die sich ihm anschließen, werden von ihm in Abhängigkeit gehalten und beherrscht. Unsensibel, brutal, herrschsüchtig und besitzergreifend fordert er Unterwürfigkeit und Selbstaufgabe. Aus einer ständigen Angst vor Machtverlust verhält er sich feindselig und zerstörerisch gegenüber allen eigenständigen kreativen Impulsen und geistigen Werten. Die Schwächen anderer Menschen werden rücksichtslos bloßgestellt und ausgenutzt.

Der helle Aspekt des Helden liegt in seinem Mut und seiner Ausdauer – Eigenschaften, mit denen er seine Ziele erfolgreich verwirklicht. Er besitzt einen starken inneren Antrieb und einen machtvollen Willen. Seine Fähigkeit zu organisieren sowie seine charismatische Ausstrahlung machen ihn zum starken Führer oder Leiter. Er versteht es, andere Menschen für ein lohnendes Ziel zu begeistern, sie zu hohen Leistungen anzuspornen und zu ermutigen. Er selbst wird dabei immer an vorderster Front kämpfen und mit denen, die sich ihm anschließen, durch dick und dünn gehen. Als strahlendes Vorbild entflammt er die Herzen der Menschen und öffnet Wege zur Selbstverwirklichung. Nicht Zerstörung, sondern Befreiung und schöpferische Entfaltung sind seine Ziele. Er ist Bahnbrecher für die Kräfte des Lebens und zögert nicht, ganz neue Wege einzuschlagen. Beflügelt von der Kraft seiner Visionen, scheut er weder Schmerzen noch Mühen, durchbricht unbeirrbar die Mauern zaghaften Denkens und macht scheinbar Unmögliches möglich.

Der ewige Jüngling

Den dritten männlichen Archetypus bezeichnet Jung als den *ewigen Jüngling*. Er verkörpert jenen Männertyp, der ungeachtet seines Alters stets etwas Frisches, Jugendliches, Leichtfüßiges ausstrahlt. Wendig und schillernd wie ein Schmetterling hat er in der Regel zu mehreren Frauen verschiedene Beziehungen, die durch Intensität und Romantik geprägt sind. Der ewige Jüngling ist ein begabter Unterhalter und versteht sich auf den Austausch sowohl oberflächlicher als auch tiefgründiger Gedanken und Ideen.

Die dunklen Aspekte des ewigen Jünglings liegen in einer Unfähigkeit, treu zu sein und stabile Beziehungen aufzubauen. Voller Ruhelosigkeit ist er nur zu oberflächlichen Kontakten bereit. Ihm fehlt die Fähigkeit, in die Tiefe zu gehen und auch im Gewöhnlichen und Alltäglichen das Besondere zu finden. Seine Angst vor Nähe und Bindung sowie seine Sucht nach intensiven Gefühlen treiben ihn immer wieder in neue Liebesabenteuer, die wie Strohfeuer aufflammen und schnell verlöschen. Narzißtisch in seine Projektionen verliebt, verhindert er Beständigkeit, Tiefe und Verbindlichkeit. Es fällt ihm schwer, die Schattenseiten des Lebens zu integrieren, was ihn mitunter naiv und unreif erscheinen läßt. Dies kompensiert er dann oftmals in Form von Gefühlskälte und Zynismus, was bei Frauen, die mit ihm in Kontakt treten, tiefe Enttäuschungen und Verletzungen hinterläßt. Durch seine geistigen Höhenflüge wirkt er oft unrealistisch, abgehoben, aufschneiderisch und arrogant. Manipulativ und trickreich geht er Auseinandersetzungen aus dem Weg.

Die hellen Aspekte des ewigen Jünglings liegen in seiner Fähigkeit, die unerträgliche Leichtigkeit des Seins spielerisch und enthusiastisch zu leben. Sein Geist ist wendig und brillant. Er besitzt einen gut entwickelten Sinn für Schönheit und Ästhetik. Er ist musisch und künstlerisch begabt und liebt den vielseitigen Ausdruck des Besonderen. Sein Ideenreichtum und seine verspielte Offenheit inspirieren die Menschen, die mit ihm in Berührung kommen. Frauen eröffnet er einen Zugang zu erweiterten und differenzierten Liebeserfahrungen sowie zu neuen geistigen Bereichen. Durch seine ausgeprägte Fähigkeit, die Enge und Schwere der alltäglichen Routine zu durchbrechen, vermittelt er seinen Geliebten Einblicke in vielleicht bislang unterdrückte oder vernachlässigte Dimensionen des Genießens eines unbeschwerten Daseins. Auch dann, wenn seine Begegnungen nicht in konventionellen Beziehungen enden, beschenkt er jede Frau durch seine Achtsamkeit und Wertschätzung. Sie blüht auf, denn sie fühlt sich erkannt und in ihrer Würde bestätigt.

Durch die Weite seines geistigen Horizonts sowie durch sein hohes Energieniveau kann der ewige Jüngling äußerst kreativ leben und seine Welt auf unschätzbare Weise bereichern. Alle inspirierten Künstler haben einen starken Anteil dieses Archetypus.

Der Weise

Den vierten männlichen Archetypus bezeichnet Jung als den *Weisen*. Wir könnten ihn auch spirituellen Lehrer, Hohepriester, Heiler, Medium oder Schamane nennen. Er verkörpert einen Mann, der überwiegend auf die spirituellen Dimensionen des Lebens ausgerichtet ist und seine Erfüllung in der Repräsentation von Weisheit, Kreativität, Visionen, geistiger Klarheit und Einsicht erfährt. Er stellt sich als Kanal zur Verfügung, um kosmische Gesetzmäßigkeiten zu vermitteln und um die geistige und materielle Welt zu verbinden. Seine Beziehungen und Verbindungen sind überwiegend auf ein Mit-teilen der geistigen Welten und kosmischen Dimensionen ausgerichtet. Seine Liebe hat einen vorwiegend überpersönlichen Charakter.

In seinen dunklen Aspekten ist er ein Mensch, der andere auf schwärmerische Weise zu bekehren, überzeugen und missionieren versucht. Dabei ist ihm jedes Mittel recht. Er spielt sich als exklusiver Vertreter einer heilbringenden, seligmachenden Lehre auf und bekämpft und verdammt mit loderndem Fanatismus alles, was er als Missetat und Ketzertum betrachtet. Zu extremer Manipulation bereit, gebraucht er seinen Einfluß, um Schuld und Angst in den Herzen der Menschen zu schüren. Als Schwarzmagier setzt er sein geheimes Wissen ein, um Macht auszuüben. Er nutzt die Unwissenheit und Schwächen der Menschen aus, um seinen Einfluß auf egoistische Weise geltend zu machen.

Die hellen Aspekte des Weisen liegen in der Verbindung von geistiger Reife, Liebe und einem tiefen Verständnis vom Wesen aller Dinge, das nicht nur aus geborgtem, angeeignetem Wissen besteht, sondern aus echter Weisheit, die aus unmittelbarer eigener Erfahrung hervorgeht.

Dieses authentische innere Wissen befreit ihn von allen Neigungen, andere Menschen durch Scharlatanerie oder Guru-Attitüden zu beeindrucken. Er hat es nicht nötig, andere nachzuahmen, denn die Quelle seines geistigen Reichtums ist tief und unerschöpflich. Mit zunehmender Weisheit wird er immer häufiger feststellen, daß er im Grunde gar nichts weiß. Die Echtheit eines Weisen erkennen wir daran, daß er die Existenz nicht zu entmystifizieren versucht. Bescheiden und in wahrer Demut wird er wie Sokrates auf dem höchsten Gipfel seiner Weisheit sagen: »Ich weiß, daß ich nichts weiß«, oder wie der chinesische Weise sprach: »Das Tao, das gesagt werden kann, ist nicht das TAO«. Der wahrhaft Weise ist selbst dann, wenn er spricht, von einer Aura der Stille umgeben.

Als Eingeweihter, Mystiker, Heiler, Prophet oder Magier ist sein Wissen in langen und tiefen transformatorischen Erfahrungsprozessen gereift. Der Weise hat die Höhen und Tiefen des Lebens existentiell kennengelernt, und ein tiefes Mitgefühl verbindet ihn mit allen anderen Wesen. Seine Autorität basiert nicht nur auf Macht oder Manipulation, sondern auf Liebe und Verständnis. Seine Klarheit ist unbestechlich und doch stets gepaart mit Demut und einem Sinn für Humor. Seine Hingabe an das Ganze ist bedingungslos. Durch die Tiefe und Reinheit seiner in Stille empfangenen Offenbarungen wird er zum Mittler, indem er andere Menschen an seinen eigenen Erfahrungen teilhaben läßt, sofern sie dafür empfänglich sind.

Der echte Weise erkennt die Motive der Menschen, die ihm Fragen stellen, und seine Antworten sind nicht belehrend, sondern geben Anstöße zur eigenen Bewußtwerdung. Durch die Erkenntnis des Göttlichen in allen Wesen und Erscheinungen ist sein Zugang zum Leben von tiefer Achtung und Liebe geprägt. Er ist Spiegel sowohl für Unbewußtheit als auch für Potentiale. Doch sind seine Anstöße niemals verurteilend oder vernichtend. Mit dem Schwert seiner Klarheit unterscheidet er die Geister, doch Moral und Schuldzuweisung sind ihm fern. Wann immer er allein oder gemeinsam mit Menschen den Zugang zur transzendenten Wirklichkeit erfährt, ist er seinem Wesen am nächsten.

Die vier weiblichen Archetypen

Die Mutter

Die Entsprechung des Vater-Archetypus ist bei den Frauen die *Mutter*. Sie ist Ausdruck von Fruchtbarkeit und Lebensfülle und sieht ihre Aufgabe im Gebären und Nähren ihrer Kinder. Eine Frau mit einem starken Anteil des Mutter-Archetypus wird sich schon früh instinktiv dazu hingezogen fühlen, eine Familie zu gründen und ihre Kinder fürsorglich aufzuziehen. Auch in Beziehungen zu Männern übernimmt sie gerne eine beschützende, nährende Rolle und bietet Sicherheit und Treue.

In ihren dunklen Aspekten kann die Mutter besitzergreifend

und manipulativ in Erscheinung treten. Söhne und Töchter sehen sie dann später als eine Riesenspinne, die ihren Partner verschlingt und ihre Kinder umgarnt, abhängig und unfrei macht. Ihre Liebe ist an Bedingungen geknüpft und mit offenen oder verdeckten Erwartungen überlagert. Durch ihre Überfürsorglichkeit kann die Mutter selbst bei bester Absicht das Wachstum und die Selbständigkeit ihrer Kinder und Männer einschränken und verhindern. Eifersüchtig überwacht sie ihre Domäne und unterdrückt die Impulse bei allen, für die sie angeblich in aufopfernder Liebe sorgt. Schließlich kann auch sie selbst Opfer ihres vereinnahmenden Verhaltens werden, indem sie nur für andere lebt, sich verausgabt und so einen Mangel an Selbstwertgefühl verursacht. Solche Frauen wirken dann verbittert und verhärmt, sobald die Kinder es doch schaffen, auf eigenen Beinen zu stehen. Sie fühlen sich unzufrieden, ausgenützt und ausgelaugt. Sie haben nicht gelernt, sich selbst zu nähren und eine eigenständige Persönlichkeit zu entwickeln.

Die hellen Aspekte der Mutter liegen in einer von Herzen kommenden und bedingungslosen Hingabe und Liebe zu ihren Kindern und Familienangehörigen. Sie ist treusorgend und voller Geduld. Sie hat viel zu schenken und gibt aus der Fülle einer überströmenden Selbstliebe. Mit der Kraft der Urmutter vermittelt sie allen Schwachen und Schutzbedürftigen ein Gefühl von Geborgenheit, schenkt Trost und Mitgefühl. Sie besitzt eine instinktive Weisheit, mit der sie die Bedürfnisse von Mann und Kindern wahrnimmt und freudig erfüllt. Ihre Liebe, die allen Geschöpfen gilt, ist wie eine unversiegbare Quelle ihrer nährenden Kraft.

Die Amazone

Dem Helden-Archetypus entspricht die *Amazone*. Sie steht für eine körperbewußte und kämpferische Frau, für die Rebellin, die ihre Aufgaben und Ziele auch unabhängig von Männern zu definieren vermag. Sie findet ihre Erfüllung im Beruf und in der Verwirklichung von Projekten, für die sich ihr voller Einsatz lohnt. Die Amazone ist stark, effizient, praktisch veranlagt und gut organisiert. An der Seite eines aufgeklärten Mannes, womöglich eines Helden, tritt sie als gleichberechtigte Partnerin auf, sofern dieser mit seinen weiblichen Qualitäten ebenso umgehen kann wie sie mit ihren männlichen. Gemeinsam besitzen sie dann die Stärke, auch große Visionen zu realisieren.

In den dunklen Aspekten kann die Amazone herrschsüchtig, machthungrig, grausam und tyrannisch werden und eine Unerbittlichkeit entwickeln, die gegenüber dem, was Männer auf diesem Gebiet hervorgebracht haben, in nichts zurücksteht. Gefesselt an rigide Strukturen einer Organisation oder eines Systems oder fanatisch besessen von Ideologien, ist sie zu destruktiven Aktionen und mörderischen Intrigen fähig. Im Versuch, die Männerwelt zu übertrumpfen oder wenigstens beim männlichen Macht- und Karrierestreben mitzuhalten, kann sie den Kontakt in ihren femininen Qualitäten verlieren und die Züge eines besonders rohen, eckigen und brutalen »Mannweibs« annehmen, das ärgerlich und kritiksüchtig seine Ellenbogen gebraucht. Sie genießt es, andere zu demütigen und deren Schwächen zu entblößen. Ihre Verachtung von allem Weichen, Verletzlichen und Empfindsamen erscheint grenzenlos.

In ihren hellen Aspekten besitzt eine Amazone natürliche Autorität und echtes Selbstbewußtsein. Sie ist in der Lage, leitende Funktionen zu übernehmen, und bietet ihren Angehörigen und Untergebenen Stabilität und die Sicherung notwendiger Lebensgrundlagen. Ihr sachverständiger Umgang mit der materiellen Welt und ihr ausgeprägter Realitätssinn befähigen sie zu großen, heldenhaften Leistungen. Souverän organisiert sie ihr Leben und trifft kluge Entscheidungen. Voller glühender Leidenschaft, doch frei von unklaren Gemütsbewegungen, vermag sie, für die Wahrheit zu kämpfen und sich für eine gute Sache einzusetzen. In Gefahren und schwierigen Umständen zeigt sie unerschütterlichen Mut, Kraft und intuitive Intelligenz.

Selbstverantwortlich und unabhängig »steht sie ihre Frau« und erfüllt ihre Aufgaben mit großer Kompetenz. Sie erfreut sich ihrer Erfolge, genießt es, ihre männlichen Qualitäten auszuleben und einzusetzen, ohne jedoch den Kontakt zu ihrer Weiblichkeit abzuschneiden. Im Vertrauen auf ihre natürliche Stärke kann sie sich selbst und anderen auch Bedürfnisse und Schwächen zugestehen.

Die Hetäre

Dem ewigen Jüngling entspricht die *Hetäre*. Sie verkörpert eine Frau, die sich als Liebende und Geliebte, Muse und Künderin der Schönheit des Lebens verwirklicht.

Ihre Identität und Erfüllung gewinnt sie vor allem aus ihren vielseitigen Beziehungen zu Männern. Intelligent, begabt, kultiviert und ästhetisch bewegt sie sich wie ein Schmetterling durchs Leben und läßt sich von ihrer Liebe zu den vielfältigen sinnlichen Freuden locken. Sie hat etwas von einer Lebenskünstlerin, die sich ganz der Liebe und Schönheit hinzugeben versteht. Sie ist entweder selbst Malerin, Dichterin, Musikerin oder Schauspielerin oder inspirierende Muse an der Seite eines Mannes, der diese Aspekte für sie auslebt. Die Einrichtung ihrer Wohnung sowie ihre Kleidung sind mehr nach ästhetischen als funktionalen Gesichtspunkten gewählt.

Die dunkle Variante der Hetäre zeigt eine charakterlose, leicht beeinflußbare Frau, die Spielball äußerer Reize, lasziver Exzesse und Süchte ist. Sie ist abhängig von der Bestätigung durch Männer und kann substanzlos in sich zusammenfallen, sobald diese ausbleibt. Sie hat große Schwierigkeiten, mit anderen Frauen ohne Konkurrenzverhalten in Beziehungen zu treten. Unstabil und unfähig, tiefere Beziehungen einzugehen, neigt sie zu Promiskuität und läßt sich sexuell ausbeuten und mißbrauchen. Ihre Angst vor Nähe verhindert erfüllende Beziehungen. Unfähig zur Treue kann sie Männer auf unberechenbare, gnadenlose, kaltherzige Weise verlassen oder betrügen. Aus einem tiefen Mangel an Selbstliebe und Selbstachtung ist sie nicht in der Lage, ihre oftmals sentimentalen und naiven Ideale romantischer Liebe zu verwirklichen. Haltlos ihren unsteten Neigungen ausgeliefert, mangelt es ihr an der Fähigkeit, sich abzugrenzen und Identität und Würde zu bewahren.

In ihren hellen Aspekten verkörpert die Hetäre eine Frau voller Anmut, Ästhetik, Intelligenz und Talent. Ihr Sinn für Schönheit sowie ihre Wertschätzung von Kultur und Kunst verleihen ihr eine wunderbare Fähigkeit, die sinnlich-geistigen Werte des Lebens zu erhöhen und herauszustellen. Ihre Gegenwart ist inspirierend und anregend, und sie besitzt eine außerordentliche Fähigkeit, ihre Gedanken und Empfindungen zu kommunizieren. Männern kann sie auf vielen Ebenen und in sehr differenzierter Weise begegnen. Als Künstlerin vermittelt sie ein Verständnis für die Schönheit und Fülle der Schöpfung und entwickelt ihre Fähigkeit, diese in ansprechenden Darstellungsformen auszudrücken, um andere Menschen in ihrer Seele zu berühren. Als Muse erkennt sie ihren Selbstwert in ihrem absichtslosen So-Sein, mit dem sie andere Menschen – zumeist Männer – inspiriert, stützt, fördert, liebt. Es heißt, hinter jedem großen Mann stehe eine große Frau. Oder wie es *Prentice Mulford* ausdrückt: »Die Frau ist das feinere, nicht das schwächere Gefäß. Sie ist dem Manne, was die Magnetnadel des Kompasses dem Steuer des Schiffes ist.« Als Geliebte vermittelt sie durch ihre ungezwungene, natürliche Art spontane Lebenslust und Freude am phantasievollen Liebesspiel. Sie wird dadurch zur Verkörperung von Sinnlichkeit und Erotik, von kunstvoller Verführung und vibrierender Verliebtheit. In Form von Zärtlichkeit sowie ekstatischer Hingabe verschenkt und genießt sie das umfangreiche Spektrum ihrer Liebeskunst. Immer folgt sie der Stimme ihres Herzens, setzt sich hinweg über moralische Zwänge und begrenzende gesellschaftliche Normen und Tabus. Ihre Sexualität ist untrennbar mit den Qualitäten ihrer tiefen Liebesfähigkeit verbunden. Sie lebt ihre Liebe furchtlos und uneingeschränkt, achtet und hütet ihr Liebesempfinden als kostbares Geschenk, das sie freizügig – jedoch keineswegs wahllos – weitergibt und teilt. Als sinnliche Frau und Liebende ist sie die Initiatorin in die Geheimnisse der Liebeskunst.

Das Medium

Das Pendant zum Weisen wird von C. G. Jung *Medium* genannt. Wir können diesen weiblichen Archetypus auch als Hohepriesterin, weise Frau, Schamanin, Seherin, Heilerin oder Magierin bezeichnen. Ihre Erfüllung liegt in der Verbundenheit mit den spirituellen Dimensionen sowie in ihrem tiefen Zugang zu den Schätzen des kollektiven Unbewußten und der Woge der Psyche. Sie stellt sich als Kanal für die verborgenen Kräfte der feinstofflichen Ebenen zur Verfügung und dient dadurch als Brücke zwischen der geistigen Welt und der menschlichen Gemeinschaft.

Die dunklen Aspekte dieses Archetypus können in einer mangelnden Verbundenheit mit der materiellen und wissenschaftlichen Welt zu Tage treten. Durch einen solchen Mangel an Erdung wirkt sie anfällig, blutleer, teilnahmslos und ohne vitale Freude am irdischen Leben. Dadurch fehlt ihr auch das Verständnis für die Sorgen und Nöte anderer Menschen. Die Kräfte des Kollektiven können sie leicht überschwemmen, und sie wird zu einem hysterischen, chaotischen, konfusen Spielball irrationaler Impulse. In missionarischem Eifer kann sie fanatische Ideen verbreiten oder sich von überspannten Vorstellungen treiben lassen. Abergläubisch gibt sie allem Geschehen magisch-verrückte Bedeutungen, verkündet Unheil und verbündet sich bewußt oder unbewußt mit dunklen Kräften. Als Schwarzmagierin oder böse Hexe kann sie zur »Giftmischerin« werden und sich in den Dienst eigensüchtiger oder intriganter Machenschaften stellen.

Die hellen Aspekte des Mediums zeigen eine bewußte Frau, die ihr Leben aufgrund ihrer Inspiration vorrangig einem geistigen Wirken geweiht hat. Sie verfügt über einen guten, liebe- und freudevollen Bezug zur irdischen Realität, der sie befähigt, sich auf höhere Kräfte einzulassen und ihre eigenen spirituellen und magischen Erfahrungen mit anderen Menschen zu teilen. Aufgrund ihrer Offenheit für den sich stetig verändernden Strom des Lebens lehrt sie andere Menschen, wie sie sich von diesen Bewegungen durchdringen und tragen lassen können. Ihre Souveränität beruht auf der Fähigkeit, das Leben als eine große Offenbarung einer mystischen Schöpfung zu erleben und zu deuten. Aus dieser intimen und persönlichen Beziehung zur geistigen Welt, zu ihren immateriellen und dennoch wirksamen Energien und Dimensionen, bezieht sie jene Eingebungen, die sie befähigen, symbolhafte und wirksame Rituale zu kreieren und durchzuführen. Durch ihre Weisheit, Hingabe und Verbundenheit mit den kosmischen Kräften dient sie als Kanal für heilende Energien und befreiende Botschaften der universellen Liebe. Mit Klarheit und umfassendem Verständnis hilft sie anderen Menschen, ihr eigenes Potential zu erkennen und ihren individuellen Zugang zur inneren Führung zu finden. Ihre Gegenwart verbreitet Segen, Inspiration, Harmonie und inneren

Frieden. Als lebendes Beispiel vermittelt sie den Menschen, wie sie in die Rückverbindung mit dem All-Bewußtsein treten und den Zugang zu ihrer eigenen Quelle von schöpferischer Qualität und Inspiration wiederentdecken und vertiefen können. (Weitere Ausführungen zu den insgesamt zehn weiblichen Archetypen finden Sie im Buch von Ingrid S. Kraaz von Rohr/Wulfing von Rohr: *Die neue Weiblichkeit.*)

Dieser Exkurs über männliche und weibliche Archetypen mag Ihnen Gelegenheit geben zu prüfen, welche Aspekte Ihres Mann- beziehungsweise Frauseins Sie bisher gelebt und verwirklicht haben, welche Sie noch mehr entwickeln wollen und vielleicht auch, welche Sie immer wieder an gleich- oder gegengeschlechtlichen Partnern anzieht. Das letztere ist sicherlich auch ein Hinweis auf die Eigenschaften und Potentiale, die in Ihnen darauf warten, erkannt und verwirklicht zu werden.

Obwohl es möglicherweise überflüssig erscheint, möchte ich doch ausdrücklich darauf hinweisen, daß keiner dieser Archetypen besser oder schlechter ist als ein anderer, auch wenn wir aufgrund von Wertvorstellungen unserer Familie und der Gesellschaft, in der wir aufgewachsen sind, einen Archetypus vorziehen könnten. Alle genannten Archetypen – denen man sicher noch eine ganze Reihe anderer zuordnen könnte – sind als gleichwertig zu betrachten und können Schwerpunkte eines Weges zur Erfüllung und Ganzwerdung darstellen.

Leider ist es auch heute noch so, daß gesellschaftliche Einflüsse die individuelle Entwicklung beeinträchtigen. So mögen Männer beispielsweise angehalten werden, das Ideal des Helden zu erfüllen, obwohl ihr Wesen eher dem des Weisen oder des ewigen Jünglings entspricht. Oder Frauen sollen vielleicht dem Ideal einer guten Mutter nachkommen, obgleich sie sich viel eher als Amazone oder Hetäre empfinden. Dies kann tiefe Wunden und Verletzungen in unserem Selbstwertgefühl sowie eine allgemeine Identitätskrise nach sich ziehen.

Nun ist es an der Zeit, diese alten Begrenzungen abzuschütteln, um ganz neu und ohne Vorurteile erkennen zu können, was für uns als Mann oder Frau natürlich und wesensgemäß ist. Je mehr wir lernen, uns auch in diesen Aspekten unseres

Menschseins anzunehmen und wertzuschätzen, desto schneller und müheloser werden wir das in uns kennenlernen, was die Dualität von Mann und Frau transzendiert.

Dies bedeutet keinesfalls, daß wir uns dann als geschlechtslose Zwitterwesen durch die Welt bewegen. Ganz im Gegenteil! Indem wir unsere Körperlichkeit und Psyche, unser Mann- beziehungsweise Frausein lieben und entwickeln, besitzen wir die Voraussetzungen, auch unseren inneren Männern und Frauen zu begegnen. Aus dieser inneren Begegnung erwachsen jene Vollständigkeit und Reife, die uns wie selten zuvor befähigen, in erfüllender, befriedigender Weise mit unseren Partnern und Geliebten zusammenzusein. Das Leben erhält einen tiefempfundenen Sinn, eine höhere Bedeutung, und in uns entwickelt sich ein zunehmendes Gespür für unsere besondere Funktion und Aufgabe als Männer und Frauen. Wir erahnen schon jetzt etwas von der Anmut und Würde des androgynen »neuen Menschen«, der sich vollkommen in der Schönheit seiner eigenen Geschlechtlichkeit entspannt und auch die gegengeschlechtlichen Anteile integriert hat. Dies läßt ihn zu einem höchst liebes- und beziehungsfähigen Menschen heranreifen. Liebe und Sexualität sind dann frei von Besitzansprüchen, defizitärem Verlangen und zwanghaftem Verhalten. Männer und Frauen werden sich angstfrei, »hemmungslos«, spielerisch, liebe- und lustvoll, ekstatisch begegnen und vereinen und miteinander ihre Schönheit und Würde ausdrücken und feiern. Mit überströmender Kraft und Weisheit werden sich solche Menschen ihrem individuellen kreativen Beitrag widmen, der sie selbst befriedigt und erfüllt und der anderen Wesen Lebensfreude schenkt.

In meiner Vision der Freude sehe ich viele Männer und Frauen, die schon jetzt aufbrechen, den Reichtum ihrer tiefsten Wahrheit zu erkunden, wiederzufinden, anzunehmen und auszudrücken. Gibt es denn etwas, wofür es sich mehr lohnte zu leben?

An das Ende dieses Kapitels stelle ich die Aufzeichnungen einer Teilnehmerin unseres ersten Trainingsjahres. Sie geben in vortrefflicher Weise wieder, wohin die Suche nach unserem inneren Geliebten führt. Vedana schrieb uns nach den Mann-Frau-Tagen: »Das größte Geschenk, das ich in dieser Gruppe bekommen habe, war die Erfahrung, daß ich ein vollständiges Wesen bin. Ich selbst habe alles in mir, was ich brauche. Was für mich im Kreis der Frauen geschehen konnte, war die Heilung meines Frauseins. Ich erkannte, wie stark die Liebe und all die weiblichen Qualitäten tatsächlich in mir sind und daß ich diese Liebe nicht in mir trage, um sie nur nach außen zu geben, damit ich etwas zurückbekomme, sondern daß sie da ist, damit ich sie mir selbst schenke. Die Erfahrung, ich selbst sein zu können und mich selbst mit allem Schmerz, allen Verletzungen der Vergangenheit und allen dunklen Aspekten des Frauseins lieben und annehmen zu können, war Heilung für mich. Ebenso zu erkennen, daß niemand im Außen verantwortlich ist für meinen Schmerz und in meiner Sexualität für meine Lust. Ich selbst kann entscheiden, ob ich ein lustvolles Wesen sein möchte oder nicht, unabhängig von meinen Erfahrungen, die ich in meiner Vergangenheit mit Sexualität gemacht habe.

Ich fühle mich durch die Erfahrung in dieser Gruppe ganz bei mir selbst angekommen, und es war auch diese Qualität, mit der mein Partner und ich wieder aufeinandertrafen nach den Tagen der Trennung. Ich habe einen Geschmack davon bekommen, was Beziehung wirklich bedeuten kann, und in mir ist die Erkenntnis, daß eine dauerhafte, nährende und erfüllende Beziehung mit einem anderen Menschen nur möglich ist, wenn beide bei sich selbst angekommen sind. Seit dieser Gruppe erlebe ich das Alleinsein, jede Trennung von meinem Partner viel mehr als ein Geschenk und als eine Einladung, wieder ganz zu mir selbst nach Hause zurückzukehren, um immer wieder die Erfahrung machen zu können, daß ich alles in mir habe, um glücklich sein zu können.«

Das Mysterium von Tod und Wiedergeburt

Der Tod – Gipfel des Lebens

»Denke immer daran,
daß der Tod kommt –
und der Tod ist der Prüfstein:
Was auch immer der Tod widerlegt,
ist widerlegt.
Was auch immer der Tod anerkennt,
ist anerkannt.
Was auch immer
jenseits des Todes gehen kann,
was auch immer machtvoller sein kann als der Tod,
ist die Wirklichkeit.
Das Wirkliche kann nicht sterben.
Das Unwirkliche stirbt tausend und einen Tod.«

(Osho)

*In einem Raum liegt in weichen, seidenen, goldgelben Kissen
ein alter Mann. Das Fenster auf der rechten Seite steht offen,
ein weißer feiner Vorhang ist davorgezogen und fächelt im
leichten Wind. In Wellen hebt und senkt sich das Tuch, wie
ein atmender Bauch. Stille ist im Raum. Der Mann liegt in
leichtem Schlaf. Seine Augen sind geschlossen, seine schmalen Lippen ruhen matt aufeinander. Er liegt da, zum Sterben
bereit. Die Tür geht auf, eine Frau schiebt sich leise in den
Raum, sie nimmt einen Stuhl und setzt sich vor das Bett, zum
Kopf des Mannes. Es ist seine Tochter Julia. Sie spürt den
nahen Tod ihres Vaters und möchte ihn begleiten.*

*Der alte Mann öffnet die Augen, nickt ihr dankend entge-
gen. »Ich wußte, daß du kommen wirst.« Er faltet seine Hände
auf der Brust. Julia rückt den Stuhl näher heran und legt ihre
warme Hand auf die des Vaters. Sie sitzen still beieinander.
Draußen fliegt ein Schwan über den Fluß, die Kraft seines
Fluges weht mit dem Wind in das Sterbezimmer. Der Mann
winkt mit der Hand.*

Julia spricht nun leise zu ihrem Vater, Wörter und Wörter, sie reihen sich aneinander, endlose Fäden. Sie füllen den ganzen Raum. Sie fliegen zum Fenster in die Welt hinaus. Die Worte hüllen den Mann in einen sanften Schlaf, sie lassen sein Herz ruhig werden, sie nehmen die Schwere mit, sie lassen sie hinausfließen – sie erleichtern ihn. Sein Gesicht wird immer sanfter, sein Ausdruck feierlich. Es zeigt Freude, Andacht, Dankbarkeit für den bevorstehenden Schritt. Für den Höhepunkt seines Lebens, für seinen Tod. Er spürt, wie der Tod kommt, wie er sich ihm nähert. Ganz aufrecht und stark schaut er den Mann an. Aus seinen Augen leuchten Friede und Gerechtigkeit. Der alte Mann wird aufgenommen in die Ewigkeit.

Plötzlich hält die Frau inne; die Worte brechen ab. Sie öffnet die Hände und nimmt es entgegen, das Geschenk. Sie wiegt es, sie bedankt sich, sie legt es auf den Boden. Sie neigt ihren Kopf, legt ihn zwischen ihre Hände. Jetzt öffnet sie ihre Augen und erkennt eine halbgeöffnete Rose. Ihr Vater hat ihr eine Rose geschenkt. Sie hebt sie auf und führt sie zum Herzen. Tränen laufen ihr über das Gesicht. Sie wird dieses Geschenk weitergeben; sie wird es in die Welt hinaustragen. Ein Löwe erscheint vor ihren Augen. Mit der Kraft des Löwen wird sie leben und geben. Im Wind sind feine Töne, Töne aus dem Himmel. Julia öffnet die Augen; ihr Vater geht. Sie läßt ihn gehen; sie verabschiedet sich von ihm. Ein heftiger Wind kommt in das Zimmer und holt den Vater ab. Er wird getragen, in sein Element. Er wird gehen und kommen. Er wird aufsteigen zum Himmel. Die Sonne wird scheinen.

Diese Vision einer siebenunddreißigjährigen Teilnehmerin unseres Jahrestrainings hat mich tief berührt. Sie drückt auf zarte Weise etwas von dem aus, was Tod über unsere herkömmlichen Auffassungen sein kann: nicht nur das Ende, sondern vielmehr der feierlich zelebrierte Höhepunkt einer Lebensspanne. Unser Sterben, oder der Tod unserer Angehörigen, kann ein Ereignis von besonderer Schönheit, von unschätzbarem Wert sein, wenn wir vorbereitet sind und die Möglichkeit der Einblicke in eine andere transzendente Dimension wahr-nehmen und nutzen. Durch die bewußte Erfahrung des Todes bekommen wir eine unvergleichliche Gelegenheit, das Unsterbliche in uns kennenzulernen und zu realisieren, wer wir in Wirklichkeit sind.

Zahlreiche Menschen, die klinisch tot waren, aber ins Leben zurückkehrten, haben im nachhinein die Loslösung aus dem physischen Körper in den höchsten Begriffen von Freude, Frieden, Licht und Harmonie beschrieben. Stefan von Jankovich geht in seinem beeindruckenden Buch *Ich war klinisch tot* so weit zu sagen, daß seine Nahtodeserfahrung während eines schweren Autounfalls das schönste Erlebnis seines gesamten Lebens gewesen sei. Sie habe ihm die Augen für die Wirklichkeit einer höheren Dimension geöffnet. Im Rückblick steht für ihn heute fest: »Durch die Erfahrung des Sterbens habe ich erst richtig leben gelernt.«

Genau darum geht es im Rahmen unseres Trainings, wenn wir uns mehrere Tage lang intensiv dem Thema Sterben und Tod zuwenden. Wir brauchen nicht auf schwere Schicksalsschläge zu warten, die uns mit Gewalt in ganz andere, von der Enge der Materie befreite Sphären führen. Freiwillig und bewußt können wir uns dem Mysterium von Tod und Wiedergeburt annähern.

Dieser Prozeß ist für die Erweiterung unseres Bewußtseins, unseres Selbstverständnisses und Lebenssinns von unschätzbarem Wert. Er trägt dazu bei, uns nicht mehr ausschließlich mit den äußeren, materiellen und vergänglichen Aspekten unserer Realität zu identifizieren. Wir öffnen uns auf eindringliche Weise für die tiefe Erfahrung unserer Unsterblichkeit. Erst in der Freiheit dieses Wissens werden wir unser Leben umfassend feiern, denn die wahre Größe und Herrlichkeit unseres multidimensionalen Seins ist für uns erfaßbar, wenn wir die Grenzen unserer Wahrnehmung in die Bereiche des Unsichtbaren hinein ausdehnen.

Der Reichtum an innerem Wissen, der uns in solchen Momenten zufließt, ist so unermeßlich, daß er mit keinem Gold auf dieser Erde aufzuwiegen wäre. Sind wir dann auch noch in der Lage, diese Schätze in unser alltägliches Leben zu tragen? Indem wir uns immer wieder aufs neue daran erinnern, wer wir in Wirklichkeit sind, erhält unser Leben einen neuen Glanz, eine nie zuvor erkannte Schönheit und Erfüllung. Der Tod ist dann kein schrecklicher Feind mehr, sondern eher ein weiser Ratgeber und unbestechlicher Verbündeter. Richtig sterben zu können, ist eine Fähigkeit, die es wert ist, weitergegeben zu werden.

Ramana Maharshi bereitete sich auf den Austritt aus seinem physischen Körper vor. Die Schüler wurden immer trauriger, sie weinten. Sie fragten ihn: »Meister, was sollen wir denn nur machen, wenn du weggehst?« Der Meister antwortete: »Wohin soll ich denn gehen, wo ich nicht jetzt schon bin?«

Wie reagieren wir, wenn wir mit dem Thema Tod konfrontiert werden? Was fühlen wir, wenn wir Bilder in der Zeitung oder im Fernsehen sehen von Menschen, die gerade durch Naturkatastrophen, Unfälle oder Kriege ums Leben gekommen sind? Was fühlen wir, wenn wir Menschen sehen, die bald oder sogar im nächsten Augenblick sterben werden, die erschossen oder erhängt werden sollen? Wir erinnern uns vielleicht auch an Filme und Zeitungsartikel über Menschen, die, von Krebs oder Aids gezeichnet, über ihre Vorbereitungen auf den Tod berichten. Vielleicht haben wir auch selbst Menschen besucht, zu Hause oder im Krankenhaus, und sie im Sterben begleitet.

Prüfen wir doch einmal so ehrlich wie möglich, wo wir uns selbst in diesem Spannungsbogen zwischen der hohen Einsicht eines verwirklichten Meisters und den Körper- und Gefühlsprozessen unserer subjektiven Realität befinden. Welche Einstellung zu Tod, Sterben und Leben haben wir? Haben wir Angst vor dem Thema Tod? Vermeiden wir es? Vermeiden wir, darüber nachzudenken, nachzufühlen, zu meditieren? Und verharren wir, gebannt wie das Kaninchen vor der Schlange, voller Schrecken vor dem Tod? Oder vermögen wir, die Gefühle von Ungewißheit und Furcht, die sich vielleicht auch körperlich äußern (denken wir an unsere Befindlichkeit, wenn wir im Flugzeug sitzen und es plötzlich anfängt, hin und her zu schaukeln), durch uns hindurchfließen zu lassen, ohne sie festzuhalten? Vermögen wir weiterzugehen, durch diese Enge, durch den dunklen Tunnel hindurch, zur Öffnung einer lichtvollen Wirklichkeit? Diese lichtvolle Wirklichkeit ist nicht etwa neu, sondern uns möglicherweise bisher nur unbekannt oder unvertraut.

Es geht in unserer Trainingsarbeit darum, alle Gemütsregungen zum Thema Sterben und Tod zuzulassen, und doch gleichzeitig offen zu bleiben für unsere Essenz, die von all diesen Regungen, wie wir feststellen werden, nicht berührt wird. Diese unzerstörbare Essenz erleben wir bei und nach Nahtoderfahrungen in einer ganz neuen Kraft, Sensibilität, Transparenz und Bewußtheit.

Alle unsere Ängste sind letztlich rückführbar auf die Angst vor dem Sterben und vor dem Tod, vor dem Nicht-Sein. Sie zeugen daher von unserer Unwissenheit gegenüber unserem wahren Sein und gegenüber der Schwelle zwischen den Ebenen, die wir Tod nennen. Die vordergründige Erfahrung, die wir machen, wenn wir den Tod eines anderen Menschen miterleben, ist, daß sein Körper zerstört oder unbrauchbar, das heißt, lebensunfähig wird, und daß diese Tatsache ihn »zwingt« zu sterben. Ohne den physischen Körper kann niemand auf dieser irdischen Ebene existieren. Also assoziieren wir aufgrund unserer äußeren Beobachtungen Tod mit Gewalt, Verlust und mit Nicht-Sein. Wir tragen die nutzlos gewordene Körperhülle zu Grabe und sind überzeugt, daß dieser Mensch nun endgültig verschwunden und verloren ist. Da wir ausschließlich an die Wahrnehmung in der Welt der Materie gewöhnt sind, können wir nur den oberflächlichsten Teil, den materiellen Aspekt des Todes wahrnehmen: Wir assoziieren das Ende des physischen Körpers mit dem Ende eines Lebens überhaupt.

Tatsächlich ist der Tod ein endgültiger Schlußstrich unter das, was wir die Spanne eines Lebens nennen. Wir lassen alles zurück, was uns auf der Ebene der materiellen Erscheinungen gehörte: den Körper, unseren Besitz, unsere Beziehungen, unsere Rollen. In dem Maße, in dem wir uns mit diesen Aspekten unseres Seins identifizieren, werden wir den Tod als schmerzvollen, mitunter qualvollen Verlust und grausamen »Spielverderber« erleben. Ein Mensch, der in einem solchen Bewußtsein lebt, wird die Tatsache verdrängen, wird vielleicht auf naive Weise versuchen, dem Tod zu entkommen und vermutlich im Moment des Sterbens unbewußt sein. Der Tod wird ihn unvorbereitet vorfinden. Und dadurch verpaßt er eine der großartigsten Möglichkeiten der Selbsterfahrung. Ein solcher Mensch wird weiterhin in der Unkenntnis seines wahren Selbst existieren, das heißt in Verwirrung und Angst.

Wir sind das, womit wir uns identifizieren, das heißt, was einen Platz innerhalb der Grenzen unseres Bewußtseins erhalten hat. Erfaßt unser Bewußtsein nur bestimmte Aspekte und Teile unserer Wirklichkeit, so *sind* wir tatsächlich in unserem Erleben nur diese Fragmente. Wir sind dann selbst unvollkommen und fragmentarisch. Diese Art des Seins ist in der Tat »arm«. Wir leben in Illusionen. Die »Sünde« der Trennung ist nichts anderes als die Abspaltung unseres Bewußtseins von der Wahrnehmung unserer vollkommenen Einheit. Wir leben, wir *sind* noch nicht wirklich, und das spüren wir schmerzhaft. Die in Vergessenheit geratenen, verdrängten oder nicht erkannten Aspekte unseres vollkommenen Seins leiden unter ihrer Verbannung. Die Erde, die Welt der Materie, wird zum Jammertal, solange die materiellen Aspekte unseres Lebens die viel größere, umfassende und unbegrenzte Essenz ausschließen. In einem derart begrenzten Bewußtsein wird der Körper aus Fleisch und Blut zum Gefängnis, zur Bürde und die materiellen Gesetzmäßigkeiten zur schweren Belastung und Unfreiheit. Je enger unser Bewußtsein ist, desto weniger sind wir in der Lage, auch die materiellen Aspekte des Daseins anzunehmen, wirklich zu genießen und zu feiern.

Vorbereitung auf das Sterben

Zwei Hauptfragen stehen in unserer Auseinandersetzung mit dem Thema Tod und Sterben im Vordergrund:
1. Auf welche Weise können wir uns dem Mysterium von Tod und Wiedergeburt annähern, um unsere eigene transzendente Wirklichkeit noch tiefer und umfassender zu erkennen?
2. Welche Auswirkungen hat die bewußte Erfahrung von Todesnähe, Sterben und Transzendenz auf die Art, wie wir unser gegenwärtiges Leben begreifen und führen? Oder: Auf welche Weise kann der Tod zum Lehrmeister und weisen Verbündeten für unser gegenwärtiges Leben werden?

In Todesnähe erhält das Leben eine ganz eigene, selten zuvor erfahrene Intensität. Nichts ist mehr selbstverständlich. Unsere Wahrnehmung gewinnt eine größere Tiefe und Weite. Mit ungewöhnlicher Schärfe tritt das Wesentliche hervor und alles Unwesentliche in den Hintergrund. Wenn Sie dies selbst nachvollziehen wollen, erlauben Sie sich doch einmal die Vorstellung, Sie hätten nur noch kurze Zeit zu leben.

Zur Vorbereitung der Begegnung mit dem Tod eignen sich folgende Fragen, die Sie sich einfach schon beim Lesen durch Kopf, Geist, Gemüt und Seele gehenlassen können. Nachdem Sie sich diese Fragen gestellt haben, »hören« Sie einfach still ins Innere – auf Antworten oder auch auf eine emotionale Resonanz:

– Bin ich bereit, mein Leben abzuschließen?
– Bin ich bereit, geliebte Menschen, soziale Rollen und materiellen Besitz loszulassen?
– Bin ich bereit, meine Ansprüche an das Leben loszulassen?
– Bin ich bereit zu gehen, wenn ich gerufen werde?
– Bin ich bereit, zu einem uneingeschränkten Ja, zu einer uneingeschränkten Hingabe?
– Bin ich bereit, dem Tod offen und wach zu begegnen, den Übergang bewußt und feierlich zu vollziehen?
– Habe ich so gelebt, daß ich sterben könnte?
– Wie möchte ich gelebt haben, wenn ich sterbe?

Ja, es sind viele Fragen, mit denen uns der Tod konfrontiert. Um die Geschenke der Bewußtseinserweiterung, die diese existentielle Erfahrung mit sich bringt, auch wirklich empfangen zu können, brauchen wir vor allem zweierlei:

1. Hingabe: die Bereitschaft und Fähigkeit, Abschied zu nehmen und loszulassen. Die bedingungslose Einwilligung zu gehen, wohin immer die Existenz uns ruft.
2. Meditative Präsenz: Wachheit und die Fähigkeit, mit hoher Intensität, das heißt mit starker Energie umzugehen, ohne Halbherzigkeit oder Identifikation mit angstbeladenen Emotionen.

An der Entwicklung von beiden Aspekten haben wir im Laufe des gesamten Trainingsjahres gearbeitet. Die »Todesgruppe« ist gewissermaßen ein Test, zu wieviel Hingabe und meditativer Präsenz wir nun in der Lage sind.

Die Vorbereitung auf die eigentliche Begegnung mit dem Tod verläuft über mehrere Tage und hat unterschiedliche Stufen, die alle darauf angelegt sind, diese beiden Qualitäten in jedem Teilnehmer zu erhöhen. Auf verschiedenen Ebenen, die hier nicht näher beschrieben werden sollen, üben wir das Loslassen und Sichfallenlassen. Wir untersuchen, welche Lebensbereiche uns unabgeschlossen erscheinen und wovon uns ein Abschied besonders schwerfallen würde. Schließlich üben wir die Loslösung beim Schreiben von Abschiedsbriefen, die wir an jene Menschen richten, die uns ganz besonders nahestehen. An dieser Stelle möchte ich den Brief eines neununddreißigjährigen Teilnehmers vorstellen. Er nimmt darin von seiner Geliebten Abschied, mit der er seit kurzer Zeit zusammenlebt. In diesem Abschiedsbrief drückt sich ein Mensch mit großer Bereitschaft zur Hingabe aus.

Meine Geliebte!
Mit einem weiten Herzen voller Liebe teile ich Dir mit, daß mich mein göttliches Selbst aufgefordert hat, diese Lebensspanne noch heute zu beenden. Es kommt sehr plötzlich und überraschend, doch ich weiß, daß auch dieser Entschluß getragen ist von unendlicher Weisheit und Liebe..., und so gehe ich freudig ins Licht. Sei nicht traurig, Geliebte! Das Band unserer Zuneigung und Liebe wird dadurch nicht zerstört! Wir werden uns auch weiterhin in Liebe begleiten und wiedersehen, wenn unsere Zeit gekommen ist.

Ich danke Dir aus tiefstem Herzen für alles, was Du mir geschenkt hast, was ich durch Dich lernen konnte, für Deine Ehrlichkeit, Offenheit und Liebe. Die Zeit mit Dir war ein unbeschreiblich wertvolles Geschenk. Ich habe so viel durch Dich und mit Dir lernen dürfen! Danke für die Höhen und Tiefen, für die ekstatischen Momente, für all die glücklichen, seligen und stillen Stunden! Danke auch für die schwierigen Zeiten, die Tränen, die Trauer, die Schmerzen... Alles war gut, weil es in Aufrichtigkeit geschah. Du hast mir wie kein anderer Mensch geholfen, mein Bewußtsein zu erweitern. Damit hast Du mir eines der größten Geschenke meines Lebens gemacht...

So schwer mein plötzlicher Abschied für Dich jetzt auch

sein mag, ich hoffe und wünsche, daß auch Du in ihm die Geschenke des Wachsens erkennen und annehmen kannst. Ich weiß, wie sehr auch Du Dich nach dem Licht sehnst, zu dem ich noch heute heimkehren darf. Ich fühle jetzt an der Schwelle, die wir Tod nennen, noch deutlicher als je zuvor, wie wunderbar es ist, sich der Existenz bedingungslos und freiwillig zu überlassen. Ich kann jetzt sehen, daß es in Wirklichkeit keinen Abschied gibt. Wir sind und bleiben in Liebe verbunden! Lebe wohl!

In der Regel sind es Geliebte, uns nahestehende Menschen oder unabgeschlossene kreative Werke, von denen wir uns angesichts des Todes besonders schwer trennen können. Sehr lohnend ist, sich einmal die Zeit zu nehmen und Abschiedsbriefe in der Vorstellung zu schreiben, daß uns nur noch sehr kurze Zeit zu leben übrigbleibt. Wenn Sie wollen, probieren Sie es einmal aus. Sie werden erstaunt sein über die Gefühlstiefe, in die Sie diese Übung führen kann.

In Todesnähe erkennen wir klarer und deutlicher, welchen Wert die unterschiedlichen Aspekte, Begebenheiten und Ereignisse unseres bisherigen Lebens haben. Wir sind im Angesicht der Ewigkeit in der Lage, von höherer Warte aus zu sehen und zu bewerten. Menschen mit Nahtoderfahrungen berichten immer wieder davon, daß in den Momenten des Austritts aus dem physischen Körper der gesamte Lebensfilm sekundenschnell, jedoch mit äußerster Präzision, wie ein phantastisches Theaterstück aus unzähligen Bildern und Szenen abläuft. Dabei wird wie im Zeitraffer eine Bilanz der zurückliegenden Lebensspanne gezogen. Die Bewertung des eigenen Verhaltens erfolgt dabei nicht nach irdischen Moralgesetzen, sondern nach dem kosmischen Harmoniegesetz der Liebe. Im Jenseits gelten andere Maßstäbe, die unsere Moralbegriffe von Gut und Böse außer Kraft setzen. Unbestechlich und klar können wir Wesentliches von Unwesentlichem unterscheiden.

Teil der Vorbereitung auf die Begegnung mit dem Tod ist eine Rückführung, in der die Teilnehmer stufenweise durch ihr bisheriges Leben geleitet werden bis zum Moment ihrer Geburt. Dabei werden immer wieder aufs neue Fragen gestellt wie:

- Wie beurteilst du dein Verhalten angesichts des Todes?
- Möchtest du so gelebt haben, wenn du stirbst?
- Wie hast du in diesem Lebensabschnitt deine Liebe ausgedrückt?
- Welche Bedeutung haben deine scheinbaren Siege beziehungsweise deine scheinbaren Niederlagen angesichts des Todes?

Eine solche Rückführung und die Auseinandersetzung mit den obigen existentiellen Fragen ermöglichen eine grundlegende Klärung des eigenen Lebenslaufs aus höherer Sicht. Wir können nur dann in Frieden sterben, wenn wir im reinen sind mit den wichtigen Stationen unserer Vergangenheit.

Obwohl wir uns im Laufe des Trainingsjahres bereits in anderen Gruppen intensiv mit der Bereinigung unserer Vergangenheit beschäftigt haben, kommt es immer wieder vor, daß gewisse Bereiche unbearbeitet liegenbleiben, weil sie vom höheren Selbst des betreffenden Teilnehmers noch nicht »freigegeben« wurden.

Die Bereitschaft zur Vergebung sowie die Befreiung von tiefsitzender Schuld sind selten so zugänglich wie in Todesnähe. Eines der wertvollsten Geschenke, die wir vom Tod erhalten, ist die Einsicht, daß es so etwas wie Schuld nicht gibt. Mit der Erkenntnis unserer Schwächen und Fehler bekommen wir gleichzeitig auch eindeutige Hinweise, wie wir Herausforderungen und Prüfungen annehmen und meistern können. Verhaltensweisen und Taten, die nach irdischen Moralgesetzen als tugendhaft oder aber verdammenswert gelten, können im Licht kosmischer Maßstäbe exakt die gegenteilige Wertung erhalten. Und gleichzeitig sehen wir, daß kein Außenstehender, kein Gott oder astraler Richter die Urteile über uns fällt, sondern einzig und allein wir selbst. Wir sind diejenigen, die Probleme und Prüfungen kreieren, um Erfahrungen zu sammeln. Und wir sind es ebenso, die beurteilen, ob eine Lektion bewältigt wurde oder ob weitere Erfahrungen dieser Art benötigt werden, um Erkenntnisprozesse zu vervollständigen.

Nach den Tagen der Vorbereitung öffnen wir uns schließlich für ein bewußtes Sterbeerlebnis. Die wache Begegnung mit dem Tod vollziehen wir in einer rituellen Trancereise. Der erste Schritt besteht darin, daß die Teilnehmer sich festlich kleiden und den Platz im Gruppenraum, an dem sie dem Tod begegnen wollen, bestimmen und schmücken. Dazu verwenden sie Kerzen, Blumen, Tücher, Fotos, Kristalle, Tarotkarten und vieles andere mehr.

Nachdem alle Vorbereitungen getroffen sind, beginnt die mit Musik untermalte Trancereise. Wir beginnen mit einer Tiefenentspannung des physischen Körpers, während der Geist hellwach bleibt, um alle Eindrücke und Erfahrungen bewußt registrieren zu können. Meine begleitenden Worte lauten etwa folgendermaßen:

Laß dich auf die Vorstellung ein, auf deinem Sterbebett zu liegen. Du hast dich auf dieses Ereignis gut vorbereitet, hast dich verabschiedet und Unabgeschlossenes beendet. Bist du nun bereit, dem Tod zu begegnen? Wie erlebst du diese Situation? Wie sieht dein Sterbelager aus? Wer von deinen Freunden und Angehörigen ist jetzt in deiner Nähe – oder bist du vollkommen allein?

Nachdem du alles, was dich umgibt, nochmals bewußt registriert hast, löse dich sachte von der Außenwelt und erlaube dir, sanft atmend nach innen zu sinken. Fühle deinen Körper, fließe mit deinem Atem. Bleibe offen für alle Gefühle, Bilder und Gedanken, die jetzt auftauchen mögen. Laß alle Erwartungen los. Löse dich auch von den Ängsten, etwas verpassen zu können. Was immer du bereit bist zu erfahren, was immer für deine gegenwärtige Entwicklung von Bedeutung ist, wird dir gezeigt werden; alles andere brauchst du jetzt noch nicht zu sehen oder zu wissen.

Fühle dich geborgen und getragen von der Einen Kraft, die alles durchdringt, sicher geführt von dem göttlichen Selbst in dir. Entspanne dich mit jedem Ausatmen noch tiefer, laß immer weiter los, und fülle dich gleichzeitig mit jedem Einatmen

mit Licht, Klarheit und Wachheit. Erlaube deinem Bewußt-
sein, weit zu werden und sich über die Grenzen deines physi-
schen Körpers auszudehnen... Und dann erinnere dich, daß
dies deine Todesstunde ist. Mache dir bewußt, daß der Tod
sich dir jetzt nähert. Wie nimmst du ihn wahr? Tauchen Bilder
und Gefühle auf? Siehst du eine Gestalt? Oder fühlst du nur
eine gewisse Präsenz, eine Energie? Achte ganz genau auf
deine Wahrnehmung des Todes. Was verkörpert der Tod für
dich in diesem Moment? Welche Gefühle werden dadurch bei
dir ausgelöst? Kannst du ihn willkommen heißen oder ver-
fällst du in Angst und Panik? Öffne dich jetzt uneinge-
schränkt für alles, was du wahrnimmst und erlebst. Kannst du
erkennen, daß der Tod keinen eigenen Willen hat? Er hat kein
Ego; er will nichts von dir! Im Auftrag einer höheren Intelli-
genz, einer kosmischen Weisheit wird er dich abholen, wenn
deine Zeit gekommen ist. Auf tiefer Ebene bestimmt niemand
außer deinem inneren Selbst diesen Zeitpunkt!

Bleibe bei allem hellwach! Dir ist diese Situation wohlbe-
kannt! Viele Male schon hast du sie so oder ähnlich durch-
lebt, und viele Male bist du aufgrund der hohen Spannung
unbewußt geworden, bist eingeschlafen und hast dadurch die
große Chance des bewußten Übergangs verpaßt. Du selbst
bestimmst, wie der Tod zu dir kommt. Es entspricht deiner
Einstellung gegenüber deiner essentiellen Wahrheit. Du weißt
und spürst, daß der Tod alles wegnimmt, was nicht zu deiner
Essenz gehört. Er ist der letztendliche Prüfstein! Es steht dir
frei, aus dieser Begegnung ein Drama zu machen – oder Erfül-
lung und Befreiung zu erfahren.

Mache dir das Geschenk bewußt, das der Tod dir jetzt gibt!
Er ist unbestechlich. Du kannst und brauchst ihm nichts
vorzumachen. Du kannst ihm ohne Masken oder Verkleidun-
gen entgegentreten. Du kannst dir erlauben, dich nackt und
unverstellt zu zeigen und dabei erkennen, wer du in Wirklich-
keit bist. Jetzt besteht die Möglichkeit, einen wesentlichen
Schritt weiterzugehen – zu dir!

Der Tod rückt immer näher. Du spürst ihn jetzt ganz nah.
Dir ist, als ob der Tod sich nun über dich beugt und deinen
Körper berührt. Kannst du wahrnehmen, ob es eine bestimmte

Körperstelle ist, an der du zuerst berührt wirst, von der aus der Tod deinen Körper auflöst? Vertraue deiner eigenen Wahrnehmung. Der Tod nimmt als erstes deinen physischen Körper. Erlebe oder stelle dir vor, wie es ist, wenn der Körper sich auflöst oder wenn du dich von deinem Körper löst. Du überschreitest jetzt die Schwelle...

An dieser Stelle verändert sich jedesmal die Energie spürbar im ganzen Raum. Eine tiefe Stille, ein transzendenter Frieden verwandeln den Raum in einen Tempel.

Welche Räume betrittst du nun? Wie ist es, ohne Körper zu sein? Erlebe jede Einzelheit! Gibt es einen Tunnel, durch den du hindurchgehst, oder ist es dir möglich, dich gleich ungehindert zu bewegen und auszudehnen? Bist du allein, oder begegnest du anderen Wesenheiten? Auf welche Weise bewegst du dich? Was siehst, hörst, fühlst, erlebst du? Wer bist du, losgelöst und frei von deinem physischen Körper? Laß dir Zeit, alle Eindrücke in Ruhe aufzunehmen...

Und wenn du dazu bereit bist, schaue einmal zurück auf dein jetziges Leben! Laß dich all die Dinge sehen, mit denen du dich beschäftigst und von denen du sagst, sie seien wichtig. Erlaube dir, aus dieser Perspektive einmal ganz neu wahrzunehmen, was wichtig und wesentlich ist und was nicht. Prüfe, was wirklich zu dir gehört und was nicht. Was rückt aus dieser Perspektive in den Vordergrund, was in den Hintergrund? Kannst du erkennen, was deine wahre Bestimmung, deine Lebensaufgabe ist? Nimm dir wiederum reichlich Zeit, um alle Lebensbereiche zu durchleuchten. Wenn Fragen auftauchen, formuliere sie deutlich, und achte darauf, von welcher Instanz die Antworten kommen...

Nach der Betrachtung deines Lebens wende dich wieder ganz dir selbst zu. Öffne deine Wahrnehmung nochmals für das Sein, in dem du dich hier auf der anderen Seite der Schwelle befindest. Nimm dir die Zeit, die du dazu brauchst...

Schließlich kommt der Moment, in dem dir gesagt wird, daß es Zeit sei, wieder zurückzukehren in deinen Körper. Nimm *also auf deine Weise Abschied von den Räumen und Wesen-heiten, die du für eine Weile besuchen durftest. Achte auch jetzt ganz genau auf alle Gefühle oder Gedanken, die bei der Vorstellung an die Rückkehr auftauchen. Fällt es dir leicht oder schwer, von dort zu gehen? Nimm wiederum alle Emp-findungen und Gefühle an, und öffne dich der Hingabe...*

Stelle dir nun vor, wie du dich einer Schwelle aus Licht näherst. Etwas in dir weiß, daß dies das Tor zum Leben ist, der Zugang zu deinem Körper in der »Festwelt«. Was oder wer erwartet dich im Leben? Laß dich deutlich sehen und wissen, wofür es sich lohnt, zu leben! Laß dir dazu Zeit, und warte so lange, bis du es deutlich spüren kannst: Wofür möchte ich leben? Welche Qualitäten möchte ich entwickeln und in mein Leben tragen? Welchen Beziehungen möchte ich mehr als bisher Aufmerksamkeit schenken? Welchen Aufgaben mich verstärkt widmen? Wem soll mein Leben geweiht sein?

Erfüllt von diesem inneren Wissen laß dich – wenn du bereit bist – über die Schwelle ins Leben gleiten. Verbinde dich ganz langsam und bewußt wieder mit deinem Körper. Nimm ihn vollständig in Besitz. Fülle ihn ganz neu aus. Erlaube dir, neu geboren zu werden!

Wenn Schmerz oder Traurigkeit wegen des Verlustes der Unbegrenztheit und Weite auftauchen, erinnere dich an das, wofür es sich lohnt zu leben. Und wisse, daß es dir jetzt immer leichter fallen wird, in der Meditation die Schwelle von Raum und Zeit zu überschreiten. Freue dich, daß du Bürger zweier Welten sein kannst, die sich immer weniger ausschließen und immer mehr durchdringen, ergänzen und sich schließlich in dir vereinigen. Feiere die Freiheit, die du im ungehinderten Überschreiten der Grenzen erfahren hast. Erkenne, daß sich in deinem Sein die Pole von Leben und Tod aufheben und trans-zendieren...

Nach dieser intensiven Trancereise erhalten die Teilnehmer viel Zeit und Raum, ihre gewonnenen Eindrücke und Erkenntnisse nachklingen zu lassen und alles Wesentliche aufzuschreiben beziehungsweise zu malen. Jeder hat die Möglichkeit, im Plenum von seinen Erfahrungen zu berichten und Fragen zu stellen. Die Erlebnisberichte von der Begegnung mit dem Tod sind so beeindruckend, vielgestaltig und individuell, daß es den Rahmen dieses Buches sprengen würde, sie ausführlich darzustellen.

Die Erfahrung des Todes hat weitreichende Konsequenzen. Wenn wir bewußt erleben, wie der Tod unseren Körper berührt und auflöst, wenn wir die Bereitschaft entwickeln, dem Tod alle uns wichtigen Aspekte unseres Lebens zur Prüfung zu übergeben, haben wir die Chance, unser Sein, unsere Essenz in ihrer Reinheit zu erfahren. Wir erkennen und erleben dann, wer wir in Wirklichkeit sind, unabhängig von unserer körperlichen Gestalt, von unseren Beziehungen, von unseren Rollen. Wenn wir es zulassen können, uns diesem wunderbaren Seinszustand hinzugeben, erleben wir die Freiheit von Angst und Begrenzung. Das wichtigste Geschenk dieser Erfahrung ist von nun an das Wissen, daß wir in unserer Essenz unzerstörbar und unverletzbar sind. Unser Sein kennt keinen Anfang und kein Ende. Es ist unbegrenzt und unendlich.

Ein Teilnehmer beschrieb diese Erfahrung folgendermaßen: »Plötzlich stand ich vor der Wahrheit: *Ich bin* – und keine Kraft in der Welt kann mich zerstören. Ich ließ mich in diese Wahrheit hineinfallen und fiel durch den Kosmos, fiel vorbei an Sternen und Milchstraßen, fiel und fiel und fühlte mich gleichzeitig getragen und geborgen. Körperlich erlebte ich dabei eine Ekstase, die ich nur mit dem Zustand des Orgasmus vergleichen kann. Ein kosmischer Orgasmus? Dieses tiefe Erlebnis hilft mir, meine noch vorhandenen Zweifel an dieser letzten Geborgenheit im Sterben abzutragen.«

Der Tod wird aus dieser Perspektive zum Verbündeten, zum Freund und weisen Ratgeber. Er verliert seine Bedrohung, denn er hilft uns, Wesentliches von Unwesentlichem zu unterscheiden. Wer den Tod auf diese Weise »besiegt« oder, genauer gesagt, kennengelernt hat, wird sich von nun an nicht mehr ausschließlich mit der Oberfläche des Seins identifizieren. Damit ist ein grundlegender Schritt getan, das Leben als ein Geschenk anzunehmen und es in Freiheit und Freude zu feiern.

Um die innere Erfahrung von Sterben und Tod zu vertiefen und zu integrieren, erhalten die Teilnehmer in einem etwa vierundzwanzigstündigen Isolationsritual nochmals eine Gelegenheit, ihr Sein jenseits von Raum und Zeit zu erfahren. Mit Hilfe von Ohropax und Augenbinden werden sie weitgehend von allen akustischen und optischen Reizen isoliert. Ein Team von Assistenten versorgt sie mit Getränken und begleitet sie bei Bedarf zu den Toiletten.

»Geh in die Dunkelheit... schließe deine Augen und sieh nach innen. Zuerst fühlst du vielleicht einfach Dunkelheit, weil du nicht daran gewöhnt bist. Berühre sie tief. Versuche, in diese innenliegende Dunkelheit hineinzuschauen. Berühre sie – und nach und nach wirst du viele Dinge spüren. Ein inneres Licht beginnt zu leuchten.« *(Osho)*

In der weitgehenden Losgelöstheit von der Außenwelt erfahren wir unser innerstes Sein mit erhöhter Intensität. Ausgerichtet auf das Unsterbliche in uns, lassen wir uns nach innen fallen. Da unsere Sinne nicht durch äußere Reize in Anspruch genommen werden, können wir im Isolationsritual auf die Suche nach den inneren Botschaften gehen. Für viele Teilnehmer führt die Isolation zu weiteren grenzüberschreitenden Erlebnissen, in denen das zuvor Berührte eine neue Dimension erhält. Wie ein Samenkorn, das geduldig in der Erde ruht, bis seine Zeit gekommen ist, um als Sproß von neuem Leben zu künden, so erleben viele die Zeit der Isolation als eine Phase, in der sie in ihren innersten Tiefen neue Kräfte ansammeln. In der Regel fühlen sich die Teilnehmer nach dem Isolationsritual gestärkt, geklärt, gereinigt und geläutert, bereit, die Vielzahl der neuen Erfahrungen im Alltag anzuwenden und umzusetzen.

Ich möchte das Thema »Tod« nicht abschließen, ohne zumindest kurz einen Ausblick auf die Möglichkeit physischer Unsterblichkeit zu geben. Ein Wissen tief in mir sagt deutlich und unüberhörbar, daß es zum Potential des Menschen gehört, seinen Körper so leicht zu machen und in seiner Schwingung zu erhöhen, daß das Phänomen von Geburt und Tod, so wie wir es gegenwärtig erleben, nicht mehr notwendig ist.

Ich möchte dieses innere Wissen, das heute bereits von vielen Menschen geteilt wird, als intuitive Kraft bezeichnen, als klare Empfindung einer Wahrheit, die unsere rein mentale, vom oberflächlichen Verstand geprägte Sicht des Lebens noch nicht erreichen konnte. Ein solches inneres Wissen war allen großen Geistern, Erfindern und Entdeckern zu eigen, die sich nicht mit dem »Offensichtlichen« zufriedengaben und den Mut hatten, nach den Sternen zu greifen. Das innere Wissen ist wie eine reale, lebendige Macht, die es dem Menschen ermöglicht, seine Ziele auf unbegreiflichen Wegen zu erreichen. »Wer unverrückbar fest nach Wahrheit und nur nach Wahrheit verlangt, wird sie erhalten, und die ganze Wahrheit bedeutet die Macht, scheinbar Unmögliches zu vollbringen.« (*Prentice Mulford*).

Transformation bedeutet immer Schwingungserhöhung, Beschleunigung. Warum sollte sie vor unserem physischen Körper haltmachen? Wenn wir uns dafür öffnen, daß grob- und langsamschwingende Bewußtseinsanteile durchlichtet werden, daß sie ihre Schwingung verändern und dadurch aufgelöst und in neue Qualitäten verwandelt werden, so wird sich dies schließlich bis in die Ebene der dichten Materie hinein auswirken. Auf diese Weise wird nach und nach unser ganzes Sein berührt: Wir werden heller, leichter und transparenter. Beengende und belastende Aspekte fallen ab und verwandeln sich in Kraft, Vitalität, Liebe, Freude und Freiheit.

»Der Tod ist keine absolute Notwendigkeit. Es ist viel leichter, seinen Körper mit sich zu nehmen. Dann braucht man nicht von neuem geboren zu werden, um hierher zurückzukehren, sondern kann nach Belieben kommen und gehen.« Mit dieser einfachen und klaren Feststellung äußert sich der bereits an anderer

Stelle zitierte *Ramtha* zu diesem Thema, und er sagt weiter: »Der Tod ist eine große Illusion. Der Tod ist auf dieser Ebene eine akzeptierte Wirklichkeit, (weil) alle denken, er müßte sein; so ist er zur Wirklichkeit geworden. Illusionen sind Gedanken... Spiele... die zur Wirklichkeit wurden.«

Seine eigene Wandlung beschreibt der von der Amerikanerin J. Z. Knight gechannelte aufgestiegene Meister so anschaulich, daß es sich lohnt, sie hier wörtlich wiederzugeben: »Langsam, im Lauf vieler Jahre, wurde das Ziel, wie mein Ideal zu werden, zu der grundlegenden Lebenskraft, die alle Zellen meiner Verkörperung durchströmte. Mein Körper vibrierte in einer höheren Frequenz – nicht mehr in der Frequenz der Materie, sondern in der Frequenz des Lichtes; deshalb ging dieses Leuchten von mir aus. Mit der Zeit wurde mein Körper im Licht des Mondes immer durchsichtiger. Dann, eines Nachts, wurde ich das, was der Mond ist! Ich reiste nicht mehr nur in Gedanken; ich hatte die Vibrationen meines Körpers auf die Frequenz des Lichts erhoben und meine gesamte körperliche Hülle mit mir genommen. Es wurde für mich so natürlich wie für euch das Atmen.«

Ist es nicht verwunderlich, daß diese märchenhaft anmutende Schilderung uns auf einer anderen Ebene so vertraut vorkommt? Sind nicht die Mythen aller Kulturvölker voll von Berichten über die »Unsterblichen«? Könnte in ihnen nicht doch ein wahrer Kern zu finden sein, der etwas von unserem eigenen Potential aufzeigt? Ist möglicherweise die Himmelfahrt Christi ein authentischer Bericht über die endgültige Durchlichtung des physischen Körpers des Jesus von Nazareth? Haben es uns nicht Osiris, Maria und tausend andere Meister und Meisterinnen, deren Namen wir nicht kennen, vorgelebt?

»Die, die von dieser Ebene aufgestiegen sind, haben das Äußerste, nämlich den Tod, gemeistert. Sie haben gelernt, durch die Kraft ihrer Gedanken die Schwingungsfrequenz der Molekularstruktur des Körpers so zu erhöhen, daß der Körper sich mit ihnen ins Licht erhebt und auf ewig den Tod überwindet... Aufsteigen heißt einfach, die Gesamtheit des Daseins in die Ebene der Lichtexistenz zu heben.« (*Ramtha*)

Für mich persönlich ist dies ein wichtiger Ausblick, der die Suche nach dem in uns, was nicht stirbt, um eine weitere Dimension ergänzt. Sicherlich geht es für uns zunächst einmal darum, die Grundlektion zu begreifen: das meditative Gewahrwerden unserer Unsterblichkeit im Geiste, die Erfahrung der Kontinuität unseres Bewußtseins. Körperliche Unsterblichkeit anzustreben, ohne tief in meditative Räume einzudringen, ist nach meiner Auffassung ein naives, kindisches Unterfangen. Die Erhöhung der Frequenz unserer Körperzellen bedingt eine geistige Meisterschaft, zu der wir uns demütig und geduldig auf den Weg machen sollten.

Bis zu diesem, für viele von uns weit entfernt erscheinendem Ziel, bleibt das Phänomen von Tod und Wiedergeburt ein Mysterium, dem wir uns mit großem Respekt annähern sollten, um es nach und nach zu erforschen. In dem Moment, wo der Tod seinen Stachel, seine Bedrohlichkeit verloren hat, wird sich auch unsere Angst vor dem Leben verflüchtigen. Angst löst sich dann auf, wenn wir auf tiefer Ebene realisieren, daß wir eins mit dem Ganzen und unsterblich sind. Sobald sich die Grundausrichtung unseres Lebens vom bloßen Kampf ums Überleben löst, wird eine grenzenlose Energie frei, die nun in die Entdeckung und Entfaltung unserer höchsten Potentiale strömt. Wir werden endlich frei, bewußt das zu sein, was wir schon immer waren und sind: wir *selbst*.

IV.
Der Weg der Freude

Erinnerungen an meine Kindheit

Soweit ich mich in meine frühe Kindheit zurückversetzen kann, war mein Leben von dem Streben nach Freude und Glück bestimmt. Etwas in mir rebellierte immer, wenn die Erwachsenen mir suggerieren wollten, das Leben bestünde einzig und allein aus den nackten Tatsachen des Alltags.

Meine unmittelbare Umgebung war eintönig und zweckmäßig auf das Überleben eingerichtet. Als Kriegsvertriebene und später aus der damaligen DDR Geflohene waren meine Eltern heimatlos; finanziell und sozial standen sie auf dem untersten Rang der gesellschaftlichen Leiter. Sie gaben einfach ihr Bestes, um meinen Geschwistern und mir eine in ihrem Sinne optimale Erziehung zu gewähren. Den äußeren Lebensumständen entsprechend war meine frühe Kindheit geprägt von der Sorge um das tägliche Brot, von den Bemühungen meiner Familie, sich in einer fremden, unbekannten Umgebung zurechtzufinden und erneut Wurzeln zu schlagen. So lernte ich schon früh, mein Glück nicht allein von äußeren Bedingungen abhängig zu machen.

Die materiellen Gegebenheiten meines frühen Lebens waren für meine Seele eine einzige Ent-täuschung. Wir waren damals von meinem dritten bis fünften Lebensjahr in einer Notunterkunft in Norddeutschland untergebracht. Ich erkannte: Dort draußen werde ich nie die Harmonie und Glückseligkeit finden, die mir aus dem Erleben meiner inneren Räume so vertraut ist.

Woher stammten diese »inneren Räume«, und warum waren mir diese so vertraut? Diese Frage stellte ich mir damals nicht. Ich nahm es einfach als gegeben hin, daß sich die Welt da draußen kalt, grau, fremd und unwirtlich zeigte – und daß es im Kontrast dazu in mir ganze Landschaften voller Licht, Wärme, Geborgenheit, Schönheit, Harmonie und Liebe gab.

Damals erschien es mir unmöglich, zwischen diesen gegensätzlichen Polen meines Daseins eine Verbindung herzustellen. Ich stellte nur immer wieder fest: Diese Welt da draußen ist nicht meine Welt. Ich weigerte mich, sie als meine Heimat, als mein Zuhause anzuerkennen. So bewahrte ich mir die Realität meiner Innenwelt und nährte die Hoffnung, diese doch irgendwann einmal im Außen wiederfinden zu können. Diese Hoffnung wurde durch meine Mutter bestärkt, die uns Kindern oft von der glücklichen Heimat ihrer eigenen Kindheitstage in Schlesien erzählte und uns immer wieder eine »neue Heimat« in Aussicht stellte.

Diese »neue Heimat« malte ich mir in paradiesischen Farben aus. Sie erhielt alle Attribute meiner lichten Innenwelt. Sie war in meiner Vorstellung das Land, in dem »Milch und Honig fließen«, ein Land voller Schönheit, Frieden, Einklang und Harmonie. Ich freute mich sehr auf unsere »neue Heimat«. Etwas in mir ging wie selbstverständlich davon aus, daß es diese Welt gäbe und daß ich in einer solchen Umgebung zu Hause sein müsse. Als wir dann schließlich umzogen, wurde das Ankommen in der »neuen Heimat« zu einer weiteren Ent-täuschung. Der Königspalast im Paradies entpuppte sich als untere Etage eines kleinen Zweifamilienhauses, das noch im Rohbau stand. Gerade dieser letzte Umstand machte mir damals zu schaffen. Meine Innenwelten waren immer vollkommen. Warum nur mußten wir uns jedesmal im Außen mit Unfertigem arrangieren?

In den darauffolgenden Jahren lernte ich, »Realist« zu sein. Die neue Umgebung war in meiner kindlichen Vorstellung eine Endstation, in der Schule und Elternhaus einen zwar engen, jedoch sicher abgegrenzten Rahmen boten. Ich lernte, mich mit den geringen materiellen Mitteln, die uns als Arbeiterfamilie zur Verfügung standen, zu begnügen. Aus unmittelbarer Erfahrung lernte ich, daß Glück eine Qualität des Erlebens ist, die ihren eigenen inneren Gesetzen folgt und in gewissem Umfang unabhängig von äußeren Gegebenheiten in Erscheinung tritt.

Die glücklichsten Momente erlebte ich, wenn ich allein draußen in der Natur sein konnte, zu der ich im Laufe der Jahre eine
tiefe, liebende Verbindung entwickelte. Unser Haus stand einsam am Rand eines Waldes, umgeben von der rauhen Schönheit
einer noch relativ unberührten Naturlandschaft. Diese Welt war
voller Mysterien, voller abenteuerlicher Geheimnisse, die es zu
entdecken und zu verstehen galt. Stundenlang verharrte ich an
meinen Lieblingsplätzen, untersuchte, beobachtete, lauschte
und kommunizierte. In der Natur fand ich wieder ein Stück
Vollkommenheit, eine nährende und heilende Ebene irdischer
Realität, zu der ich eine tiefe Freundschaft entwickelte. Das
Leben richtete sich hier nach ureigenen Gesetzmäßigkeiten, die
meinem Sinn für Wahrheit, Gerechtigkeit und Harmonie ent-
sprachen.

Aufgrund meines heutigen Verständnisses weiß ich, daß ich
in diesen innigen Begegnungen mit der Natur meine ersten
bewußten Seinsfühlungen hatte, meditative Momente höchsten
Glücks in vollkommenem Einklang mit mir selbst und meiner
Umgebung. Die Außenwelt, die ich so oft als hart, rauh und
unwirklich empfand, verwandelte sich in eine Sphäre voller
Geborgenheit, Harmonie und grenzenloser Freude.

Solche Zustände kamen und gingen. Sie wurden abgelöst von
Phasen einer oftmals schmerzvollen Sehnsucht. Stets war ich
mit diesem inneren Erleben allein. Ich vermochte es mit keinem
anderen Menschen zu teilen. Meine Erfahrungen paßten nicht
in die »reale Welt«. Die »Realität« war die Welt des Überlebens.
Sie hatte andere Gesetze, andere Regeln und Erfordernisse. Sie
ließ keinen Platz für »sentimentale Gefühlsregungen«.

Ich lernte also, auf unterschiedlichen Ebenen zu leben. Die
innere und äußere Welt klafften weit auseinander. Immer wieder versuchte ich, Brücken zu bauen, Verbindungen herzustellen. Dies gelang mir sehr selten, und so entwickelte ich mit
der Zeit eine Art Doppelleben, das aufgeteilt war zwischen
den äußeren Notwendigkeiten und dem eigentlichen Leben, in
dem ich meinen persönlichen Neigungen und Interessen nach-
ging.

Ich war damals viel allein. Mit Menschen, so schien es, konnte
ich in der Regel nur die oberflächlichen Aspekte meines Lebens

teilen. Doch sobald ich in Verbindung zu meinem Inneren trat, erlebte ich sehr intensiv und fühlte mich heil und zufrieden. Es kam eine Zeit, in der dies jedoch immer seltener gelang. Oftmals wurde mein selbstgenügsames Alleinsein zur Einsamkeit, die wie ein Dämon in meinen Eingeweiden wühlte, mich unruhig und rastlos wandern und suchen ließ. Ich fühlte mich unvollständig, isoliert und fremd, manchmal gerade dann, wenn ich in Schule und Familie von Menschen umgeben war. Die Verbindung nach innen wurde von meiner Umgebung nicht wirklich unterstützt und gefördert, und so driftete mein Bewußtsein mehr und mehr in die Illusion der Getrenntheit, der Dualität. Ich fühlte mich aus dem Paradies vertrieben und begann, nach dem verlorenen Glück zu suchen.

Schon einige Jahre vor meiner Pubertät, etwa im Alter von sieben oder acht Jahren, begann ich mich zu verlieben. Ich war entzückt von einigen Mädchen in meiner dörflichen Umgebung und schwärmte von ihnen. In meiner Vorstellung verwandelten sie sich in Prinzessinnen und Göttinnen, mit denen ich in sonnendurchfluteten Landschaften zärtlich umschlungen schwebte. Diese ersten Romanzen erlebte ich wiederum ganz für mich allein. Keine dieser frühen Angebeteten erfuhr jemals etwas von meiner Verehrung. Sie wurden zu Bildern meiner inneren Geliebten.

Später erst begann ich zu verstehen, daß tatsächlich alles, was im Außen eine so magische Anziehungskraft ausübt, nichts anderes ist, als eine Spiegelung unserer inneren Aspekte, die nach Entfaltung drängen. Die Schönheit und die Qualitäten, die wir in anderen Menschen wahrnehmen, sind in uns selbst angelegt und warten darauf, anerkannt und ins Bewußtsein gehoben zu werden.

Beides blieb für mich auch im späteren Leben als Zugänge zur Transzendenz bedeutsam: die Verbundenheit mit der geliebten Natur und die Begegnungen mit Frauen, die mir einen fremden und gleichzeitig tief vertrauten Aspekt meines Selbst zu spiegeln vermochten. Sie wurden für mich zu Quellen der Inspiration, der Transformation und Heilung. Beides lehrte mich Hingabe und Ekstase: die Natur durch Stille und Ruhe; der Eros durch das Feuer der Sinnlichkeit, durch das Einswerden in der magischen Verschmelzung der Gegenpole. Beide Erfahrungen eröffneten hin und wieder einen Zutritt zu Räumen erweiterter Wahrnehmung, zu einem umfassenden Gefühl ozeanischer Einheit. Doch ebenso habe ich den genauen Gegenpol kennengelernt: Verlassenheit, Einsamkeit, Frustration, Zurückweisung, Langeweile…

Erst viel später lernte ich noch eine dritte Art von Glück kennen, für die kein bestimmter äußerer Stimulus nötig war: Ich lernte, meine Aufmerksamkeit nach innen zu lenken, zu beobachten und zu warten. Ich mobilisierte mein volles Interesse, meine ganze Liebe und Gefühlstiefe für mich selbst, richtete sie nach innen und schenkte sie dem unbekannten und doch so vertrauten Wesen, das in mir wohnt, oder besser – das *ich bin*.

Anfangs war die bewußte Wahrnehmung meiner Innenwelt nicht immer nur angenehm. Immer dann, wenn mir meine unterdrückten und ungelebten Bedürfnisse als Schatten und Dämonen gegenübertraten, brauchte es oft erhebliche Überwindung, um den Prozeß der Selbsterforschung fortzusetzen. Ich erinnere mich deutlich an Zeiten, in denen ich mich am Rande von Resignation, Verzweiflung und Wahnsinn befand. Doch wann immer es mir gelang, mich bedingungslos mit allem, was auftauchte anzufreunden, geschah so etwas wie Heilung und Befreiung. Ich kam mir selbst endlich wieder näher, wurde selbst Liebender und Geliebter. Je weiter ich in diese Räume der Verbundenheit und Einheit vorstieß, desto größer wurde meine Verehrung gegenüber dem Göttlichen in mir.

Am eigenen Leibe habe ich erfahren, wie schwer, ja manchmal geradezu unmöglich es sein kann, alle Bewertungen, alle Ängste, jede Anklage und Schuld beiseite zu lassen und durch die Schichten von Selbstverneinung hindurchzustoßen zu jenen Ebenen von Transparenz und Offenheit, in denen man einer Seinsqualität begegnet, die mit Worten schwer zu beschreiben ist. In allen Momenten, in denen ich etwas von meiner Essenz berührte, wußte ich jedoch: Dorthin sehnt sich und strebt mein ganzes Wesen! Alles Glück, das ich im Außen gesucht habe, ist wie Kinderspielzeug im Vergleich zu dem, was hier immer und beständig auf mich wartet.

Gleichzeitig aber war mir immer bewußt, daß es nicht richtig wäre, mich aufgrund dieser Erkenntnis aus dem äußeren Leben zurückzuziehen, um nur noch in jenen inneren Welten zu schwelgen. Die Zeiten der Selbsterforschung sind wichtige und notwendige Phasen der Rückbesinnung auf das, was wir in Wirklichkeit sind, und auf die Bestimmung und Aufgaben, für die wir in dieses Leben gekommen sind. Denn erst mit dieser Gewißheit erhält unser Dasein den Sinn, der uns mit Mut und Kraft erfüllt, die im Inneren erlebte Wahrheit auch im Außen auszudrücken. Nachdem wir unsere All-Einheit wiedergefunden haben, geht es jedoch darum, jene verborgene Harmonie und Glückseligkeit auch auf den Ebenen von Dualität und Materie auszudrücken. Damit wird die Gestaltung unseres äußeren Lebens zur kreativen Herausforderung und zum individuellen Beitrag zur Transformation der Welt. Wir erkennen uns dann als Instrumente, durch die die *Eine Kraft* auf der Ebene materieller Erscheinungen wirken kann. Als individualisierte Teile des Ganzen übernehmen wir bereitwillig unseren einmaligen, unverwechselbaren Beitrag im Orchester einer umfassenden Ordnung, in der wir einen wichtigen Platz einnehmen. Unsere Bewußtseinsgrenzen weiten sich dadurch um ein Vielfaches, und damit wächst das Gefühl der Verbundenheit und Geborgenheit. Wir erkennen, oder besser, wir erspüren eine Sinnhaftigkeit, eine Bedeutung und Tiefe, die unsere gewöhnliche begrenzte Weltsicht bei weitem übersteigen. Wir erleben uns plötzlich nicht mehr länger als isolierte Einzelwesen, die um ihre Existenzberechtigung kämpfen, sondern schöpfen unmittelbar aus der Fülle des unbegrenzten Seins, das auch durch unser äußeres Leben zunehmend reflektiert wird.

Wir sind aufgefordert, und es steht uns zu, diese unerschöpfliche Quelle für die ganz alltäglichen Aufgaben unseres Lebens nutzbar zu machen. Denn die Erfahrungen der schönen, weiten Räume sind wertlos, wenn sie nicht auch unsere ganz konkrete irdische Realität verwandeln. Dies führt uns immer wieder zur Frage nach unserer Lebensaufgabe, die niemals oberflächlich oder schon gar nicht endgültig beantwortet werden kann. Handelt es sich doch dabei um Fragen, die wir unser ganzes Leben lang tiefer und tiefer ergründen und in jedem Augenblick neu stellen sollten: Wo und auf welche Weise kann und will diese unendliche Kraft durch mich wirken? Was ist gerade jetzt erforderlich? Wo warten andere Menschen auf meine Unterstützung und Hilfe? Oder auch: Was würde jetzt die Daseinsfreude in mir und meiner Umgebung erhöhen?

Die Frage nach unserer Lebensaufgabe ist aufgrund meiner eigenen Erfahrung für mich gleichbedeutend geworden mit der Frage nach dem, was uns glücklich macht. Bei *Ramtha* lesen wir: »Niemand hat einen Zweck oder Sinn, wenn er auf diese Ebene kommt. Bis auf eins: daß ihr voller Freude sein sollt, was immer Freude auch bedeutet! Das bedeutet für euch die höchste erreichbare Stufe des Daseins, denn je mehr Glück und Freude in eurem kostbaren göttlichen Selbst sind, desto näher seid ihr daran, wie Gott zu werden und Harmonie mit allem Leben zu finden. Freude zu begreifen und zu werden, das ist die einzige Bestimmung, die Gott allen Menschen zugedacht hat, auf welchen Ebenen sie auch leben und wieweit immer sie in ihrem Verstehen fortgeschritten sind. Denn wenn ihr in einen Zustand von Freude und Glück zurückkehrt, seid ihr wieder im Zustand von Gott – denn der Vater ist wirkliche Freude. Er ist ein So-Sein, das sich immer in Freude befindet.«

Mut zur eigenen Wahrheit

»Worin besteht der Weg der Freude? Es existieren viele Lebenswege, zwischen denen man auswählen kann, genauso wie es viele Möglichkeiten gibt, auf planetarischer Ebene zu dienen. Es gibt den Weg des Willens, den Weg des Kämpfens, aber auch den Weg der Freude und des Mitgefühls. Wahre Freude entsteht, indem wir unserer inneren Führung gemäß handeln und erkennen, wer wir sind.« (*Sanaya Roman*)

Es gibt viele Wege, um das Ziel – uns selbst – zu erreichen. Ich habe den Weg der Freude gewählt und so bezeichnet, weil ich ein Mensch bin, dem es leichtfällt, dankbar zu sein und sich an den Geschenken des Lebens zu erfreuen. Immer wieder machte ich in meinem Leben die Erfahrung, daß ich mich dann am schnellsten weiterentwickelte, wenn ich eine Unternehmung, eine Aufgabe, ein Projekt nicht nur aus einer Notwendigkeit heraus oder aufgrund von äußerem Druck in Angriff nahm, sondern in erster Linie, weil es mich anzog und mich interessierte. Ich sah in seiner Verwirklichung die Möglichkeit der Erweiterung meines Lebens, meines Bewußtseins, meines Seins.

Immer wenn das Leben mir eine solche Gelegenheit anbot, wurde ich mit einer Reihe grundlegender Erfahrungen konfrontiert. Erst im Rückblick konnte ich erkennen, daß diese Prozesse Ähnlichkeit mit einem Geburtsvorgang aufwiesen. Sie führten mich regelmäßig an eine Schwelle, an der es notwendig war, eine wohlvertraute und sichere Welt zu verlassen, um unbekanntes Territorium zu betreten. An dieser Schwelle begegnete ich ebenso regelmäßig der Angst vor dem Unbekannten, und viele Male zögerte ich lange, bevor ich sie überschritt.

Diese Grenze, die das Gewohnte und Vertraute von dem Neuen, dem Fremden trennt, veranlaßte mich jedesmal zu prüfen, ob der erwartete Gewinn auch das Verlassen der alten Welt rechtfertigte. Angst ließ mich oft zögern und spekulieren. Mein Ego liebte die Bequemlichkeit und brachte zahlreiche, oft sehr einleuchtende Argumente, die mich daran hindern sollten, einen bestimmten Schritt ins Ungewisse zu wagen. Doch bei allen wesentlichen Entscheidungen und Veränderungen meines Lebens, sei es in Liebesbeziehungen oder im Beruf, gab es immer eine andere, mächtig vorwärts drängende Kraft, die ich als die »Stimme des Herzens« oder die »Stimme der inneren Führung« bezeichnen möchte. Diese zeigte mir unmißverständlich, daß ich nur dann frei sein und mir selber treu bleiben könne, wenn ich darauf verzichtete, weiterhin in beengenden und begrenzenden Lebenssituationen zu verharren. Nur im Loslassen des Alten und Überlebten wurde es mir möglich, mich dem hinzugeben, was meinem größten Sehnen und meinem tiefen Verlangen entsprach.

Immer standen eine Zeitlang zwei innere Bestrebungen im Widerstreit: das Bedürfnis nach Sicherheit und Bequemlichkeit einerseits und die Sehnsucht nach totalem Leben, nach Herausforderungen und Erweiterungen andererseits. Glücklicherweise führte jeder Rückzug auf Sicherheit und Bequemlichkeit sehr bald zu Phasen äußerster Frustration, begleitet von Gefühlen der Sinnlosigkeit und Leere. Ich konnte jedesmal beobachten, wie ich begann, die vorwärts drängende Lebensenergie abzutöten. Wie bei dem Versuch, den Atem anzuhalten, zwang das Leben mich dann doch immer wieder weiterzuatmen, weiterzuleben, weiterzugehen.

Umgekehrt zeigte mir das Leben auch, daß mich ein ungeduldiges Vorwärtsdrängen und Springen aus unabgeschlossenen Situationen zu traumatischen Erfahrungen führten, denen ich kaum gewachsen zu sein schien. Ich wurde oftmals in Überlebenskämpfe verwickelt, die sehr viel Kraft und Energie in Anspruch nahmen und möglicherweise mein inneres Wachstum schwieriger als nötig gestalteten. Wenn ich mit meinem heutigen Bewußtsein zurückblicke, glaube ich, daß sich manches einfacher und harmonischer entwickelt hätte, wäre ich nicht dem Fluß des Lebens in der einen oder anderen Form störend in den Weg getreten.

Doch was hat mich zu meinem heutigen Verstehen geführt? Es waren unter anderem diese Fehler, die ich machte. Das Leben lehrte mich durch Versuch und Irrtum. Manchmal streng, manchmal liebevoll, half es mir zu erkennen. Und jedesmal, wenn ich erkannte, fühlte ich mich so reich beschenkt, so dankbar und glücklich! Ich wußte mit jeder Faser meines Seins, daß alle vorangegangenen Mühen und Schmerzen notwendige Schritte gewesen waren, die sich tausendfach gelohnt hatten. Oft flossen gleichzeitig Tränen von Traurigkeit und eines alten, sich endlich lösenden Schmerzes.

Immer wieder tauchten Fragen auf wie: »Warum habe ich das alles nicht früher erkennen und verstehen können? Warum erst jetzt?« Und gleichzeitig erkannte ich: »Auch dieses Jetzt ist keine Selbstverständlichkeit, sondern ein Geschenk der Gnade. Ich hätte die neuen Einsichten nicht zu einem früheren Zeitpunkt empfangen können.« Meine persönlichen Erfahrungen mit diesem Thema sind fast identisch mit den Erfahrungen unserer Kursteilnehmer und – wie ich vermute – auch mit Ihren eigenen Lebenserfahrungen. Man kann sich am besten, am glaubwürdigsten aufgrund eigener Erlebnisse anderen Menschen mitteilen und sie damit an ihre eigenen Gefühle, Gedanken und Einsichten erinnern.

Wenn Sie auf Ihren Lebensweg zurückblicken, wie empfinden Sie ihn? Wie oft haben Sie an Weggabelungen gestanden, bei denen es um die Entscheidung »Sicherheit« oder »Neues« ging? Haben Sie auch ab und zu erfahren, daß Sie etwas erkannten oder verstanden und dabei betroffen waren, diese Lektion nicht früher gelernt zu haben?

Das Ziel jedes kleinen oder größeren Lebensabschnittes ist das Erkennen, das Annehmen und das Lernen der in ihm enthaltenen Lektionen. Die Hingabe an dieses Ziel soll und kann in jedem Augenblick stattfinden. Sie geht einher mit einem erhobenen Lebensgefühl der Freude. Deshalb nenne ich meinen Weg den *Weg der Freude*.

Wenn wir die Gesetzmäßigkeiten der Freude erfaßt und verstanden haben, so zeigt uns die Abwesenheit von Freude, daß etwas in unserem Leben nicht stimmt. Wir fühlen uns dann von innen her aufgefordert, auf die Suche nach diesem Fehlenden zu gehen, bis wir es wiederentdeckt und in unser Leben integriert haben. Wenn uns das mit Glück und Freude erfüllt, können wir sicher sein, einen weiteren Schritt zu unserer Vollständigkeit getan zu haben. Wenn nicht, war das, wonach wir strebten, nur eine Versuchung, ein Pseudowert.

Auf dem Weg der Freude müssen wir große Ehrlichkeit uns selbst gegenüber entwickeln. Wir sollten in jeder neu erreichten Situation selbstkritisch und offen fragen: »Ist es das, was ich eigentlich will? Bin ich jetzt wirklich zufrieden und glücklich?« Der Weg der Freude ist nicht für Menschen, die sich mit Halbherzigkeiten zufriedengeben, die sich einreden, daß die zu hoch hängenden Trauben bestimmt recht sauer seien. Auch hier, wie auf allen anderen Wegen zur Vollkommenheit, bedarf es des vollen Einsatzes, des Mutes, der Disziplin und der Bereitschaft, sich ganz dem Leben zur Verfügung zu stellen. Nur durch eine solche Hingabe ist es möglich, tiefer zu uns selbst vorzudringen.

Hingabe ist kein Akt der Selbstaufgabe, sondern ein Schritt, der aus Kraft und Überzeugung erwächst. Hingabe ist letztlich immer nur das bedingungslose Ja zu dem göttlichen *ich bin*, das in jedem Menschen darauf wartet, erkannt zu werden, so daß *Es* die Regie, die Führung über unser Leben übernehmen kann.

Den Weg der Freude können wir gehen, wenn wir zunächst einmal erkennen, daß das Leben als Freude gedacht ist, daß wir nicht nur ein Recht, sondern in gewisser Weise sogar eine Verpflichtung haben, Freude zu verwirklichen!

Auf jeden Fall dürfen wir gewiß sein, daß das Leben uns ständig, in jeder Sekunde des Tages herzlich einlädt, uns zu freuen! Dafür gibt es keine »logischen Beweise«. Wir können jedoch lernen, mit den Augen des Herzens zu sehen, wie es in Saint-Exupérys *Der kleine Prinz* heißt. Mit den Augen des Herzens sehen wir, daß die ganze Existenz eine immerwährende Bereitschaft und Chance zu Freude und Feiern in sich trägt. Wenn wir das Leben als Geschenk der Freude annehmen, dann begreifen wir, daß wir in den Momenten höchsten Glücks und äußerster Ekstase unserem wahren Wesen, unserer Essenz am nächsten sind.

Wir begreifen dann auch, daß Ereignisse, die wir als »Unglück«, »Krankheit« und »Depression« bezeichnen, uns nur darauf hinweisen, daß wir von unserer inneren Wahrheit abgewichen sind, daß unser Bewußtsein einer Erweiterung bedarf. Aus dieser Perspektive sind auch Schmerzen und Leiden wertvolle Geschenke des Lebens. Wie sonst wären wir in der Lage zu erkennen, wo wir vom Weg abgewichen sind und wie wir wieder dorthin zurückfinden können?

Es sei in diesem Zusammenhang nochmals betont, daß positives Denken – wie ich es verstehe – keinesfalls bedeutet, sich lediglich auf die angenehmen, schönen und hellen Seiten des Lebens zu konzentrieren. Das Motto »Mach es wie die Sonnenuhr, zähl die heit'ren Stunden nur« ist für mich keine angemessene Art des Umgangs mit der Wirklichkeit. Wer auf diese Weise positives Denken und den Weg der Freude mißversteht, dem wird es möglicherweise bald schlechter gehen als je zuvor. Richtig verstandenes positives Denken bedeutet vielmehr, daß wir zunehmend in der Lage sind, gerade in den schwierigen und problematischen Aspekten unseres Lebens die Chancen des Lernens und der Bewußtwerdung zu sehen und zu ergreifen.

Durch eine solchermaßen erweiterte Sicht verwandeln sich auch die größten Probleme und schmerzhaftesten Ereignisse in sinnvolle Erfahrungen und kostbare Bereicherungen. Wir sind dann in der Lage, die Liebe zu erkennen, die uns darin unterstützt, immer mehr wir selbst zu werden.

Selbstannahme ist die erste Voraussetzung für Selbsterkenntnis. Durch die bedingungslose Bereitschaft, auf alle inneren Impulse zu hören, lernen wir uns selbst kennen. Wie sollten wir uns beobachten und erkennen, wenn wir uns in unserem So-Sein fortwährend verurteilen? Das, was ich nicht liebe, kann ich auch nicht entwickeln. Der Weg der Freude kann nur beschritten werden, wenn wir beginnen, uns selbst und das Leben mehr und mehr zu lieben.

Freude ist ein Kind der Liebe und kann ohne diese niemals erfahren werden. Es gibt keine wahre Freude ohne Liebe. Wie Luft für das Feuer, so ist Liebe Voraussetzung für jeden Aspekt von Freude. Liebe, die stärkste Kraft in diesem Universum, durchdringt alles. Wir sind ständig von ihr umgeben und können sie in jedem Augenblick wahrnehmen, wenn wir unser Bewußtsein weit genug öffnen. Warum sollten wir nicht jetzt, in diesem Augenblick, damit beginnen?

Freiwillige Intensität

Im Transformationstraining *Vision der Freude* arbeiten Leiter und Teilnehmer daran, ein hochschwingendes Energiefeld zu erzeugen, in dem persönliches Wachstum beschleunigt stattfinden kann. Wenn wir uns entspannen und frei werden von Mangel, Entbehrungen, Angst, Leiden, Sorgen und Schmerz, schaffen wir die optimale Grundlage für persönliches Wachstum.

Voraussetzung ist, daß wir die Wachheit und Bewußtheit, die unsere Seele braucht, um die erforderlichen Lern- und Wachstumsschritte zu tun, auch tatsächlich und freiwillig zulassen. Bis heute beziehen die meisten Menschen die notwendigen Impulse für Transformationsprozesse leider aus Situationen des Leidens, der Bedrängnis und Angst. Dies ist bislang nur deshalb notwendig, weil wir die Wege der »sanften« Geburt aufgrund von Unbewußtheit und Trägheit noch nicht ausreichend kennengelernt haben. Unser Weg der Freude bedarf eines hohen Maßes an persönlicher Bereitschaft. Dies erfordert Wachheit, Intelligenz des Herzens, den angemessenen Einsatz von Disziplin und echtes Engagement.

Transformation ist ein Prozeß von Sterben und Wiedergeborenwerden, ein Überschreiten von inneren und äußeren Grenzen. Alle Menschen, die zu einer neuen Ebene des Bewußtseins vorgestoßen sind, beschreiben diese Erfahrungen in Begriffen höchsten Glücks und kaum zu fassender Seligkeit und Ekstase. In der Regel berichten sie aber auch von vorangegangenen Zeiten der Angst und Verzweiflung. Im nachhinein stimmen alle darin überein, daß das vorangegangene Leiden die Folge von Unbewußtheit und Widerstand war. Schließlich jedoch wurde die Dunkelheit so stark, daß sie zu einer Erschütterung der alten Strukturen des Egos führte. Dies ermöglichte dann den Durchbruch in Seinsebenen von Licht, Klarheit und Befreiung.

Der unbewußte, schlafende Mensch wird in Lebensphasen, in denen eine echte Grenzüberschreitung ansteht, das heißt eine grundlegende Veränderung äußerer und innerer Lebensumstände, alles daran setzen, diese Wandlung zu vermeiden oder hinauszuzögern. In unserer durchschnittlichen Schwerfälligkeit und Trägheit brauchen wir oftmals einen Schlag oder Stoß, durch den wir »gezwungen« werden, ob wir wollen oder nicht, einen Schritt in einen neuen oder erweiterten Rahmen für unser Leben zu tun, der bessere Bedingungen für unser Wachstum schafft.

Lernen wir jedoch mehr und mehr in Verbindung zu treten mit unserer inneren, göttlichen Quelle, mit der Weisheit unseres hohen Selbst, dann werden wir in Lebenskrisen nicht verzweifeln, sondern können diese entweder ganz oder teilweise vermeiden. Wenn wir jedoch bereits in ihnen stecken, wird es uns gelingen, sie kreativ und gewinnbringend zu nutzen. Dann werden Phasen unseres Lebens, in denen tiefgreifende Veränderungen von uns gefordert werden, dann werden Zeiten von Unsicherheit und bangem Infragestellen zu Lebensabschnitten äußerster Fruchtbarkeit und beschleunigten Wachstums. Jede noch so schwierige oder problematische Situation birgt dann in sich ein unermeßliches Potential an Bewußtwerdung, Transformation und die Ekstase einer erhöhten Lebensintensität.

Erkennen wir dies, so hören wir auf, unser Leben in gute oder schlechte Zeiten einzuteilen. Wir hören auf, uns selbst und unsere Welt zu be- und verurteilen. Wir fragen vielmehr in aller Offenheit: »Was wollen mich diese Ereignisse, Begebenheiten, Erfahrungen lehren? Warum habe ich sie in mein Leben gerufen und notwendig gemacht?«

Es ist nicht immer erforderlich, gleich eine intellektuell befriedigende Antwort zu erhalten. Dies wäre oftmals vorschnell und oberflächlich. Mitunter erkennen wir erst viel später, wenn wir einen Lebensabschnitt aus der Distanz betrachten können, wofür bestimmte Erfahrungen wichtig waren und was wir durch sie gewonnen haben.

Die demütige Haltung des ehrlichen Fragens gegenüber dem Mysterium des Lebens schenkt uns etwas sehr Wertvolles: Offenheit, Wachheit, Achtsamkeit, eine Haltung des Nicht-Bewertens. Indem wir auf vorschnelles Urteilen verzichten, lernen wir, die geheimnisvolle Sprache des Lebens zu verstehen und öffnen uns für die Unmittelbarkeit und damit für die ursprüngliche Intensität eines Kindes, das ohne Vorurteile seine Welt erkundet. Seine Bereitschaft zu lernen und zu entdecken entspringt keinem äußeren Zwang, sondern erwächst aus den natürlichen inneren Impulsen, aus der puren Freude, mit der Umgebung in unmittelbare Beziehung zu treten. Ebenso spielerisch können wir auf dem Weg der Freude unseren geistigen Wachstumsprozeß aktiv in die eigenen Hände nehmen. Unser Antrieb zur Bewußtwerdung entspringt dann nicht länger nur leidvollen Erfahrungen und »Schicksalsschlägen«, sondern der Freude an Grenzüberschreitung und Heilung.

Prentice Mulford drückt dies in seinem Buch *Unfug des Lebens und des Sterbens* folgendermaßen aus: »Es gibt zwei Wege tiefster Erschütterung, auf daß der Mensch außer sich gerate und also über sich hinaus: den Weg der Qual und den Weg der Freude. Der Weg der Freude hebt an, sobald die... Gesetze des unendlichen Bewußtseins befolgt werden, nicht aus Angst vor dem nun wohlbekannten Leid, ...nein, aus innigster Bejahung... Seit eh und je war Furcht das Fundament aller Gesetze, von nun an soll es die Freude sein. Der ganze Angstkomplex ›Sünde‹ soll aus dem Bewußtsein der Menschheit gelöst werden. Der ›Versucher‹ wird künftig nur noch von der anderen Seite kommen… wird ›verführen‹ zu Güte, Weisheit und Verfeinerung durch die Werbekraft steigender Freude. Die Warnung durch Qual war nötig, solange die Menschheit roher war. Sie war nur mit der Peitsche zu erreichen… die Rasse war seelenblind, mußte somit durch schmerzhafte Puffe halbwegs wenigstens Richtung halten lernen. Bei klarem Sehen aber – und die Rascheren, die Feineren… haben schon damit angefangen, wird Leiden überflüssig. Brauche ich denn einen Mann mit einer Keule, um mich zu einem Fest zu treiben?«

Den Weg der Freude zu gehen bedeutet:

- Wir begegnen den Schatten, *bevor* sie uns einholen.
- Wir sterben, *bevor* der Tod uns ruft.
- Wir fragen nach dem Sinn des Daseins und nach unserer ganz persönlichen Lebensaufgabe, *bevor* uns Lebenskrisen dazu zwingen.
- Wir achten auf unsere Gesundheit, *bevor* Krankheit uns auf Fehlverhalten oder Fehleinstellungen aufmerksam macht.
- Wir begleichen unsere Schulden, *bevor* das Leben uns dazu auffordert, unsere offenen Rechnungen zu bezahlen.
- Wir suchen nach unserer eigenen Wahrheit und leben ihr gemäß, *bevor* wir durch Unfreiheiten und Verstrickungen uns immer weiter von uns selbst entfernen.
- Wir gehen in die Stille, *bevor* wir uns in der Oberflächlichkeit des Alltags verrennen.
- Wir erinnern uns an die Erfahrungen der Einheit und Liebe, *bevor* wir uns durch die Identifikation mit dem äußeren Schein in Isolation oder Existenzangst verfangen.
- Wir entscheiden uns für ein uneingeschränktes Ja zu uns selbst und dem Leben, *bevor* wir im unaufhörlichen Kampf mit unseren inneren Impulsen und den Angeboten des Lebens aufgerieben werden.

Erkennen wir, daß Leiden aus der Verzögerung von notwendig gewordenen Schritten zur Bewußtwerdung entsteht! Auf dem Weg der Freude entwickeln wir zunehmend die Bereitschaft, uns in Wachheit zu beobachten und im Strom des Lebens mitzufließen. Dies nenne ich »freiwillige Intensität«!

Exkurs: Das Thema »Geld« in der Selbsterfahrung

Wenn wir uns einen Augenblick Zeit nehmen und die Qualität unserer Gedanken und Gefühle zum Thema »Geld« prüfen, werden wir feststellen, daß wir alle eine mehr oder weniger negative Einstellung zum Geld haben:

- »Geld ist schmutzig.«
- »Über Geld spricht man nicht.«
- »Geld regiert die Welt.«
- »Du kannst nicht Gott dienen und dem Mammon.«
- »Bei Geld hört die Freundschaft auf.«
- »Geld und Liebe sind unvereinbar.«
- »Für Geld muß ich mich entfremden und verkaufen.«
- »Geld ist Macht.«
- »Um Geld zu haben, muß ich es anderen wegnehmen oder andere ausbeuten.«

Die Reihe ließe sich endlos fortsetzen. Bis zum Thema »Geld« schwingt für viele von uns Existenzangst mit, Angst, nicht genug zu besitzen, nicht die materielle Grundlage zu haben, die uns das Leben lebenswert erscheinen läßt. Existenzangst ist in ihrem Kern jedoch nichts anderes als Todesangst. Geld stellt in der modernen Welt den Zugang zu allen materiellen Lebensgrundlagen dar. Also assoziieren wir mit Geld Leben und mit dem Fehlen von Geld Tod und Sterben. Dies zu verstehen, ist fundamental wichtig, wenn wir eine Erklärung für unsere heftigen und meistens irrationalen Empfindungen und Ängste im Zusammenhang mit Geld finden wollen.

In dem von mir begründeten Trainingsprojekt *Innerlich und äußerlich reich* machte ich in der Arbeit mit Hunderten von Menschen immer wieder erstaunliche Erfahrungen, wenn das Thema »Geld« auf direkte und existentielle Weise behandelt wurde. Die Teilnehmer waren jedesmal in dieser Phase unserer Einführungsgruppe bereits so offen, daß sie leicht und unmittelbar Kontakt mit den primären Ängsten aufnehmen konnten, die in Verbindung mit Mangel und Verlust von Geld auftreten. Verblüffenderweise erscheinen diese Ängste mitunter noch stärker bei der Aussicht auf großen Erfolg und bei unverhofftem

Reichtum. Euphorie und Panik wechselten sich oftmals rasch ab. Allen Beteiligten wurde sehr deutlich bewußt, wie fundamental unsere Gefühlswelt von diesem Bereich berührt wird.

Da ich viel unterwegs bin, habe ich häufig die Gelegenheit, die unterschiedlichsten Menschen zu beobachten. Dabei habe ich etwas Paradoxes festgestellt: Bei Gesprächen beispielsweise in Hotels, Restaurants oder Bars scheint Geld tatsächlich das Thema Nr. 1 zu sein. Ich hatte es vorher selbst nicht für möglich gehalten, wie häufig die Gespräche um Geld, Geschäfte und finanzielle Spekulationen kreisen.

Andererseits unterliegt der finanzielle Bereich, sobald er die persönlichen und intimen Ebenen berührt, einem seltsamen Tabu. Man läßt sich ungern in die Brieftasche schauen, man zeigt niemandem sein Konto oder Sparbuch, man fragt möglichst nicht direkt nach dem Einkommen anderer Leute. Auch der Kellner eines feinen Restaurants bringt die Rechnung in einer Weise, die die Endsumme – vor welchem Auge auch immer – verdeckt hält. In besonders noblen Lokalen (die doch eigens dazu angelegt sind, hohe Geldbeträge zu erwirtschaften) wird das »schmutzige« Geld nach dem Essen nicht von Hand zu Hand ausgetauscht. Es wechselt seinen Besitzer in einem umständlich-distanzierten Ritual. Jeder möchte es haben, doch keiner will sich die Finger daran schmutzig machen.

Der erste Schritt, um mit dem Thema »Geld« umzugehen, liegt in der Erkenntnis, daß wir alle in bezug auf Geld negativ konditioniert wurden. Unsere Gefühle zu diesem materiellen Aspekt unseres Lebens sind in der Regel sehr ambivalent, unabhängig davon, ob wir zu wenig, genug, viel oder reichlich Geld zur Verfügung haben. Die negativen und einschränkenden Einstellungen bewirken entsprechende Verhaltensweisen. Diese können sich in sehr unterschiedlichen Formen zeigen. Gier und Geiz stellen nur eine dieser Möglichkeiten dar.

Negative Einstellungen zu Geld können sich auch äußern in Verschwendungssucht, in der Unfähigkeit, Geld anzunehmen, zu bewahren und für etwas auszugeben, was für einen selbst von wirklichem Wert ist. Die zwanghafte Tendenz, Geld sofort weg- und ausgeben zu müssen, ist ebenso Ausdruck von Angst wie das Festhalten und Anhäufen. In dem einen Fall zeigt sich die

Unfähigkeit, Werte für sich persönlich anzunehmen, Energien zu sammeln und zu speichern, um dann kreativ und reich mit ihnen umzugehen. In dem anderen Fall fehlen Vertrauen und Hingabefähigkeit gegenüber der Fülle des Lebens, das nie danach strebt, uns in seinem Überfluß zu beschränken. Die erste Variante spiegelt die Verleugnung des eigenen inneren Wertes wider, die zweite das Mißtrauen gegenüber der nährenden Liebe im Außen.

Es liegt nahe, diese Muster in letzter Konsequenz auf die primären Erfahrungen zwischen Mutter und Kind zurückzuführen. Mangelnde emotionale Wärme und Geborgenheit können sich später auch im Umgang mit Geld in zwanghaften Verhaltensweisen äußern. Man wählt entweder die Strategie der vermeintlichen Unabhängigkeit, indem man Geld im Übermaß anhäuft und festhält, oder man entschließt sich unbewußt dazu, stets abhängig zu bleiben, also niemals selbständig und erwachsen zu werden.

Die Auseinandersetzung mit Geld enthält unschätzbare Möglichkeiten für Selbsterfahrung und Bewußtwerdung im Umgang mit der Materie. Der Grund dafür liegt in der alle äußeren Lebensbereiche erfassenden Funktion des Geldes. Die Aufgabe unserer Existenz auf diesem Planeten besteht darin, dem kosmischen Geist, das heißt, dem Formlosen auf der Erde, Gestalt und Ausdruck zu verleihen. Wir können daher nicht achtlos an der Funktion des Geldes in diesem Transformationsprozeß vorbeigehen.

Diese grundlegende Einsicht führte mich unter anderem dazu, unserem früheren Trainingsprojekt den Namen *Innerlich und äußerlich reich* zu geben. Ich erinnere mich, wie ich diese Einsicht auf drei provokative Kurzformeln brachte. Obwohl ich sie seither in meinen Kursen selten erwähnt habe, besitzen sie für mich auch heute noch Gültigkeit und Kraft:

1. *Geld ohne Liebe ist wertlos.*
2. *Liebe ohne Geld ist machtlos.*
3. *Liebe verbunden mit Geld ist schöpferisch.*

Die tiefere Bedeutung dieser drei Aussagen beschreibt die spirituelle und materielle Wandlung, die wir unter anderem mit dem

Übergang vom Fische- zum Wassermannzeitalter assoziieren. Wahrscheinlich war es in der Vergangenheit tatsächlich notwendig, sich für das eine oder das andere zu entscheiden. Der Sog der Materie war so überwältigend stark, daß es notwendig schien, sich so weit wie möglich von ihr zu lösen. Geist und Materie standen in einem unüberbrückbaren Gegensatz zueinander.

Die Möglichkeiten und Herausforderungen des neuen Zeitalters, das auch das Lichtzeitalter genannt wird, bestehen in der Vereinigung, Integration und Transzendenz der fundamentalen, nicht als vereinbar geltenden Gegensätze. Das Experiment der Dualität auf diesem Planeten strebt einem vorläufigen Abschluß entgegen. Eine grundlegende Bewußtseinsebene muß verlassen werden, um Raum zu schaffen für die nächsthöhere. Dies kommt einem Quantensprung gleich und erfordert ein radikales Umdenken. Sind wir nicht auf globaler Ebene bereit, diese tiefgreifende Wandlung in uns zu vollziehen, werden die Erschütterungen und Zerstörungen im Außen geschehen müssen, damit die neue kosmische Wirklichkeit die ihr angemessene Manifestation in der Materie erhalten kann.

Geld ist in der modernen Welt das Medium und die Energie, mit der die Menschen zur Ebene der Materie in Beziehung treten. Unser tägliches Essen, unsere Kleidung, unsere Wohnung oder unsere Fahrzeuge erwerben wir mit Geld. In dem Ausmaß, wie unser Verhältnis zum Geld ambivalent und unklar ist, legt sich derselbe energetische Schleier auf alle materiellen Bereiche unseres Lebens. Darüber hinaus können wir finanziell nicht erfolgreich sein, solange wir bewußt oder unbewußt glauben, Geld sei etwas Schlechtes, Schmutziges oder Unangenehmes. Denn unser Unterbewußtsein wird natürlich alles daran setzen, uns von diesem »Übel« fernzuhalten.

Geld ohne Liebe ist wertlos

Dies bezieht sich sowohl auf das Geldverdienen wie auch auf das Geldausgeben. Was ist das Geld wert, das ich verdiene, wenn sich meine Kreativität und Liebe nicht in der Arbeit ausdrücken können? Was ist das Geld wert, wenn ich mich dafür entfremden, verkaufen und prostituieren muß? Und was sind die Dinge wert, die ich kaufe, wenn ich sie nicht lieben, genießen und mich über sie freuen kann? Ist ein Leben lebenswert, das überwiegend aus einem Kampf um die Existenzgrundlagen besteht?

Liebe ohne Geld ist machtlos

Unsere Existenz, alles Leben auf diesem Planeten ist nichts anderes als ein Ausdruck kosmischer Liebe. Wir sind damit in Einklang, wenn wir dieser Energie erlauben, sich durch uns auszudrücken, indem wir kreativ werden. In unserer Kreativität können wir Liebe sichtbar machen und mit anderen teilen. So sollten wir lernen, auch mit der materiellen Ebene zu kooperieren. Was nutzen einem Maler seine Inspirationen, wenn er kein Geld hat, um Farbe, Pinsel und Leinwand zu kaufen? Und damit diese Inspirationen weiterhin fließen und sich entwickeln können, braucht er einen schönen Platz für sein Atelier und genügend Mittel, um seine Energie auf die künstlerische Tätigkeit richten zu können, anstatt seine Zeit mit den Sorgen um das tägliche Brot zu verschwenden.

Was dieses Beispiel sagen will: Liebe strebt danach, kreativ zu sein, sich mitzuteilen, sich auszudrücken. Wenn unsere Liebe ohne Geld auskommen will, wird sie sich niemals ganz für diese Welt öffnen und ihre verwandelnde Kraft nicht voll entfalten können. Sie wird bestenfalls in romantischen und sentimentalen Träumen steckenbleiben. Sentimentalität und romantische Gefühle sind jedoch noch keine Liebe. Liebe ist die stärkste Macht in diesem Universum und kann auf der Erde ihre ganze Wirkung nur dann entfalten, wenn wir als die Träger dieser Kraft bereit sind, mit den Gesetzmäßigkeiten der Erde zu kooperieren.

Treffen Liebe und Geld zusammen, so erzeugen sie eine dynamische, alles verwandelnde schöpferische Kraft. Liebe erzeugt Weisheit und Intelligenz, die das Geld gebrauchen und einsetzen, um sich immer stärker und vollkommener in dieser Welt auszudrücken. Das Geld, das wir verdienen, indem wir unserer Liebe kreativen Ausdruck verleihen, kommt zu uns zurück als Geschenk des Universums.

Diese Vision hat nichts zu tun mit Idealismus oder mit naiven Träumen von einer besseren Welt. Sie beruht zutiefst auf Erfahrung und Einsicht in kosmische Gesetzmäßigkeiten, die besagen, daß die Schlüssel zu den grenzenlosen Reichtümern des Universums in uns liegen. Wir haben die Wahl, diese zu erkennen und nutzbar zu machen oder auch nicht. Die Gesetze des inneren und äußeren Reichtums existieren unabhängig davon, ob wir ihnen zustimmen oder sie ablehnen. Wir können in Freiheit entscheiden, was wir aus dem Geschenk unseres Lebens machen wollen, und ob wir bereit sind, von alten, einschränkenden Vorstellungen loszulassen.

Oft habe ich mich mit der Frage befaßt, ob es richtig sei, für unsere Gruppenarbeit und Trainings Geld zu verlangen. Ich habe auch bei mir immer wieder einen starken Wunsch gespürt, einmal ganz aussteigen zu können aus den Regeln, Strukturen und Gesetzen des »freien Marktes«. Doch sobald mir bewußt wurde, daß meine Aufgabe darin liegt, die Welt, *so wie sie jetzt ist*, anzunehmen und mit mehr Liebe und Freude zu füllen, wurde mir klar, daß ich mich nicht so einfach aus der Affäre ziehen kann.

Ich mußte mich immer wieder entscheiden, in welchem Rahmen, in welcher Größenordnung, ich meine eigenen inneren Geschenke mit anderen Menschen teilen möchte. Natürlich wäre ich frei, dies als Eremit oder als »ausgestiegener Heiliger« zu tun. Das wäre in vieler Hinsicht vielleicht sogar der einfachere Weg. Aber ich würde ganz sicher nur sehr wenige Menschen ansprechen und erreichen können. Indem ich mich auf die Spielregeln der modernen Welt, in der ich mich gegenwärtig inkarniert habe, einlasse, kann ich das Spiel der Bewußtseinserweiterung mit hohem Einsatz spielen. Meine Erfahrung dabei ist: Je mehr ich mich darauf einlasse und meine manchmal auftauchenden Widerstände überwinde, desto mehr erkenne ich, daß sich der Einsatz immer wieder lohnt.

Um dieses Buch zu schreiben, habe ich mir zum Beispiel einen Computer angeschafft und einen Raum unseres Hauses besonders inspirierend eingerichtet. Um viele Menschen in unseren Trainings empfangen zu können, brauchen wir schöne, großzügige Seminarhäuser. Um unsere *Vision der Freude* als konkrete Utopie zu verwirklichen und auf moderne, professionelle Art sichtbar werden zu lassen, brauchen wir entsprechend viel Geld. Es ist an der Zeit, den Reichtum dieser Welt in den Dienst von Liebe und Freude, von Bewußtseinserweiterung und Befreiung fließen zu lassen!

Indem wir unseren eigenen inneren Reichtum entdecken, entfalten und ausdrücken, bereichern wir nicht nur uns selbst, sondern auch unsere gesamte Umgebung. Wenn wir lernen, uns selbst anzunehmen und zu lieben, können wir immer mehr aus unserer eigenen inneren Fülle heraus geben. Der Dienst am Nächsten sollte niemals einem persönlichen Verzicht entspringen. Wirkliches Dienen kommt immer und zuallererst aus einem überfließenden Reichtum, der sich verschwenderisch an andere weitergibt. In diesem Prozeß geschieht das Unerwartete, das Wunder: Je mehr wir geben, desto mehr fließt zu uns zurück. Unser Reichtum macht uns in dem Maße wirklich reich, indem wir ihn freizügig mit anderen teilen.

Der Geist der Liebe, der die Materie beherrscht – nicht umgekehrt – wird schon sehr bald all diejenigen Menschen, die sich von ihm durchdringen lassen, zusammenführen und befähigen, Rahmenbedingungen zu kreieren, in denen die Transformation vieler Menschen gefördert und unterstützt werden kann. Immer mehr Menschen, die ihren inneren Reichtum erahnen, aber noch nicht vollständig leben, werden die gebotene Chance wahrnehmen, das eigene Potential zu entfalten, indem sie sich selbst erkennen.

Unsere Möglichkeiten, in dieser Welt zu wachsen, kreativ zu werden, Liebe auszudrücken und Freude zu teilen, sind tatsächlich unbegrenzt. Wir können jederzeit damit beginnen, dieses Potential zu entfalten. Damit finden wir zurück zu jenen Wur-

zeln und zu jenen Flügeln, die uns zu vollständigen Bürgern
beider Welten – der Erde und des Kosmos – werden lassen!

Meditation zur Verbindung von Erde und Kosmos in uns

Wenn die Liebe zum Göttlichen
uns dieser Welt entfremdet,
so ist sie nichts weiter
als Scheinheiligkeit und Flucht.

Wenn die Liebe zum Irdischen
uns das Göttliche vergessen läßt,
ist die Materie nichts weiter
als ein goldenes Gefängnis.

Wo die Liebe zum Irdischen
sich mit der Liebe zum Göttlichen verbindet,
wird die Erde zum Paradies,
zur sichtbaren Manifestation
des Lichts.

Spirituelle Entwicklung – wie überhaupt jede Entwicklung –
findet immer im Spannungsfeld von Gegensätzen statt. Eine der
grundlegenden Spannungen liegt in der Polarität des Verwur-
zeltseins in der Erde, der materiellen Welt einerseits und der
Sehnsucht nach Entgrenzung und Transzendenz andererseits.
An beiden Polen kann es ein Zuviel oder Zuwenig geben. Zu
starke Verhaftung bedeutet eine übermäßige Identifikation mit
dem Materiellen, die leicht zu einer Erstarrung und Eingrenzung
des Geistes führt. Mangelnde Verwurzelung bedeutet, haltlos,
blutleer und abgehoben zu sein. Ideen können dann nicht auf
der Erde kommuniziert oder manifestiert werden.

Die sichtbare Umsetzung unserer kreativen Impulse ist jedoch wie kaum etwas anderes Teil unserer Bestimmung. Indem
wir die Gesetze der Manifestation in unserem eigenen Leben
anzuwenden lernen, entwickeln wir unsere eigenen Schöpfer-

potentiale. Dadurch wird uns ein tieferes Verständnis zuteil für die kosmischen Gesetzmäßigkeiten, die bis hinein in die Ebenen der grobstofflichen Materie wirksam sind. Dies ist einer der fundamentalen Gründe unseres Hierseins, unseres Lebens auf der Erde. Um dies noch tiefer zu verstehen, lade ich Sie an dieser Stelle ein, eine geleitete Meditation innerlich nachzuvollziehen. Sie ist inzwischen eine der Standardübungen unseres Trainings.

Wir setzen uns offen und bequem hin und schließen für die Dauer der Meditation die Augen. Vergangenheit und Zukunft lassen wir jetzt los, indem wir uns mit unserem Atem verbinden. Wir lassen uns tief nach innen sinken und verbinden uns über unseren bewußten Atem mit der Gegenwart, mit diesem Moment.

Wir lassen uns für diesen Vorgang so viel Zeit, bis wir das Gefühl haben, ganz präsent zu sein, vollkommen identisch mit dem Aus- und Einströmen unseres Atems. Nun stellen wir uns vor, wie eine Energiewurzel vom Ende unserer Wirbelsäule in den Boden, in die Erde eindringt. Mit jedem Ausatmen wächst sie tiefer und tiefer in die Erde durch die Untergeschosse des Hauses, in dem wir uns gerade befinden. Hinein in die Erde, vorbei an Gesteinsschichten und Wasseradern, tiefer und tiefer, bis die Erdsubstanz immer wärmer und heißer wird. Dies kann sehr schnell geschehen, da Gedanken- und Vorstellungskräfte nicht an Raum und Zeit gebunden sind.

Die Energiewurzel, die vom Ende der Wirbelsäule senkrecht nach unten führt, wird immer kräftiger und stärker und erreicht schließlich den Mittelpunkt der Erde.

Dies ist ein Ort besonders konzentrierter Erdkraft, das Zentrum dieses Planeten mit all seinen vielen Kraftorten und Kraftlinien. Wir visualisieren an diesem magischen Zentralpunkt einen riesigen Kristall, Symbol für die durch Licht transformierte Materie. Unsere Energiewurzel verbindet sich feinstofflich mit diesem Kristall.

Nun stellen wir uns vor, wie Erdenergie vom unteren Ende unserer Wirbelsäule mit jedem Einatmen nach oben in unseren Körper einströmt. Rotbraun und warm flutet die Erdsub-

stanz von unten nach oben in die Wirbelsäule und erfüllt unseren ganzen Körper. Jeder Winkel, jede Zelle des Körpers füllt sich mit stärkender und vitalisierender Erdenergie. Wir fühlen uns dabei sicher und wohl. Wir sind uns unseres Platzes in dieser Welt, auf diesem Planeten bewußt und fühlen uns zu Hause als Teil von der nährenden Mutter Erde.

Wir genießen diesen Zustand so lange, wie es für uns angenehm ist. Wenn wir dann bereit sind, lenken wir unser Bewußtsein zum oberen Pol unseres Körpers, dem Scheitel zu.

Während wir uns auf unseren Scheitel konzentrieren, stellen wir uns vor, wie dieser sich trichterförmig nach oben öffnet. Aus dem Zentrum dieses Trichters geht nun ein Energiestrahl senkrecht nach oben und verbindet uns mit unserem Lieblingsstern. Es ist, als haben wir dadurch eine riesige Antenne, die hoch hinaufragt und uns mit den Energien des Universums verbindet.

Wir atmen jetzt einige Male tief durch und genießen diese Öffnung nach oben, solange wir wollen.

Dann stellen wir uns vor, wie über diesen Kanal helleuchtende, goldgelbe, kosmische Energiesubstanz von oben in unseren Körper einströmt. Dieses Licht bildet in unserem Herzzentrum eine rechtsdrehende Spirale, die sich konzentrisch ausweitet. Die kosmische Energie verbindet sich auf diese Weise in unserem Körper mit der rotbraunen Erdsubstanz.

Diese Mischung aus Erdenergie und kosmischem Licht breitet sich nun in unserem ganzen Körper aus und erfüllt aufs neue jeden Winkel und jede Zelle. Mit jedem Einatmen ziehen wir jetzt ganz bewußt Erdenergie von unten nach oben, und mit jedem Ausatmen lassen wir zu, wie das kosmische Licht von oben nach unten strömt. Immer wieder verbindet uns das Ein- und Ausatmen mit diesen beiden entgegengesetzten Polen.

Indem wir dieses Energiespiel genießen, erleben wir uns als das, was wir in Wahrheit sind: ein Treffpunkt von Erde und Kosmos. Wir sind Bürger beider Welten. Ein Teil von uns, unser physischer Körper gehört zur Erde, ein anderer Teil, unser Lichtkörper, gehört zum Kosmos. Erde und Kosmos begegnen sich in uns und streben danach, in uns eine harmonische, vollkommene, heilende Verbindung einzugehen. Indem wir dies bewußt wahrnehmen, erkennen wir unsere Bestimmung: Wir sind hier auf dieser Erde Träger des kosmischen Lichts. Durch uns geschieht das Wunder der Transformation der Materie, ein Geschehen, das allein durch uns bewirkt werden kann.

In dieser Begegnung von Erde und Kosmos, in dieser mystischen Hochzeit liegt der Same, aus dem jede sichtbare Manifestation in der Welt der Materie hervorgeht. Jede Kristallisation von Gedanken, die sich feinstofflich in uns als Wunsch- oder Schöpferkraft ausdrückt, strebt danach, in der sichtbaren Welt Form anzunehmen. Stellen wir uns dafür bewußt als Kanal zur Verfügung, so erleben wir die Freude einer Kreativität, die uns deshalb so sehr beflügelt, weil wir durch ihre Erfahrung einen wesentlichen Aspekt unseres göttlichen schöpferischen Potentials verwirklichen.

Ich bin Freude

Ich bin Freude! Wie oft habe ich diese große wie einfache Wahrheit während des Schreibens an diesem Buch gespürt, gefeiert, gelacht, gesungen – einfach gewußt! Selbst wenn ich es hin und wieder vergaß, weil ich mich bemühte, einige sachliche Zusammenhänge so klar und präzise wie möglich zu formulieren und dies mich unversehens in die Enge des Intellekts katapultierte, so überwogen doch letztlich immer wieder die Freude und Dankbarkeit über jede neue Einsicht, über jeden ausgedrückten Gedanken, über jeden fertiggestellten Abschnitt. Ist dieser Funke zu Ihnen übergesprungen? Konnten Sie sich ergreifen lassen von den beflügelnden Energien, die mich ununterbrochen beim Schreiben begleiteten? Sie werden sich beim Lesen an vieles wiedererinnert haben, was als verborgenes Wissen bereits in Ihnen vorhanden war. Möglicherweise kam Ihnen das meiste wohlbekannt vor. Dieses Buch hat dann dazu beigetragen, Ihr inneres Wissen zu aktivieren und zu vertiefen. Es hat etwas in Ihnen ausgelöst, das Ihrer innersten Wahrheit entspricht.

Sie sind auf dem Weg zu sich und erkennen mit jedem neuen Schritt: Ja, auch *ich bin Freude*. Ich darf es mir endlich zugestehen! Ich darf endlich wieder ganz *ich selbst* sein!

»Je mehr wir die Strahlung der Freude in unser Leben einbeziehen, desto eher werden wir selbst zu strahlen beginnen. Das ist unsere Evolution zurück zum Licht. Die damit verbundene Erfahrung von Entzückung, Glückseligkeit und Ekstase ist unser Geburtsrecht...« (*Chris Griscom*).

Wenn auf dem Weg der Selbsterkenntnis die Freude fehlt, haben wir uns verirrt; wo immer Freude auftaucht, sind wir dem Wesentlichen auf der Spur – ganz gleich, was unser bewertender Verstand einwenden mag.

Wir sind am Ziel! Das Ziel ist unser Alltag. Es sind unsere Aufgaben, unsere Absichten, unsere Visionen. *Das Ziel sind wir selbst*. Wir sind hier und jetzt am Ziel! Wir waren es schon immer und werden es immer sein. Am Ziel zu sein, bedeutet nicht, in Perfektion zu verharren. Ganz im Gegenteil! Am Ziel zu sein bedeutet, im Bewußtsein der Einheit zu leben und damit alles, was diesem höchsten Bewußtsein nicht entspricht, als unwesentlich zu erkennen. Diese umfassende Erkenntnis ist eine wahre Neugeburt. Wir fangen wieder ganz von vorne an, denn wir spüren, daß diese Wahrheit alle Aspekte des Lebens von Grund auf wandelt. Wir lernen, uns vollkommen neu zu orientieren – jedoch nicht in Vorsicht und Angst, sondern in Achtsamkeit und unbändiger Freude.

Entscheidungen, die wir aus Angst und nicht aus Freude und Liebe treffen, können niemals zu unserer Befreiung dienen. Schritte, die allein unser kalkulierender Verstand vorschlägt, die jedoch unser Herz nicht wirklich berühren, werden uns immer wieder einengen und uns Kraft rauben. Ganz gleich, wie gut unsere Absichten sein mögen: Solange sie aus Angst, das heißt, aus der Illusion der Getrenntheit hervorgehen, kann die Ernte keine wirklich befreite Freude sein.

Sobald wir jedoch den Mut haben, zu unserer inneren Wahrheit zu stehen, indem wir den Spuren unserer tiefsten Freude folgen, werden selbst Krisen und scheinbare Mißgeschicke zu kostbaren Chancen des Lernens. Wir werden in dem Maße Freude erleben, wie wir uns auf sie ausrichten und uns nicht mit weniger zufriedengeben. Da Freude und Liebe untrennbar zusammengehören, werden jede Handlung, jede Entscheidung, jeder Lebensschritt und jeder Gedanke, der dieser Grundqualität entspricht, uns unserer inneren Wahrheit näherbringen.

Wenn wir erkannt und akzeptiert haben, daß unsere Bestimmung höchstes Glück ist, wissen wir, daß auch die Schritte dorthin von Glück und Freude begleitet werden. Ja, es gibt Phasen des Loslassens, der Reinigung, des Sterbens, Zeiten, in denen Gebärprozesse stattfinden, die mitunter schmerzhaft sein können. Wir sollten uns jedoch stets daran erinnern, daß solche läuternden Prozesse nicht die Schritte selbst, sondern lediglich deren Vorbereitung sind. Verabschieden wir uns von der unsinnigen Vorstellung, ohne Kampf, Druck und Leiden nicht zum Wesentlichen, zur tieferen Wahrheit, zur Realität gelangen zu können! Das Gegenteil trifft zu: Wenn wir nicht bereits die Schritte zum Ziel genießen und feiern, werden wir uns dem Ziel nie wirklich nähern. Am Ziel sind wir und das Licht, wir und die Freude, wir und die Glückseligkeit eins!

Hegen und pflegen Sie bitte die schönste, großartigste, wunderbarste, erhabenste, beglückendste Vision, die Sie je von sich und Ihrem Leben hatten. Das Höchste, das wir uns vorzustellen vermögen, ist das Mindeste, was die kosmische Ordnung und die göttliche Schöpfung für uns bereithalten. Wie könnten wir auch je etwas fühlen, denken, erbitten, ersehnen, was nicht bereits in uns angelegt ist?

Lassen Sie Ihr Herz und Ihre Augen von innen her leuchten, indem Sie sich vom Glanz dieser Vision erfüllen lassen. Gestatten Sie Ihrer Seele, also sich selbst, zur Musik dieser Vision harmonisch und beschwingt zu tanzen.

Vielleicht werden sich Ihr Partner, Ihre Familie und Ihre Freunde und Bekannte wundern, wenn immer wieder ein Licht von Ihnen ausstrahlt, wenn sich Ihre innere Vorfreude immer wieder in einem Lächeln der Seele ausdrückt. Schenken Sie Ihre neugewonnene Freude und die vertieften Erfahrungen von Licht, Leben, Liebe und Sinn allen anderen Menschen, die dafür bereit sind. Wir alle können und sollen uns untereinander an unseren göttlichen Ursprung und an die uns innewohnenden kosmischen Lichtkräfte erinnern! So können wir gemeinsam in unserem eigenen Leben ein wahres Paradies auf Erden schaffen, das nichts und niemanden ausgrenzt und abtrennt, sondern die überreiche Fülle, die sich uns allen schenkt, großzügig weiterfließen läßt.

Dies ist der eigentliche Sinn unseres Lebens: unser letztendliches Ziel schon hier und jetzt – nicht erst in ferner Zukunft – erfahrbar zu machen. Wenn dies auch nur einmal gelingt, kann es früher oder später zum Grundgefühl unseres Lebens werden. Nichts lohnt sich mehr, als diesen Weg in Freude bis an sein Ende zu gehen!

Wenn wir der Freude, die wir sind, in unserem Inneren Raum gewähren, reflektiert die ganze Existenz diesen unseren inneren Reichtum. Lassen wir uns doch einfach einmal auf die Bilder ein, die in unserer Seele auftauchen, sich vielleicht zu einem Gemälde formen oder zu einer Melodie. Lassen wir uns sensibel und wach zugleich auf einen Tanz unserer Seele ein.

Bin ich der weiche, weite Atem des Morgens über der Wiese, wenn die ersten warmen Sonnenstrahlen sanft die Blüten und Gräser berühren und Schmetterlinge und Bienen darüber ihr Leben tanzen? Bin ich der Flug der Schwalbe, die sich schnell, wendig und kühn bald in die Tiefe stürzt und sich dann wieder in ungeahnte Höhen hinaufschwingt? Bin ich der stille Berg, der in sich ruht, als ein Teil der Erde, und Menschen und Tiere friedvolle Sicherheit vermittelt, ohne daß diese sein Wirken bemerken mögen? Bin ich das Meer, das sein Antlitz immerfort wandelt, von der tiefen Dünung zur gischtenden Brandung, von wuchtigen Gezeiten bis zur lustigen kleinen Welle? Bin ich der dichte grüne Wald, der verheißungsvoll lockt, Geheimnisse des Lebens zu entdecken? Bin ich die Melodie der Flöte, deren Töne wie Perlen erklingen und dazu einladen, sich auf den Schwingen der Seele in hohe lichte Räume zu erheben? Bin ich Donner und Blitz, in denen sich Urgewalten des Erdenlebens auf überirdische Weise entladen? Bin ich die Tiefe meiner Seele, aus deren Kraft die Freude des Lebens pulsierend nach Ausdruck drängt? Bin ich das Innehalten des erlösten Selbst, das nichts mehr hat und nichts mehr will, und nur noch erlebt: *Ich* bin? Bin ich ein unaufhörlicher Strom, allgegenwärtige Freude, die ohne einen bestimmten Grund und ohne ein konkretes Ziel besteht, die einfach da ist? Ja – *ich bin!*

Von ganzem Herzen möchte ich noch einmal an eine Einsicht erinnern, eine Verheißung, eine wundervolle schöpferische Kraft mit Ihnen teilen, und ich wünsche mir sehnlichst, daß ich Ihr Herz erreichen möge:

Wer sein Selbst erkennt, wird für sich tiefe Achtung und Liebe empfinden. Wer seinem Selbst Liebe entgegenbringt, wird auch seine Umgebung mit Liebe erfüllen. Ein Mensch, der die Erfüllung seiner wesentlichen Wünsche in den Dienst der Selbsterkenntnis und Transformation stellt, macht sein Leben zur Vision der Freude.

Yaahoooo!

Hinweise zu weiteren Büchern und Kassetten des Autors

Zwei *Vision-der-Freude*-Meditationen:
1. Meditation zur Öffnung für Licht und Freude
2. Meditation zur Öffnung für Kraft, Zentrierung und Stille

Beide sind als Kassette oder CD erhältlich über:

Vision der Freude

Aschaffenburger Str. 42, 63877 Sailauf
Tel. u. Fax 06093/93126

Weitere Bücher des Autors:
Tarot – Spiegel der Seele, Tarot – Spiegel deiner Beziehungen sowie *Tarot – Spiegel deiner Bestimmung* sind Bücher zum Crowley-Tarot, die im Urania-Verlag erschienen sind. Diese Taschenbücher sind einzeln oder als Set mit den dazugehörigen Tarotkarten erhältlich.

Seminarprogramm

Unter dem Titel *Vision der Freude* bietet Gerd B. Ziegler einen Zyklus von Selbsterfahrungs- und Ausbildungsgruppen an, der insgesamt sechzig Trainingstage umfaßt. Dazu finden laufend Einführungskurse statt.

Wenn Sie sich für Termine und weitere Informationen interessieren, können Sie ein Programm anfordern bei

Vision der Freude
Deutschland:
Aschaffenburger Str. 42, 63877 Sailauf
Tel. u. Fax: 06093/93126

Schweiz:
Dorfstraße 53, CH-8427 Freienstein
Telefon 01/8653939

Österreich:
Verein Neues Leben e. V., Raschbach 2, A-4861 Aurach
Telefon 07662/4220

Weiterführende Literatur

G. B. Ziegler: Tarot – Spiegel deiner Bestimmung. Urania Verlag, Neuhausen 1993

Chris Griscom: Die Frequenz der Ekstase. Bewußtseinsentwicklung durch die Kraft des Lichts. Goldmann Verlag, München 1991.

Chris Griscom: Die Heilung der Gefühle. Angst ist eine Lüge. Goldmann Verlag, München 1991.

Stanislav Grof: Auf der Schwelle zum Leben. Wilhelm Heyne Verlag, München 1989.

Julie Henderson: Die Erweckung des inneren Geliebten. Ein praktisches Arbeitsbuch der Energielenkung allein und zu zweit. 2. Aufl. Ansata Verlag, Interlaken 1990.

Ingrid S. Kraaz von Rohr/Wulfing von Rohr: Die neue Weiblichkeit. Spiritualität und natürliche Heilkunde für die Lebensmitte. Kösel Verlag, München 1991.

Krishnamurti: Denk darüber nach. Hermann Bauer Verlag, Freiburg i. Br. 1982.

Krishnamurti: Über das Wesen der Liebe. Video. Hermann Bauer Verlag, Freiburg i. Br.

Prentice Mulford: Unfug des Lebens und des Sterbens. 16. Aufl. Fischer Taschenbuch Verlag, Frankfurt am Main 1991.

Ruby Nelson: Das Tor zur Unendlichkeit. Aquamarin Verlag, Grafing 1986.

Safi Nidiaye: Liebe ist mehr als ein Gefühl. Partnerschaft, Sexualität, Spiritualität. Ariston Verlag, Genf/München 1991.

Osho: Mein Weg – der Weg der weißen Wolke. Edition Tao, Bad Pyrmont 1988.

Osho: Tantra, Spiritualität und Sex. 4. Aufl. Osho Verlag, Köln 1991.

Osho: Worte eines Mannes ohne Worte. Osho Verlag, Köln 1989.

Rea Powers: Zeit zur Freude. Ch. Falk Verlag, Planegg 1987.

Ramtha. Herausgegeben von Steven L. Weinberg. Urania Verlag, Neuhausen 1988.

Wulfing von Rohr: Meditation. Die Kraft aus der Mitte – ein umfassender Übungsleitfaden. Goldmann Verlag. München 1991.

Wulfing von Rohr: Meditation – neue Lebenskraft aus der Mitte. Begleitkassetten zum o. g. Buch. Hermann Bauer Verlag, Freiburg i. Br.

Das sechste Chakra – der Ort der Kraft. Ein spirituelles Gespräch mit Rajinder Singh, geführt von Wulfing von Rohr. Video. Hermann Bauer Verlag, Freiburg i. Br.